"十三五"精品课程规划教材—土建类
"互联网+"工学结合创新教材

公路施工组织与概预算实训

主　编　高　峰　张求书　李国栋

天津大学出版社
TIANJIN UNIVERSITY PRESS

内 容 简 介

本书为“十四五”创新型精品课程规划教材《公路施工组织与概预算》（高峰主编）的配套用书。全书共分七个部分，第一部分为施工方案制定实训；第二部分为施工进度计划编制实训；第三部分为资源供应计划编制实训；第四部分为施工平面布置实训；第五部分为公路工程定额运用实训；第六部分为公路工程概预算造价文件编制实训；第七部分为公路工程造价软件应用实训。

本书可作为高校道路桥梁工程技术专业、交通工程专业、公路工程试验检测专业、工程测量专业、高等级公路养护专业等交通土建类专业的教学用书，亦可作为公路施工管理人员的培训、继续教育、参考用书。

图书在版编目(CIP)数据

公路施工组织与概预算实训 / 高峰, 张求书, 李国栋主编. — 天津 : 天津大学出版社, 2020.12

“十三五”精品课程规划教材—土建类 “互联网+”工学结合创新教材

ISBN 978-7-5618-6863-8

Ⅰ. ①公… Ⅱ. ①高… ②张… ③李… Ⅲ. ①道路施工—施工组织—高等学校—教材②道路工程—概算编制—高等学校—教材③道路工程—预算编制—高等学校—教材 Ⅳ. ①U415

中国版本图书馆CIP数据核字(2021)第000966号

出版发行　天津大学出版社
地　　址　天津市卫津路92号天津大学内（邮编:300072）
电　　话　发行部:022-27 403 647
网　　址　www.tjupress.com.cn
印　　刷　廊坊市海涛印刷有限公司
经　　销　全国各地新华书店
开　　本　185 mm×260 mm
印　　张　21.5
字　　数　530千
版　　次　2021年1月第1版
印　　次　2021年1月第1次
定　　价　58.00元

本书编委会

主　编　高　峰　张求书　李国栋
副主编　李丹丹　徐静涛　张一迪
主　审　戴文亭　朱继彬

前　言

本书为“十四五”创新型精品课程规划教材《公路施工组织与概预算》(高峰主编)的配套用书。本书与岗位要求、职业资格证书考试衔接,与新规范、新标准同步。

本书是一本综合性强、实践内容全面的教材。编者根据多年工程施工和工程造价编制的实践经验,结合多年在“校企合作、工学结合”人才培养模式和课程教学改革中取得的经验与成果编写了本教材。

本书根据“能力目标先行,以教师为主导,以学生为主体,以工程项目为载体,以公路施工过程组织和工程造价编制流程为导向,以综合训练为手段,理论实践一体化”教学模式的需要,在编写过程中力求深入浅出,提高适用性,以应用能力为核心,以解决实际问题为目标,紧密联系工程实际。学生在学习知识的同时可以掌握如何在工作实际中运用知识,并通过训练来强化对公路施工组织与概预算编制过程的掌握,具备编制公路施工组织与概预算文件的能力和技巧。

本书共分七个部分,第一部分为施工方案制定实训,共有四个实训项目;第二部分为施工进度计划编制实训,共有三个实训项目;第三部分为资源供应计划编制实训,共有三个实训项目;第四部分为施工平面布置实训,共有两个实训项目;第五部分为公路工程定额运用实训,共有十八个实训项目;第六部分为公路工程概预算造价文件编制实训,共有十二个实训项目;第七部分为公路工程造价软件应用实训,共有两个实训项目。每个实训项目中都有相应的实训范例,在范例中展示实训的要点和完成的方法与步骤,学生在范例的引导下可以自主完成实训项目,逐渐完成知识的归纳,最后教师对实训项目中的知识进行系统梳理,通过反复的训练,提升学生完成工作任务的能力。

本书第一部分至第四部分、第五部分实训一至实训四由吉林交通职业技术学院高峰编写；第五部分实训五至实训十八由吉林交通职业技术学院张求书编写；第六部分实训一至实训四由长春建筑学院的李国栋编写；第六部分实训五至实训八由吉林建筑科技学院的李丹丹编写；第六部分实训九至实训十二由吉林交通职业技术学院的徐静涛、张万臣、陈晴共同编写；第七部分由长春大学旅游学院的宫越、周子芮、李丹阳、杨雨曦共同编写；附录由吉林省吉润工程咨询有限公司的孙雷、冷丽丽，辽宁理工职业大学的张一迪共同编写。全书由吉林交通职业技术学院的高峰统稿。

本教材由吉林大学的戴文亭教授和山东省交通规划设计院集团有限公司朱继彬高级工程师共同主审。本书在编写过程中还得到了吉林省华洋工程咨询有限公司的韩青春高级工程师的大力支持，在此一并表示感谢！

鉴于编者水平和经验有限，书中难免存在不足和欠妥之处，恳请读者批评指正。

编 者

2021 年 3 月

目　　录

第一部分　施工方案制定实训

实训一　施工方法确定

一、实训目的与要求

(1)明确施工方法确定的原则。

(2)掌握施工方法确定的步骤。

(3)根据不同工程的结构和施工特点,学会确定不同的施工方法。

二、实训要点与注意事项

(一)实训要点

施工方法是施工方案的核心内容,它对工程的实施具有决定性作用。在施工过程中可采用的施工方法有多种,每一种施工方法都有各自的优点和缺点,但施工方法在技术上必须保证施工质量、提高劳动生产率、加快施工进度、充分利用施工机械。所以选择施工方法时,应对其技术上的先进性,经济上的合理性,方法上的适用性、可行性等方面进行综合评价后再选定。

对主要工程施工项目,应按照以下要点,围绕施工对象考虑施工方法。

1. 路基工程

(1)路基基底的处理方式。

(2)路基土石方工程量的计算。

(3)路基填筑、压实方法和不同填料类型的施工方法。

(4)路堑开挖方法和放坡要求,是否采用爆破,爆破方法与其所需的机具材料和安全措施。

(5)桥涵和其他结构物的台背回填。

(6)防护排水设施的结构形式、施工方法和所需的设备。

(7)土石方的平衡调配,借方、弃方的运输路线和处理方法等。

2. 基础工程

(1)不良地基的处理方法。

(2)钢筋混凝土基础或砌石基础的技术要点。

(3)桩基础的施工方法,桩基础施工过程中常见问题的处理方法等。

3. 钢筋混凝土结构物浇筑工程

(1)模板类型和安装方法。

(2)隔离剂的使用。

(3)钢筋的加工制作、运输和安装方法。

(4)混凝土的搅拌和运输方法。

(5)混凝土的浇筑顺序。

(6)振捣密实方法和养护制度。

4. 预应力工程

(1)预应力结构物施工的场地。

(2)预应力钢束的规格。

(3)预应力施工的时间安排。

(4)预应力施工过程中的安全问题。

5. 结构物吊装工程

(1)根据选用的机械设备确定吊装方法。

(2)安排吊装顺序、施工机械方位布置和行走路线。

(3)构件的预制和拼装方法。

(4)构件运输、装卸、存放的要求。

(5)所需机具、设备的型号、数量和对运输道路的要求等。

6. 路面工程

(1)所选集料、沥青、水泥、添加剂的类型和规格。

(2)施工路面等级及其施工的允许误差范围。

(3)混合料拌和、运输、摊铺的控制,如拌和、摊铺的温度要求、压路机的碾压方式,运输的路线和距离。

7. 特殊项目

高路堤路堑、大跨度结构物、重型构件、水下施工、深基础、较弱地基等项目,应单独选择施工方法,阐明工艺流程,需要的平面、剖面示意图,施工方法,劳动组织,技术要求,质量、安全注意事项,施工进度,材料、构件和机械设备需用量等。

(二)注意事项

(1)选择施工方法时,应保证该方法具备实现的可能性。

(2)选择施工方法时,应考虑对工期的影响,即应满足合同工期的要求。

(3)选择施工方法时,应进行多种可能方案的经济比较,力求降低工程成本。

(4)选择施工方法时,应保证施工质量和施工安全。

(5)选择施工方法时,尽量采用机械化施工,提高机械化施工水平,加快施工进度。

(6)选择施工方法时,应保证技术上的先进性和可行性,但要注意先进性与经济性、可行性相结合。

在现代化的施工条件下，施工方法的确定一般与施工机械、机具的选择和配备有直接的关系，这有时会成为主要问题。例如桥梁基础工程施工，仅钻孔灌注桩就有多种施工机械可供选择，可选择潜孔钻机、冲击式钻机、冲抓式钻机或旋转式钻机，一旦钻机确定，施工方法也就确定了。扩大开挖基础，可以人力开挖，也可以机械开挖。选择人力开挖还是机械开挖必须考虑上述六个方面。假如没有机械或机械数量不足，人力开挖能满足施工的需要，地下水又不甚丰富，且该工程不是控制工程，那么可以选择人力开挖。如果有反铲挖掘机，那么还是采用机械比较好，因为省力又省工，施工进度也快。

三、实训范例

（一）工程概况

1. 概述

镇赉至嘎什根二级公路位于吉林省的西北部地区，起于白城市镇赉县镇赉镇，止于镇赉县与黑龙江省泰来县交界处。该公路是去黑龙江省泰来县的必经之路，是白城市公路路网规划中的一条主要公路，是镇赉县东部沿江经济区的重要纽带，也是黑龙江、吉林两省西部经济发展的重要运输通道。

镇赉至嘎什根公路全长为 76.330 338 km。本标段全长为 2.8 km，起点桩号为 K42+700，终点桩号为 K45+500。

2. 设计标准

（1）该路线等级为二级公路，全部为旧路改建工程，设计速度为 80 km/h，路基宽 12 m，路面宽 10.5 m，土路肩 2×0.75 m。

（2）路面面层采用 4 cm 中粒式沥青混凝土（DAC-16），6 cm 粗粒式沥青混凝土（DAC-25），基层采用 25 cm 水泥稳定碎石，底基层采用 35 cm 石灰土。

3. 合同工期

工期要求：2020 年 5 月 1 日—2021 年 10 月 15 日（路面工程除外）。

4. 主要工程量

本段路基土方工程量为 35 433.1 m^3，其中路基挖土方 1 473.66 m^3，借土填方 26 217.7 m^3。

（二）路基土石方工程施工方案和施工方法

1. 路基土石方工程施工方案

1）概述

本段路基土石方工程包括挖土方 1 473.66 m^3，填土方 26 217.7 m^3，设一个施工作业组。

2）主要机械、人员配备

380 KW 推土机 1 台，220 KW 推土机 1 台，120 KW 推土机 2 台，PY180 平地机 1 台，

1 m^3 单斗挖掘机 1 台，2 m^3 单斗挖掘机 4 台，12~15 t 光轮压路机 6 台，18~21 t 光轮压路机 4 台，25 t 振动压路机 2 台，50 t 拖式振动压路机 1 台，ZL50 装载机 4 台，13.5 t 自卸汽车 25 台，6 000 L 洒水车 2 台，水泵 2 台。道路工程师 1 人，技术员 2 人，工长 2 人，测量员 4 人，试验员 3 人，质检员 2 人，劳动力 80 人。

2. 路基土石方工程施工方法

1）施工准备

Ⅰ. 定线复测

根据设计给定的导线点坐标和高程进行闭合复测，增设水准点，按 20 m 整桩号恢复路线中心控制点，设立中心桩，桩面用红油漆写明桩号。重新进行路基横断面的测量与绘制，放出路基坡脚、边沟位置和占地边界。

Ⅱ. 挖沟筑梗

在占地边界内距坡脚 2~3 m 或设计排水沟处开挖排水沟，并接通出水口，挖沟土方置于边界线上筑成土梗，以拦截路基范围外的地表水渗入路基，避免与当地居民因占地问题发生纠纷。

2）填前处理

Ⅰ. 一般填方处理

先清除地表的农作物根基，加宽路段，填前清除表土（厚度为 15 cm）、树根等杂物，用推土机推平，然后用平地机整形刮平 3%的起拱断面。先用推土机排压，再用 25 t 振动压路机和 12~15 t 光轮压路机碾压至要求的压实度。

Ⅱ. 挖方利用段地表清理

首先砍伐施工范围内的树木、灌木，然后用 220 KW 推土机将树根、表土等不适宜的材料剥离。挖方利用段将剥离的腐殖土弃于指定地点或堆于路基外以备绿化用。

3）填方路基的施工

Ⅰ. 试验路段

在进行全路段填筑前，先做铺筑长度不小于 100 m 的试验路段，通过试验确定机械组合、人员配额，不同填料的松铺厚度、碾压遍数等，以此作为路基填筑的依据。

Ⅱ. 填土路基

（1）分层填筑：填方路基挂线分层填筑，分层厚度根据试验路段确定的数据严格控制，为确保路堤宽度范围内的压实度，路基填筑采用宽填削坡方法施工，每侧超出路基的设计宽度不小于 30 cm，以保证修整路基边坡后的路基边缘有足够的压实度，不同土质的填料分层填筑，并尽量减少层数，每种填料总厚度不小于 50 cm，土方路基填筑至路床顶面最后一层的压实厚度不小于 10 cm。路基顶面以下 30 cm 内的填筑材料按设计要求填筑。

填方作业面长度不小于 300 m，尽量减少纵向施工接茬。若两个相邻段交接处不在同一时间填筑，则先填段应按 1∶1 的坡度分层留台阶；如两段同时施工，则分层相互交叠衔接，搭接长度不得小于 1.5 m。

（2）摊铺整平：先用推土机进行初平，再用平地机进行终平，控制层面平整、均匀。摊铺时层面做成向两侧倾斜 4%的横向排水坡，以利路基顶面排水。

（3）机械碾压：当填料含水量在最佳含水量 ±2%的范围内时碾压。路基碾压应先轻后重，先慢后快，直线段由边部向中间，曲线段由内侧向外侧的顺序碾压，碾压时光轮重叠 1/2 轮迹，振动重叠 30 cm 轮迹。相邻两区段纵向重叠 2 m，压实作业做到无偏压、无死角，碾压均匀。每层碾压完毕，经试验检测各项指标达到设计要求后，方可进行下一层的填筑。

Ⅲ. 填石路基

（1）材料选择：填料按规定进行鉴别试验，严重风化的软岩不能用于路基的填筑，容易风化的软石不能用于路基表层，更不能用于路基的浸水部分。

（2）填筑：石方路基分层厚度不大于 50 cm，石块最大粒径不得超过压实厚度的 2/3。填筑时，安排好运行路线，派专业人员指挥卸料，水平分层，先低后高，先两侧后中央。

（3）摊铺整平：卸下的石质填料用 220 KW 推土机整平，使岩块之间无明显的高差。大石块要解小，以保证碾压密实，整平要均匀，若有不平之处，人工铺细料找平。石块含量大于 70%时，将石块大面向下，小面向上，分开摆平放稳。

（4）机械碾压：石方铺筑完成后，采用 50 t 拖式振动压路机碾压 2~3 遍，然后用 18~21 t 光轮压路机碾压 2~3 遍至无轮迹，碾压时先压两侧后压中央，行与行之间重叠 0.5 m，前后相邻区段重叠 2 m 左右，以保证碾压密实。

Ⅳ. 重点部位的处理措施

（1）半填半挖路基与原地面陡坡路基施工：半填半挖路基或地面自然横坡、纵坡陡于 1 : 5 时，将原地面挖成台阶，台阶宽度满足摊铺和压实设备操作的需要，且不小于 2 m，台阶顶面做成 3%的内倾斜坡，如果是砂类土则不挖台阶，将原地面以下 20~30 cm 的表土翻松。

（2）旧路帮宽：帮宽段先处理好底层，清除淤泥、表土等不适宜的材料，并沿旧路边坡挖成向内倾斜的台阶，台阶宽度不小于 2 m，向内倾斜度为 3%，填料选用透水性较好的材料。

（3）零填零挖段路基施工：零填零挖段土方的各项指标要满足规范要求的设计标准，碾压前用推土机大面积推平，严禁小面积找平，压实度要达到 95%，如不符合要求，翻晒后再压实，以确保压实度达到规定的要求。

Ⅴ. 路基整修

路基分层填筑时，当接近设计标高时，必须加强高程测量检查，以保证完工后路基顶面的宽度、高程、平整度和拱度，边坡符合规范和设计要求如表面需补填且补填厚度小于 10 cm，要先将压实层翻挖 10 cm 以上，再补填同类料整平压实。路基加宽部分在整修阶段要人工挂线清刷夯拍，路基经过整修后，要达到路基检查验收标准，做到肩棱明显，路拱、坡面符合设计要求。

Ⅵ. 试验检测

路堤每层填筑压实后，及时进行检测，每层填土检测合格并经监理工程师认可后，才能进行上一层路堤的填筑。

试验人员在取样或测试前先检查填料是否符合要求，碾压区段是否压实均匀，填料层厚是否超过规定的厚度。

细料土压实度检测处距路床顶面 30 cm 以下采用核子密度仪法，并在检测前用灌砂法做对比试验。路基顶层检测采用灌砂法，石方路基以碾压无轮迹作为压实度控制指标。

4）挖方路基的施工

Ⅰ. 施工准备

（1）通过对土石的工程分级与类别按规范的要求进行鉴定，采用机械开挖的施工方法。

（2）测量出路堑的边线、中线，在路堑顶两侧每隔 5 m 设一个固定桩，并在施工中随时检查开挖坡度，严防超挖、欠挖。

Ⅱ. 排水

（1）在路堑施工开挖前要做好堑顶截水、排水和堑底排水工作，并在施工中随时注意检查。

（2）在施工期间修建临时排水设施，并与永久性排水设施相结合，将水及时排出，以免对路基造成危害，注意不得将水排入农田。施工时要确保排水畅通，杜绝淤积和冲刷。

Ⅲ. 开挖的基本要求

（1）开挖土方时，将适于种植草皮和有其他用途的表土储存于指定地点。

（2）开挖土石均应自上而下进行，不得乱挖超挖，严禁掏底开挖。

（3）开挖石方时，对软石和强风化岩石，能用机械直接开挖的均选用机械开挖，人工配合，本标段专门配备 380 KW 推土机进行石方开挖和攒集石料。

（4）施工时要保证路堑坡面平顺，无明显的局部高差，无凸悬危石、浮石、渣堆、杂物。

（5）土质路堑和软质岩石路堑开挖时，两边边坡预留 20 cm，底部预留 20 cm，开挖至预留层时，停止机械开挖，待进行路基路床施工时再集中力量进行开挖。

（6）路堑开挖方式根据地形情况、岩层产状、路堑断面及其长度并结合土石方调配情况来确定。平缓地面上短而浅的土石路堑采用全断面开挖；平缓横坡上的一般土石路堑采用横向台阶开挖；土石质傍山路堑采用纵向台阶开挖，边坡较高时要分层开挖。

5）取土场

取土场设在 K44+100—K44+200 右侧，占地 2 500 m^2。

四、上交资料

每人上交实训报告一份，见表 1-1。

表 1-1　实训报告

日期：　　　　班级：　　　　组别：　　　　姓名：　　　　学号：

实训任务	路基土石方工程施工方法的确定	成绩	
实训目的	通过此次实训，使学生明确确定施工方法的原则和步骤，并能够根据给定的资料中不同工程的结构和施工特点确定正确的施工方法		
实训内容	**背景材料** **1. 工程结构、规模** 肇源至松原一级公路是国道 203 线明（水）沈（阳）公路的一部分，起于黑龙江省肇源县境内，跨越松花江后止于吉林省松原市境内。本标段起点桩号为 K5+600，终点桩号为 K8+600，路线长 3 000 m，位于松原市风华镇境内。路基长 2 412.5 m，宽 25.5 m，平均填土高度为 9 m，路基横坡坡度为 2%，一般路堤边坡坡度为 1∶1.5。 **2. 路基土石方工程量** 1）清理场地 清理表土 14 002 m^3。 2）填方 借土填方：主线素土填方 829 903 m^3，改河、改路、改渠素土填方 4 263 m^3，5%石灰土填筑 27 072 m^3，掺石灰 2 707 t。 3）特殊路基处理 粗砂垫层 16 417 m^3，台背填砂砾 3 765 m^3。 **3. 主要资源配置** 220 KW 推土机 1 台，140 KW 推土机 2 台，1 m^3 挖掘机 6 台，ZL50 装载机 3 台，平地机 2 台，25 t 振动压路机 2 台，30 t 振动压路机 2 台，18~21 t 光轮压路机 6 台，50 t 拖式振动压路机 1 台，12 t 自卸汽车 40 台，稳定土拌和机 1 台，洒水车 1 台。 本标段设 3 个施工作业队，每个作业队配备队长 1 人，技术员 1 人，质检员 1 人，试验员 2 人，测量员 2 人，劳动力 40 人。 **4. 路基土石方工程施工顺序** 根据本工程的特点和技术复杂程度，本路段路基土石方工程施工顺序如下。 1）素土填筑 测量放样→表土清除→原地面翻晒、整平、碾压→压实度检测→打格卸土→翻晒→含水量检测→推土机粗平→平地机精平→碾压→压实度检测。 2）灰土填筑 测量放样→表土清除→原地面翻晒、整平、碾压→压实度检测→取土场就地取土降水→掺入白灰、闷料→翻拌→打格卸土→推土机粗平→翻晒→含水量、灰剂量检测→推土机粗平→平地机精平→碾压→压实度检测。 问题：根据以上资料，确定该路基土石方工程的施工方法		
实训解答			
实训总结			

实训二 施工顺序安排

一、实训目的与要求

(1)明确施工顺序安排的原则。

(2)掌握施工顺序安排的方法与步骤。

(3)根据不同工程的施工规律、工艺和操作要求,学会安排不同的施工顺序。

二、实训要点与注意事项

不同的施工项目(铁路、公路、市政、房建施工项目等)的施工有其共同点,不论是施工准备还是正式施工都有比较合理的施工顺序。只有按照合理的施工顺序施工才能保证现场秩序,避免混乱,实现文明施工,取得好快省且安全的效果。

(一)实训要点

1. 先场外、后场内,场外由远而近

在桥梁工程施工时,对一些与场内外有联系的工程,如路基工程、涵洞工程等,施工应从场外开始,逐步向场内延伸。这样完工一部分就有一部分可以利用,对施工极其方便。正确的施工顺序是使修建桥梁所需的材料、机械及设备等可以直接通过干道运抵施工地点,随着道路向场内延伸,修建好的部分道路可加以利用,从而保证桥梁施工现场所需的材料、机械及设备顺利供应,既能充分发挥新建工程的效益,又能经济地解决运输问题,争取施工的时间。

2. 先全场、后单项,全场从整平土方开始

先全场、后单项指应该先完成全场性的工程,然后完成各独立的建筑物和构筑物。所谓全场性工程,是对许多工程的施工或与使用者有关的、作业面遍及整个施工现场的公用工程,如场地平整,各种管道、电缆线的主干,场内的临时便道和临时便桥等。

3. 先地下、后地上,统筹考虑各分部分项工程之间的关系

所谓先地下、后地上,就是说在施工时应先完成零点标高以下的工程,然后完成零点标高以上的部分,这是任何工程的施工都必须严格遵循的重要原则。从整个施工现场来看,零点标高以下的工程大致包括如下工作:地基处理、基础施工、铺设地下管网等。

4. 管线和管道工程先主干、后分支,排水先下游,其他先源头

管线道路先主干、后分支的施工顺序能使完成部分的工程得以迅速发挥作用。如果先进行分支管线道路的施工,由于这些管线道路没有与干管、干线和干道接通,它们也就

不能发挥工程的效益，上水道不能供水，下水道的水排不出去，煤气、蒸汽、电力没有来源，道路也不能充分利用。管线道路工程的施工必须先完成主干，道路也就从与附近干道的连接处逐渐通向场内。

（二）注意事项

（1）依据合同约定的施工顺序安排，重点工程、难点工程、对后续影响较大的工程应优先安排施工。

（2）对工期起控制作用（即位于网络计划的关键线路上）的工程应优先安排施工。

（3）应按施工技术、施工规范与操作规程的要求安排施工顺序。

（4）应按施工项目整体的施工组织与管理的要求安排施工顺序。

（5）应结合施工机械情况和施工现场的实际情况安排施工顺序。

（6）应依据施工项目的地质、水文和本地气候变化对施工项目的影响程度安排施工顺序。

（7）安排的施工顺序应符合施工工艺过程的要求。

（8）要体现施工过程组织的连续性、协调性、均衡性和经济性。

（9）安排的施工顺序应符合安全生产的要求。

（10）安排的施工顺序应符合工程质量的要求。

（11）应依据本地资源和外购资源状况安排施工顺序。

（12）安排施工顺序时应考虑经济和节约的需要，降低工程成本。

三、实训范例

（一）工程概况

1. 概述

横龙山（南）隧道工程起止桩号为 K0+840—K2+240，其中左线（K0+840—K1+040）和右线（K0+840—K1+100）为道路工程。横龙山（南）隧道为上下行双向六车道隧道，行车道中线间距为 52.25 m，左线隧道（K1+040—K2+240）全长 1 200 m，右线隧道（K1+100—K2+240）全长 1 140 m，其主要技术指标见表 1-2。

表 1-2　主要技术指标

项目	横龙山（南）隧道工程	
隧道桩号	左线（K1+040—K2+240）	右线（K1+100—K2+240）
道路桩号	左线（K0+840—K1+040）	右线（K0+840—K1+100）
公路等级	城市快速路	
路线长度（km）	1.4（隧道 1.2）	1. 4（隧道 1.14）
计算行车速度（km/h）	60	
隧道建筑限界	14.25 m × 5.5 m	

续表

项目	横龙山(南)隧道工程
设计荷载	城—A 级
地震基本烈度	Ⅶ度区
衬砌结构形式	复合衬砌
业主要求工期	2015-08-01—2017-07-31

2. 主要工程项目与工程量

主要工程项目与工程量见表1-3。

表1-3 主要工程项目与工程量

序号	工程项目	单位	数量	备注
一	隧道工程			表中所列数量,依据“招标文件”工程数量清单统计得出。均为左线隧道和右线隧道合计数
1	隧道全长	m/座	2 340/2	
2	洞身开挖	m^3	376 100	
3	喷射混凝土	m^3	30 144	
4	锚杆	t	280	
5	混凝土	m^3	88 200	
6	防水层	m^2	64 529	
7	喷涂	m^2	58 939	
8	装饰板墙面	m^2	19 930	
9	隧道机电设备(电气)	项	1	
10	主变电所	项	1	
11	隧道内管线(电缆沟等)	项	1	
二	道路工程			
1	路基全长	m	460	
2	路基挖土方	m^3	109 300	
3	路基挖石方	m^3	46 850	
4	路基挖淤泥	m^3	1 000	
5	路基水泥稳定层	m^2	9 000	
6	道路排水边沟	m	1 033	
7	人行道板	m^2	575	
8	移树	棵	375	
三	管线工程			
1	高位水池	m^3/座	200/1	

续表

序号	工程项目	单位	数量	备注
2	2.2 m × 2.2 m 箱涵	m	400	
3	雨水管	m	101	
4	给水管	m	883	
5	沟槽土石方	m^3	9 700	
6	电缆沟	m	192	

3. 工程特点

1）工期紧迫

横龙山（南）隧道工程是全线如期竣工的关键工程，应调遣精锐队伍，上足精良设备，精心组织施工，确保按期完工。

2）地质复杂

隧道出口区域为第四系坡残积层和具有不同风化程度的花岗岩，岩体结构为碎块状镶嵌结构或松散结构，以滴水或渗水为主，围岩开挖后易塌方。K2+000—K2+240 处有两条断层破碎带穿过隧道，隧道开挖后岩体易风化剥落，影响洞身的稳定性。右线隧道在 K2+110—K2+133 处有 23 m 明洞，断层和隧道中间明洞的施工是本标段的难点。

3）技术要求高

本隧道工程总体设计要求高，三车道断面开挖难度大、技术复杂，采用澳特板、铁必定等新材料、新工艺，加上工期较紧，实际施工将面临许多技术性的问题，如地质预报与评价准确度，监测技术反馈指导施工中的优化设计与施工工艺，在特殊地质条件下保证结构安全，工期、质量、安全的协调统一等问题。

（二）总体施工顺序和各分项工程施工顺序

1. 总体施工顺序

本合同段分项工程有路基土石方、边坡防护、道路结构层、明洞和洞口仰坡、隧道洞身开挖、初期支护、隧道防水、二次衬砌、隧道机电设备安装、主配电所、给排水工程等。

为了使隧道洞口路堑早日拉通，给隧道进洞创造条件，在施工准备阶段即完成第一期临时道路和临时 D500 排水管的修筑，以便施工机械设备和材料及时进场，并且在临时道路施工时利用路基土石方开挖回填原山沟。随即进行隧道明洞施工。洞口边坡、仰坡加固完善，洞口排水做好后，正式进洞开挖，由于洞口段地质为风化花岗岩，拱顶易坍塌，侧壁易失稳，在暗洞掘进前进行洞口仰坡锚喷支护和明洞洞身衬砌。隧道洞身衬砌全部完成后，洞内路面混凝土由内向外展开施工，边沟、电缆沟紧跟其后。最后进行洞门施工，按设计要求，洞门施工应避开雨季，拟安排在 11—12 月施工。洞内装修在洞内机电、照明设备安装完成 15 d 后开始施工。洞外路面混凝土工程在洞内路面混凝土工程完成后连续施工。

为确保工期，左右线隧道同时开工（保证设计的左右线隧道相隔距离满足爆破安全要求）。隧道总体施工顺序如图 1-1 所示。

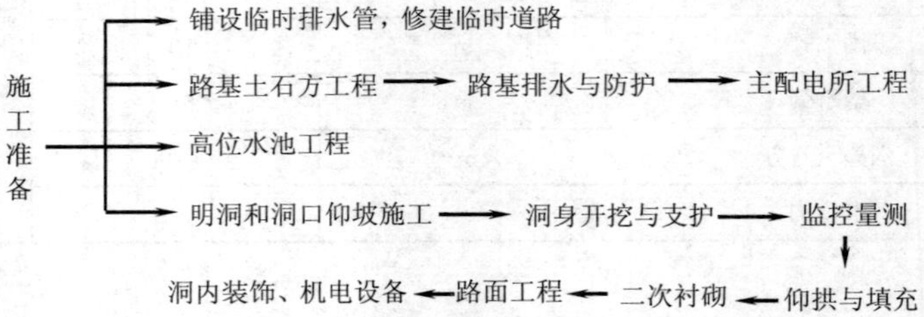

图 1-1　隧道总体施工顺序

2. 各分项工程施工顺序

1）路基土石方工程施工顺序

本标段路基全长 460 m，隧道进口长 260 m，出口长 200 m，安排道路施工队分侧施工，路基施工时按如下顺序进行：施工准备→截水沟施工→路堤基底处理→路堑土石方开挖→路堤分层填筑碾压→路基排水与防护。

2）排水箱涵工程施工顺序

Ⅰ. 雨水箱涵施工顺序

雨水箱涵施工顺序如图 1-2 所示。

图 1-2　雨水箱涵施工顺序

Ⅱ. 浆砌排水渠施工顺序

排水渠定位→基础开挖→基底处理→基础砌筑→墙身砌筑→墙背回填→其他附属工程施工。

3）路基排水工程施工顺序

基槽开挖→砂砾垫层施工→浆砌片石防护→勾缝→养生。

4）隧道工程施工顺序

Ⅰ. 洞口和明洞施工顺序

洞口和明洞土石方开挖→洞顶截水沟施工→边坡、仰坡锚喷支护→混凝土衬砌→防水层施工→回填→隔水层施工。

Ⅱ. 洞门施工顺序

洞门挖基→洞门墙施工（含帽石）→边沟、截水沟施工。

Ⅲ. 隧道开挖、支护作业施工顺序

Ⅰ)Ⅱ类浅进埋围岩、断层地段开挖、支护作业施工顺序

超前地质预报→小导管预注浆超前支护(或 D108 大管棚注浆超前支护)→双侧壁导坑开挖→临时钢支撑→锚、喷、网、钢格栅联合支护→监控量测→开挖中洞核心土→拱部锚、喷、网、钢格栅联合支护→拆除临时钢支撑→持续监控量测。

Ⅱ)Ⅲ类围岩开挖、支护作业施工顺序

超前地质预报→上部断面台阶法开挖→锚、喷、网、钢格栅联合支护→监控量测→出渣→下部开挖→出渣→锚、喷、网、钢格栅联合支护→持续监控量测。

Ⅲ)Ⅳ类、Ⅴ类围岩开挖、支护作业施工顺序

超前地质预报→钻爆设计→布眼→钻孔→清孔→装药→联结起爆网络→起爆→排风降尘→清危→爆破效果检查→出渣→锚杆、挂网、喷混凝土支护→监控量测。

Ⅳ. 隧道衬砌施工顺序

Ⅰ)Ⅱ类、Ⅲ类围岩有仰拱断面施工顺序

仰拱开挖→仰拱初期支护→仰拱混凝土施工→隧底填充→墙基以上衬砌断面施工→电缆沟、水沟施工。

Ⅱ)Ⅳ类、Ⅴ类围岩无仰拱断面施工顺序

衬砌台车就位→防水层施工→安装模板→浇筑混凝土→拆模→养生。

5)洞内路面工程施工顺序

现场清理→ C30 混凝土路面铺底层施工→养生。

6)洞外路面工程施工顺序

4%水泥稳定级配碎石底基层施工→ 6%水泥稳定级配碎石基层施工→沥青混凝土面层施工→养生。

四、上交资料

每人上交实训报告一份,见表 1-4。

表 1-4　实训报告

日期:　　　　　班级:　　　　　组别:　　　　　姓名:　　　　　学号:

实训任务	桥梁工程施工顺序的安排	成绩	
实训目的	通过此次实训,使学生掌握安排施工顺序的方法与步骤,并能够根据不同工程的施工规律和工艺特点,合理地安排施工顺序		

续表

<table>
<tr><td>实训内容</td><td>背景材料
1. 工程概况
白草口Ⅲ号大桥位于山西省代县境内，大桥起止桩号为 K105+357.5—K105+662.241（右线为 K105+662.759）。大桥所处位置原地面起伏较大，对施工不利。大桥的设计形式和主要工程量如下。
（1）基础：钻孔灌注桩，ϕ150，共 80 根，钢筋混凝土承台，混凝土 1 613 m³。
（2）桥墩：薄壁空心墩，共 18 个，最高墩达 34.8 m，C30 混凝土 4 272 m³。
（3）桥台：肋板式桥台，C30 混凝土 172.6 m³。
（4）上部：预制架设先简支后连续 T 形梁，共 100 片，预制 C50 混凝土 2 502 m³，现浇 C50 混凝土 610 m³。
2. 总体施工方案
1）基础施工
由大桥一队负责，采用 BRM-4 型旋转钻机进行钻孔灌注桩施工，灌注水下混凝土成桩，鉴于大桥所处位置地形复杂，需要向桥墩位置修建一些便道。混凝土由拌和站集中拌和，混凝土输送泵输送混凝土到位。
2）桥墩施工
由大桥二队负责，采用提升滑动模板进行施工，现场采用 6 套滑动模板，混凝土由拌和站集中拌和，然后由混凝土输送泵或混凝土搅拌运输车运输，较高的几个桥墩采用塔吊和工业电梯竖直运输。
3）T 形梁预制
由第一制梁厂负责，利用 K105+674.361—K105+816.5 段路基作为制梁厂。由于该标段位置较狭小，为了有效节约用地，该段路基只布置制梁台座、存梁台座和钢筋骨架绑扎台座，其人员驻地、钢筋加工等均布置在山脚下。钢筋由山脚下经初步加工后，运送到制梁厂绑扎钢筋骨架，再灌注梁体混凝土。
4）T 形梁架设
采用架桥机架设 T 形梁。为了有效利用制梁厂的位置，并按照设计要求将预制成型的 T 形梁立即架设，所有 T 形梁均边预制边架设，以利于存量场地的循环使用。

问题：根据以上资料，安排白草口Ⅲ号大桥各分项工程的施工顺序</td></tr>
<tr><td>实训解答</td><td></td></tr>
<tr><td>实训总结</td><td></td></tr>
</table>

实训三　施工机械选择

一、实训目的与要求

(1)明确施工机械选择的原则。

(2)掌握施工机械选择的步骤。

(3)根据不同工程的结构和施工特点,学会选择不同的施工机械。

二、实训要点与注意事项

(一)选择施工机械的方法

应根据机械的技术性能,结合施工方案的要求和招标文件中有关技术规范、质量和进度的要求,针对施工项目的施工条件和实际情况,按照下面的步骤合理选择施工机械。

1. 按作业内容选择施工机械

为了降低劳动强度,尽量使分部分项工程所包含的每一项作业都由相应的机械完成。一般根据机械的使用性能和分部分项工程的具体作业内容选择施工机械。

实践证明,通常中小型项目选择通用性较好的机械比较经济合理,大型项目要结合施工方案并针对具体作业内容慎重选择主导机械和配套机械,才能获得较好的经济效益。

2. 按土方条件选择施工机械

土方是机械施工的主要对象,其性质和状态直接影响施工机械作业的工效、成本等,因此,土方条件是选择施工机械的一个重要依据。

1)按机械的通行性选择施工机械

施工现场的便道、地形、土质、行驶质量状况对施工机械的作业效率影响较大,有时需要根据机械的通行性选择施工机械。如地面潮湿、泥泞,一般选用履带式机械,否则,可根据需要选择轮胎式机械。

2)按土的类别和工程特性选择施工机械

土的类别和软硬程度不仅对机械的通行性有影响,而且左右着机械进行各种施工作业的可能性和难易程度。土的工程特性不同,施工时选择的机械也应不同。

3. 根据运距选择施工机械

根据运距选择施工机械主要针对铲运机械而言,考虑土的性质与状态,结合现场施工条件进行选择。经济运距在 100~500 m 时,选择拖式铲运机;经济运距在 300~1 500 m 时,选择自行式铲运机。

4. 根据气象和气候特征选择施工机械

气象条件也是影响机械施工的因素之一，如在雨季、冬季施工，将导致施工机械的作业效率下降，若不停工，更应该注意所选机械的特殊性。

下雨或积雪融化会直接影响土的状态，使施工现场的机械通行性下降，影响作业效率。雨季施工必须考虑用效率低的履带式机械代替在干燥条件下效率较高的轮胎式机械作业。

冬季施工在选择机械时，首先应考虑施工机械的技术性能可否达到规定的技术和标准要求。其次，应选择适合解破冻土和粉碎冻土的专用施工机械配合主导机械作业，如使用松土器、冻土犁松土，羊足碾碾压等。

有时也可根据季节特征选择施工机械，如少水河流在汛期预计流量增大，主梁吊装可采用架桥机，而在干旱期可考虑采用吊车等。

5. 考虑机械的作业效率对进度的影响选择施工机械

机械的技术状况（完好程度）与施工现场的施工作业条件对机械生产能力（生产率）的影响较大，要注意在关键工程中配备作业效率较高的机械，以免影响施工进度。

6. 从全局出发统筹考虑选择施工机械

从全局出发就是不仅要考虑本项工程施工的需要，也要考虑所承担的同一现场的其他项工程施工的需要。从局部考虑选择可能不合理，但从全局考虑选择则是合理的。如果几个工程需要的混凝土量大，而又相距不远，采用混凝土搅拌楼比多台分散的混凝土拌和机要经济，而且还可以保证混凝土的质量。

7. 购置机械与租赁机械的选择

根据工程量的大小与企业的资金情况，对施工需要的机械是购置还是租赁进行比较。

（二）组合施工机械的基本方法

在综合机械化组列（如路面施工的一系列配套机械）的施工过程中，协调、均衡的配套关系是使综合机械化组列高效与经济运行的必要条件。可见，要想实现机械化施工的高效性和经济性，首先要使参与组合的各种机械之间协调配合，均衡作业。施工机械组合的基本方法主要有以下几种。

1. 按招标文件和设计要求组合施工机械

在设计文件或招标文件的技术规范中，为了保证工程质量或满足设计上的技术要求，往往会对施工方法及主要机械的规格、型号、作业效率等提出一些具体要求。进行施工机械组合时，先要在满足这些要求的前提下选择主导机械，然后按主导机械合理匹配其他施工机械。

2. 按合同工期要求组合关键工程的施工机械

关键工程的作业进度对合同工期的影响很大，它往往决定着施工进度的节奏和快慢。比如，关键的大型土方工程或混凝土工程施工时，为了满足进度要求，主导机械宜选择大型机械设备，其他机械要以充分发挥主导机械的效能为原则进行选型、配套。反之，工程量较小的非重点工程宜选用小型机械进行组合，以免造成机械效率损失和浪费。

3. 按施工方案要求组合施工机械

施工方案不同，所采用的机械设备也不同。机械选型与配套时，首先要与拟采用的施工方案相适应，选择主导和配套机械。其次，当施工方案的施工方法一定时，若按正常的施工组织条件和常规做法施工，主要机械设备也是一定的。如采用厂拌法进行路面面层施工，主要机械设备无非就是拌和站、摊铺机、运输车辆、压路机，只需满足质量和工期要求，按机械组合的原则组合施工机械即可，然后通过试验路段优化拟定的机械组合，并进行机械的最佳匹配。

4. 按最佳经济运行条件组合施工机械

在施工过程中，当施工的主导机械一定时，为了充分发挥综合机械化作业的生产效率，必须以主导机械的作业效率为主，合理进行其他机械的选型和配套，要基本做到"既能充分发挥主导机械的作用，又能合理运用其他机械，避免机械效率损失，使综合机械化作用处在最佳经济运行状态"。

5. 以提高施工机械的利用率为原则合理组合施工机械

在合同段的施工过程中，同一类型的施工机械也许在许多分部分项工程中都要使用，因此，在进行某一分部分项工程施工机械的组合时，还要考虑这个分部分项工程采用的施工机械在其他施工项目中重复利用的问题，以提高施工机械的利用率。

（三）选择施工机械的注意事项

机械选型的目的是针对具体施工方案和施工条件选择适宜的机械类型，使其既能保质保量地完成作业任务，又能充分发挥机械的性能优势和潜力，以期达到最佳的机械效益。选择施工机械时应注意以下几方面的问题。

1. 保证工程质量

根据工程的技术要求，考虑施工机械的技术性能是否与施工质量和技术规范的要求相适应，能否达到相应的施工质量要求。

2. 保证施工的安全性

在工程施工中，机械应具有可靠性和安全性，如行驶稳定、有翻车或落体保护装置、防尘隔音、危险施工项目可遥控作业等。

3. 充分体现经济性

在选择施工机械时，必须权衡工程量与机械费用的关系，同时要考虑机械的先进性和可靠性，这是影响经济效益的重要因素。

4. 保证施工机械的适应性

公路机械化施工的范围非常广泛，施工条件千变万化，选用施工机械时应从机械的类型和技术性能两方面考虑机械的适应性。

5. 尽量选用系列产品

在整个机械化施工中，应减少同一功能的机械的品种类型，尽可能使用统一、标准化的系列产品，以便于维修和管理。

6. 拟选施工机械与其他配套机械的组合要合理可行

拟选施工机械在工作容量、数量搭配、生产效率、动力搭配方面应与配套的组合机械彼此适应，协调一致。

三、实训范例

（一）工程概况

1. 概述

国道 217 线克拉玛依至独山子段公路改建工程。路线起于克拉玛依市国道 217 线原一级公路与二级公路相交处北 K403+300 处，沿国道 217 线南行经五五新镇、共青城，在奎屯市西南下穿兰新铁路西线，终点桩号为 K551+741.585。路线全长 148.449 81 km，实际改建路线全长 125.891 39 km。

第一标段起点桩号为 K403+300，终点桩号为 K410+100，全长 6.8 km。该标段主要包括 6.8 km 的一级公路（路基宽 25.5 m）路基改建、路面工程；防护、排水新建工程，平面交叉和管线交叉工程；环境保护工程；改路工程；2 处互通立交工程；13 道涵洞、6 道通道工程。

本路段以单侧加宽为主，少量双侧加宽，原路面作为垫层，加铺底基层、基层和面层。沥青混凝土、水泥稳定碎石和稳定砂砾要求厂拌施工。

路面结构从上向下依次为：3 cm 厚密级配细粒式沥青混凝土、4 cm 厚中粒式沥青混凝土、20 cm 厚 4%水泥稳定砂砾、25 cm 厚天然级配砂砾。

本标段有互通立交 2 处，为金龙镇互通立交和九公里互通立交；涵洞 13 道，结构形式主要为钢筋混凝土盖板涵；通道 6 道。

2. 工程地质

路线所在区域的地质构造环境：北部为阿尔泰地槽褶皱带，西侧为准噶尔界山褶皱带，整个路线坐落于准噶尔凹陷区西侧，南部为天山地槽褶皱带。

路线所在地为准噶尔盆地西南缘，地形封闭，气候干燥，自然条件特殊，盐渍土在本路线分布广，公路受盐渍化影响形成严重的病害。

3. 水文地质

在项目所在地区，地下水由南部天山、西部界山山区由南向北、由西向东向盆地流动形成径流。含水层多为砂砾石，所以径流条件较好。

地下水在洪积扇前缘和盆地中，主要靠泉水蒸发和植物蒸腾排泄。在山前洪积扇前缘形成的沼泽、湿地可以实现蒸发和蒸腾排泄。盆地中的地势低洼处是地表水汇集的中心，也是地下水排泄汇集的中心。北部有乌伦古湖，盆地西北缘和南部有艾比湖和玛纳斯湖。部分为人为开采消耗。

4. 交通、动力、通信和其他条件

（1）本工程为改建工程，交通方便。

（2）沿线有电力，但须考虑自备电源。

（3）沿线通信较方便。

（4）沿线沟、河较多，地下水资源丰富，水质良好，施工用水方便。

（5）本合同段的地材可从克拉玛依市华夏机碎砂石料场或奎屯河管理处水电公司砂石料场采购。

（6）取土场为克拉玛依后山取土场，距主线 15 km，为砂砾土，平均运距为 19 km。

5. 路基土石方和路面工程的主要工程数量

（1）路基土石方：挖石方 3 139 m^3，挖土方 16 467 m^3，填方 866 381 m^3。

（2）路面：天然级配砂砾底基层厚 25 cm，290 916 m^2；黏层沥青 325 320 m^2；水泥稳定砂砾厚 20 cm，304 193 m^2；透层沥青 300 540 m^2；中粒式沥青混凝土厚 4 cm，330 667 m^2；细粒式沥青混凝土厚 3 cm，305 397 m^2；C25 预制混凝土路缘石 2 695 m^3；C25 中央分隔带混凝土预制板 533 m^3。

（二）拟投入本合同路基、路面工程的主要施工机械

根据以上工程概述和工程量，配备的拟投入本合同工程的主要施工机械见表 1-5。

表 1-5　拟投入本合同工程的主要施工机械

机械名称	规格型号	额定功率、容量或吨位	厂牌和出厂时间	数量（台）				新旧程度（%）
				小计	其中			
					拥有	新购	租赁	
推土机	TY220	220 kW	山推 2015	6	6			95
推土机	D8L	220 kW	小松 2014	4	4			96
挖掘机	HD/430	1.4 m^3	加藤 2015	5	5			95
挖掘机	300B	1.2 m^3	美国 2014	3	3			95
挖掘机	现代	1.2 m^3	现代 2015	2	2			95
自卸汽车	斯太尔	30 t	斯太尔 2015	18	18			95
自卸汽车	日产	20 t	日产 2015	16	16			97
自卸汽车	太托拉	25 t	太托拉 2015	8	8			95
振动压路机	YZ18	50 t	徐州 2014	5	5			99
手扶式小型压路机	YZ18	4 t	徐州 2014	5	5			99
压路机	英格索兰	50 t	无锡 2015	1	1			95
平地机	PY160C	118 kW	天津 2015	6	6			95
装载机	KLD-85Z	3.5 m^3	厦工 2014	5	5			96

续表

机械名称	规格型号	额定功率、容量或吨位	厂牌和出厂时间	数量（台）				新旧程度（%）
				小计	其中			
					拥有	新购	租赁	
装载机	W90-3	2.7 m^3	小松 2014	4	4			96
黄河油罐车	NK162	15 t	黄河工机 2015	2	2			95
沥青混凝土拌和设备	MPA500	500 t/h	玛莲尼 2016	1	1			96
沥青混凝土摊铺设备	ABG420	126 kW	德国 2016	1	1			96
双钢轮压路机	DD90		英格索兰 2014	2	2			98
压路机	三轮宝马	50 t	德国 2016	1	1			97
双钢轮压路机	DD110		英格索兰 2016	2	2			96
胶轮压路机	YL25	25 t	洛阳 2015	3	3			97
水泥稳定土拌和设备	WBC-500	500 t/h	无锡 2015	1	1			97
沥青洒布车		4 000 L	自制 2014	3	3			96
振动压路机	CA30	30 t	瑞典 2015	5	5			96
压路机	3Y18 × 21	18~21 t	洛阳 2014	4	4			96
水泥稳定土摊铺机	MT900	12 m	成都 2014	1	1			97
洒水车	EQ141	8 t	一汽 2015	4	4			97
备注	以上设备均为我处自有设备，状态完好，大部分闲置，分布在兰州宝兰项目工地、青海西宁 315 项目工地，这些项目已完工，本工程一旦中标，可立刻投入使用							

四、上交资料

每人上交实训报告一份，见表 1-6。

表 1-6　实训报告

日期：　　　　班级：　　　　组别：　　　　姓名：　　　　学号：

实训任务	路面工程施工机械的选择	成绩	
实训目的	通过此次实训，使学生明确选择施工机械的原则和步骤，并能够根据不同工程的结构和施工特点，合理地选择施工机械		
实训内容	**背景材料** **1. 工程概况** 芜太公路高淳段养护改善工程位于江苏省高淳区境内，本项目的起点位于高淳与宣城交界的大公河，终点位于高淳变电所太安路交叉口（一期工程的起点），起止桩号为 K0+000—K17+360.362，全长 17.36 km，本合同段为二级公路的改造工程，沥青混凝土路面，施工时封闭交通。		

续表

<table>
<tr><td>实训内容</td><td>

2. 地理情况和气象水文

本路线位于高淳区境内，本合同段地形起伏较大，最大高差约为 30 m，全线场地内主要为农田、沟塘，部分地段水网密布。场地地貌隶属岗地微丘下坳沟地貌单元。该地区位于长江下游，属亚热带季风气候区，气候受季风环流影响较大，四季分明，冬夏温差显著，春季天气多变，初夏梅雨多水。该地区光照充足，全年平均无霜期为 237 d。

3. 交通与运输条件

施工区段内交通便利，沿线筑路材料供应丰富。

4. 技术标准

本项目路面结构采用沥青混凝土路面，设计使用年限为 12 年。本工程为平原微丘区二级公路，计算行车速度为 80 km/h，平均设计车道累计当量轴次为 205.12 万次/车道，沥青混凝土路面设计弯沉为 0.361 mm。设计荷载为汽-20 级、挂-100 级，路基宽度为 17 m，路面宽度为 14 m。桥涵与路基同宽（除水阳江桥大桥宽 12 m 外），桥面净宽 16 m。

5. 路面结构形式

本项目路面有路面基层和路面面层两种结构形式，路面基层为厚 18 cm 的二灰碎石，上面层为厚 4 cm 的 AC-16I 中粒式沥青混凝土，下面层为厚 6 cm 的 AC-20I 中粒式沥青混凝土。

6. 主要工程量

1）基层
（1）厚 18 cm 的二灰碎石 232 412.8 m^2。
（2）厚 15 cm 的二灰碎石 2 205.36 m^2。
（3）厚 36 cm 的二灰碎石 12 186 m^2。
2）面层
（1）厚 1 cm 的乳化沥青下封层 232 412.8 m^2。
（2）厚 4cm 的 AC-16I 中粒式沥青混凝土上面层 224 570.4 m^2。
（3）厚 6cm 的 AC-16I 中粒式沥青混凝土桥面铺装 11 158.33 m^2（花奔大桥桥面铺装）。
（4）厚 6cm 的 AC-20I 中粒式沥青混凝土下面层 224 570.4 m^2。
（5）厚 2.5 cm 的沥青表面处治 1 583.66 m^2。
（6）厚 20 cm 的 C30 水泥混凝土面板 2 322.53 m^2。
3）路缘石
C25 混凝土路缘石 636.7 m^3。
4）玻纤格栅
3 480 m^2。

问题：根据以上资料，确定拟投入本合同工程的主要施工机械的数量

</td></tr>
<tr><td>实训解答</td><td></td></tr>
<tr><td>实训总结</td><td></td></tr>
</table>

实训四 流水作业组织

一、实训目的与要求

(1)明确流水作业组织的形式。

(2)学会分析流水作业组织的特点。

(3)掌握流水作业组织的步骤。

(4)根据流水作业组织的形式和特点,学会运用流水作业组织方法编制施工组织进度计划。

二、实训要点与注意事项

(一)实训要点

1. 分析合同段(或项目)各施工过程的施工条件、工艺顺序和劳动量,确定施工流水线

为了组织流水作业,必须先确定施工流水线。在公路工程建设中,一般按照公路建筑产品的组成要素、结构类型、施工性质和施工条件等,将公路工程分为路基、路面、桥涵、交叉工程、隧道、其他工程与沿线设施、临时工程、管理养护服务房屋八条生产线。每条生产线还可以进一步细分,直至按采用的施工方案,依据独立的施工条件、生产性质和结构类型划分出可以组织流水作业的施工流水线。如桥梁工程施工可以按照基础、下部结构、上部结构、其他附属工程的流水线进行,再使这四条流水线适当连续,等前一条流水线提供了一定的工作面后,后一条流水线即可插入平行施工。当然也可以把流水线划分得更细一点,如把上部结构中的墩柱分为支模、放置钢筋骨架、浇筑混凝土、养生和拆模而组成一条流水线。

2. 确定施工过程数

施工过程数的确定应符合不同进度计划的要求,一般按实际施工组织的需要,抓住主导工序及其技术特点,分析工艺过程,采用独立或合并工序的方法,适当确定施工过程数。施工过程数要适当,若施工过程过少,也就是划分得过粗,则达不到好的流水效果;反之施工过程过多,需要的专业施工队就多,相应地需要划分的施工段也多,也达不到好的流水效果。

3. 划分施工段并确定施工段数

施工段的划分,在不同的流水线中可以采用不同的方法,但在同一流水线中最好采用统一的方法。在划分时应注意施工段数要适当,施工段过多,势必会减少工人数而延长工期;施工段过少,又会造成资源供应过分集中,不利于流水作业,有时甚至无法组织流

水作业。为了使施工段划分得更科学、更合理，在划分施工段时应考虑以下因素：

（1）构造物的形状和结构特征；

（2）尽量使各施工段上各施工过程的工程量大致相等；

（3）工人操作要有足够的工作面；

（4）尽量使主导施工过程的作业队能连续施工；

（5）对多层的拟建工程项目，既要划分施工段，又要划分施工层，以保证相应的专业施工队在施工段与施工层之间组织有节奏、连续、均衡的流水作业；

（6）在循环施工（即含有施工层时）中，施工段的划分还要考虑施工段数和施工过程数的关系。

4. 组织专业施工队

一般来说，在一条流水线中各施工过程的施工都应分别组织专业施工队来承担，因为分工协作是流水作业的基础。组织专业施工队应以主导工序的技术特点为主，充分体现工序的专业技术含量，有较强的专业性，如钢筋班、木工班。但专业施工队不只完成一道工序，通常以主导工序为主，兼顾其他工序，如石拱涵施工以砌筑工艺为主组织专业施工队，也可兼顾基础开挖这道工序。有时一个专业施工队亦可根据工艺技术特点完成施工组织需要分开的两道工序，如木工班既可制作模板，又可拆除模板。

5. 确定各专业施工队在各施工段上的流水节拍

一般根据可供利用或人为提供的工作面大小和施工资源的组织情况，结合企业的施工经验、技术和管理特点计算流水节拍。影响流水节拍数值大小的因素主要有：项目施工时所采取的施工方案，各施工段投入的劳动力人数或施工机械台数、工作班次、工程量。

6. 确定各施工段的施工次序

流水作业的施工次序不同，总工期也不同。为了确定最优（短）工期，通常采用“约翰逊-贝尔曼法则”确定施工次序。

7. 确定相邻专业施工队之间的流水步距

当施工段确定后，流水步距的大小直接影响着工期的长短。如果施工段不变，流水步距越大，则总工期越长；反之，总工期就越短。通常采用“潘特考夫斯基法则”确定流水步距。

8. 绘制流水施工进度图，确定计划总工期

在组织流水作业、确定计划总工期时，项目经理部应该根据项目的具体情况考虑并确定平行搭接时间、技术间歇时间、组织间歇时间等时间参数。根据以上时间参数确定项目的计划总工期后，将各条流水线搭接起来组成工程流水，就可以绘制流水施工进度图了。

（二）注意事项

（1）流水作业组织的关键是确保施工连续性，所以要求某一工种的专业施工队在完成不同施工段上的同类工序后，移动时尽可能连续或缩短间歇时间。

（2）施工过程划分的粗细，应以流水作业进度计划的性质为度，一般应结合所选择的

施工方案划分施工过程。

(3)划分施工过程应重点突出,抓住主要工序,不宜太细,使流水作业进度计划简明扼要。

(4)流水作业进度计划内的所有施工过程应按施工先后顺序排列,所采用施工过程的名称应与现行公路工程预算定额的项目名称一致。

(5)划分施工段时,应考虑是否具备独立的施工条件,相同的结构类型工序、工艺顺序。

(6)施工段的划分应考虑施工规模、资源供应等,通常以主导工序的组织为依据,保证完成主导工序的专业施工队能够连续施工。

(7)划分施工段时,应考虑施工对象的结构完整性。如大型人工构造物以伸缩缝、沉降缝为界分段,一般的工程结构应在受力最小而又不影响结构外观的位置分段。

(8)流水步距的确定应能保证相邻的两个专业施工队在施工顺序上的相互制约关系。

(9)流水步距的确定要尽量保持各专业施工队都能连续作业。

(10)流水步距要保证相邻的两个专业施工队在开工时间上最大限度地、合理地搭接。

(11)流水步距的确定要保证工程质量,并满足安全生产的要求。

(12)两道非紧密衔接的相邻工序在确定流水步距时还应考虑相邻工序交接时的技术间歇时间和组织间歇时间。

(13)在绘制流水作业图时,应使各相邻工序尽量紧凑衔接,即尽量使所排工序向作业开始的方向靠拢,这样可获得最短的总工期。

三、实训范例

某施工单位承担了一个公路建设项目,该建设项目有 a、b、c、d、e 共五个施工过程,该建设项目施工时在平面上划分成四个施工段,每个施工过程在各施工段上的工程量、劳动定额与专业施工队人数见表 1-7。在施工过程中按相关施工规范和工艺过程的需要,施工过程 b 完成后,相应的施工段至少要养护 3 d;施工过程 c 完成后,相应的施工段要留有 1 d 的准备时间。为了早日完工,允许施工过程 a 与 b 之间搭接施工 1 d,试编制该项目的流水作业方案。

表 1-7　工程的相关资料

施工过程	劳动定额	单位	各施工段的工程量				专业施工队人数(人)
			A 段	B 段	C 段	D 段	
a	8.2 m^2/工日	m^2	246	166	168	326	10
b	2.4 m^3/工日	m^3	32	72	170	135	14
c	0.6 t/工日	t	7.2	3.2	10.8	18	6

续表

施工过程	劳动定额	单位	各施工段的工程量				专业施工队人数(人)
			A 段	B 段	C 段	D 段	
d	1.6 m^3/工日	m^3	70	35	53	52	11
e	5.8 m^3/工日	m^3	178	232	117	56	10

解析　(1)根据以上资料,按照流水节拍的计算公式计算施工过程 a 在各施工段上的流水节拍:

$$t_{aA}=\frac{Q_{aA}}{S_aR_aN_a}=\frac{246}{8.2\times10\times1}=3$$

$$t_{aB}=\frac{Q_{aB}}{S_aR_aN_a}=\frac{166}{8.2\times10\times1}\approx2$$

$$t_{aC}=\frac{Q_{aC}}{S_aR_aN_a}=\frac{168}{8.2\times10\times1}\approx2$$

$$t_{aD}=\frac{Q_{aD}}{S_aR_aN_a}=\frac{326}{8.2\times10\times1}\approx4$$

N 表示作业班制。

同理,按照流水节拍的计算公式可以计算出其他施工过程在各施工段上的流水节拍,整理后见表 1-8。

表 1-8　各施工段流水节拍汇总

施工段 / 流水节拍 / 施工过程	A 段	B 段	C 段	D 段
a	3	2	2	4
b	1	3	5	4
c	2	1	3	5
d	4	2	3	3
e	3	4	2	1

(2)求相邻工序流水节拍的累加数列。

a:3,5, 7, 11。

b:1, 4, 9, 13。

c:2, 3, 6, 11。

d:4, 6, 9, 12。

e:3, 7, 9, 10。

(3)确定流水步距。

① $K_{a,b}$。

3,5, 7, 11

$\underline{-)1, 4, 9, 13}$

3, 4, 3, 2,−13

$K_{a,b}$=max{3,4,3,2,−13}=4 d

② $K_{b,c}$。

1,4, 9, 13

$\underline{-)2, 3, 6, 11}$

1, 2, 6, 7,−11

$K_{b,c}$=max{1,2,6,7,−11}=7 d

③ $K_{c,d}$。

2,3, 6, 11

$\underline{-)4, 6, 9, 12}$

2, −1, 0, 2,−12

$K_{c,d}$=max{2,1,0,2,−12}=2 d

④ $K_{d,e}$

4,6, 9, 12

$\underline{-)3, 7, 9, 10}$

4, 3, 2, 3,−10

$K_{d,e}$=max{4,3,2,3,−10}=4 d

(4)确定计划总工期。

根据题意,施工过程 b 完成后,要养护 3 d;施工过程 c 完成后,要留有 1 d 的准备时间;施工过程 a 与 b 之间搭接施工 1 d,由此可得

$$T=\sum_{j=1}^{4}K_{j,j+1}+\sum_{i=1}^{4}t_i^e+Z_{b,c}+G_{c,d}-C_{a,b}$$

$$=(4+7+2+4)+(3+4+2+1)+(3+1)-1$$

$$=30\ d$$

(5)绘制流水施工进度图,如图 1-3 所示。

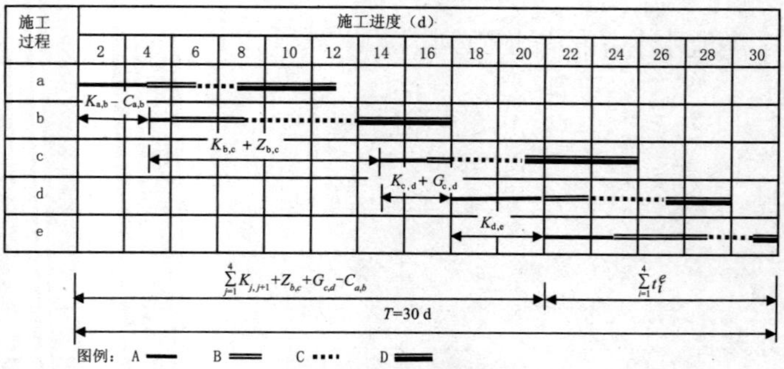

图 1-3 流水施工进度图

四、上交资料

每人上交实训报告一份，见表 1-9。

表 1-9　实训报告

日期：　　　　　班级：　　　　　组别：　　　　　姓名：　　　　　学号：

实训任务	施工项目流水施工方案的确定	成绩
实训目的	通过此次实训，使学生能够根据流水作业组织的形式和特点，合理地运用流水作业组织方法编制施工组织进度计划	

实训内容

背景材料

某施工单位承担了一个公路建设项目，该建设项目有 a、b、c、d、e 共五个施工过程，该建设项目施工时在平面上划分成五个施工段，每个施工过程在各施工段上的工程量、劳动定额与专业施工队人数见下表。在施工过程中按相关施工规范和工艺过程的需要，施工过程 b 完成后，相应的施工段至少要养护 2 d；施工过程 d 完成后，相应的施工段要留有 2 d 的准备时间。为了早日完工，允许施工过程 a 与 b 之间搭接施工 1 d。

工程的相关资料

施工过程	劳动定额	单位	各施工段的工程量					专业施工队人数(人)
			A 段	B	C 段	D 段	E 段	
a	8.0 m^2/工日	m^2	238	242	160	164	315	10
b	1.5 m^3/工日	m^3	23	45	68	118	66	15
c	0.4 t/工日	t	6.5	3.2	3.3	9.5	16.1	8
d	1.3 m^3/工日	m^3	51	52	27	40	38	10
e	5 m^3/工日	m^3	148	102	203	97	53	10

问题：根据以上资料，确定该施工项目的流水施工方案

实训解答	
实训总结	

第二部分　施工进度计划编制实训

实训一　横线式施工进度计划编制

一、实训目的与要求

（1）明确横线式施工进度计划编制的依据。

（2）掌握横线式施工进度计划编制的方法与步骤。

（3）根据工程项目的开工日期、竣工日期、资源供应情况、主要施工方案等，绘制横线式施工进度计划图。

二、实训要点与注意事项

横线式施工进度计划图简单、直观、易懂、易绘制，适用于集中工程、材料供应计划、下达任务的辅助图。横线式施工进度计划的具体编制要点和注意事项如下。

（一）实训要点

1. 编制作业工期计算表

（1）准备好作业工期计算表，见表 2-1。

表 2-1　作业工期计算表

序号	施工项目	施工方法	工程量		定额编号	主导工期	人工劳动量		实用人数		人工作业工期
			单位	数量			定额	数量	作业班制	每班人数	
1	2	3	4	5	6	7	8	9	10	11	12

续表

序号	机械作业量(台班)						实用机械台数与作业工期								
	××机		××机		××机		××机			××机			××机		
	定额	数量	定额	数量	定额	数量	班制	台数	工期	班制	台数	工期	班制	台数	工期

(2)按编制施工进度图的依据划分施工项目、确定施工方法。

(3)列项。依据编制施工进度图列项的要求,将施工项目(工序)列项并填入表 2-1 的第 2 栏,将施工方法填入第 3 栏。

(4)在表 2-1 中逐项计算工程量、劳动量(作业量)。某些工程量可从图纸或概、预算中抄写过来。

(5)在表 2-1 中逐项确定施工单位的作业班制、实用人数和机械台数、作业工期或主导工期,反求人工和机械台班数量、规格。

(6)在表 2-1 中逐项确定主导工期。

2. 绘制施工进度线

(1)参照图 2-1 绘制施工进度图的空白图框和表格。

(2)将作业工期计算表中的施工项目、有关数据抄录于图中。

(3)按合同或上级规定的开工日期、竣工日期,在图中填列日历。

(4)按作业工期计算表中计算的主导工期,根据施工项目(工序)之间的逻辑关系,确定施工作业组织方法(顺序作业法、平行作业法、流水作业法等);在施工进度图上合理设计各施工项目的施工起止日期,即用直线或不同符号、不同颜色的线条在施工进度图上绘制作业进度。施工进度图的习惯表示方法是:线的位置表示施工项目,线的长短表示工期,线上的注字说明人工数量、机械数量、作业班制,线的符号表示施工段、工种、专业施工队等。

(5)绘制劳动力、材料等资源的数量-时间曲线,参照图 2-1。

(6)对施工项目进度安排进行反复比较、反复修改,同时修改作业工期计算表,直至合理为止。

(7)编写施工进度图的说明,并抄录于施工进度图的适当位置。

(8)在施工进度图的适当位置列出图例。

3. 方案比选

对多方案进行反复调整与平衡、比较,选择最优方案。

（二）注意事项

（1）安排施工进度时，应扣除法定节假日，并充分估计因气候或其他原因导致的停工时间。上级规定或合同签订的施工工期减去必要的停工时间之后，才是实际可进行安排的施工作业时间。此外，还要考虑必要的准备工作时间和必需的外部协调时间。

（2）注意施工的季节性。如桥梁的基础施工应避开洪水期，沥青路面和水泥混凝土路面应避免冬季施工等。

（3）安排施工进度时应保证重点、留有余地、方便调整。公路工程是野外施工，影响施工的因素很多，多么周密、详尽的计划也很难完全实现。特别是施工难度大、物资资源供应条件差的工程，更应留有充分的调整余地。

（4）材料进场应结合合同工期。在对初步方案进行优化时，要注意外购材料和各种设备分批到达工地的合同日期，需要这些材料和设备的施工项目的开工时间不得早于合同日期。

（5）进行劳动力编排时，要注意调整劳动力不均衡系数。保证每天出勤的工人人数不发生大的变动，力求劳动力不均衡系数 $1.0 \leqslant K \leqslant 1.5$，其值按下式计算：

$$K = \frac{R_{\max}}{R_{平均}} \tag{2-1}$$

式中　K——劳动力不均衡系数；

$R_{\max}$——施工期间的工人人数高峰值，人；

$R_{平均}$——施工期间的加权平均工人人数，人。

三、实训范例

旧桥加固施工组织设计与新建桥梁施工组织设计不同。旧桥加固施工组织设计必须考虑不中断交通和交通干扰问题，而新建桥梁施工组织设计不用考虑这些。以下范例是在考虑了不中断交通和交通干扰问题的情况下，对一座桥进行分期维修加固，并保证一定的工期要求。

范例一　南幅桥维修加固工程施工组织计划。

（一）工程概况

309 国道东风渠桥南幅桥中心桩号为 K750+631.5，为 5 孔、跨径 13 m 的钢筋混凝土空心板简支梁桥，桥面连续。桥面净空为 11 m，有 2 × 0.5 m 的防撞护栏，设计荷载标准为汽车-超 20 级、挂-120。桥面铺装 10 cm 的 C30 水泥混凝土加铺 5 cm 的沥青混凝土。该桥为晋煤外运的重要通道，超载车多，对桥梁的破坏十分严重。

1. 该桥的主要病害位置

（1）桥面铺装：破损率超过 20%。

（2）上部构造：部分铰缝混凝土损坏严重。

2. 维修方案

(1)主板裂缝用环氧树脂砂浆填补并进行灌缝处理,铰缝重新浇筑混凝土,梁板底部粘贴碳纤维。

(2)旧桥面铺装全部凿除,重新铺筑早强水泥混凝土。

(二)施工方案

1. 维修施工总体安排与顺序

施工期间不中断交通,但浇筑混凝土和养生的 7 d 时间内必须隔断交通。

采用半幅施工。全桥共有 9 块板,先凿除 5 块板的旧桥面铺装;修补裂缝和铰缝,同时凿毛、植钢筋、粘贴碳纤维;冲洗板面;铺设 5 块板的钢筋网;中断交通,浇筑 4 块板的铺装混凝土;养生 7 d,混凝土强度达到 80%后开放交通;进行剩余几块板的桥面铺装施工。

2. 施工组织

1)作业方法

为了缩短工期,采用平行流水作业法。

2)施工方法

由于工程规模小,工程琐碎,所以以人工作业为主,机械辅助。

3)组建专业施工队

(1)挖除旧桥面铺装专业施工队。

(2)修补专业施工队:修补裂缝和铰缝,粘贴碳纤维。

(3)钢筋专业施工队:植钢筋,做钢筋网,铺设钢筋网。

(4)混凝土专业施工队。

3. 施工工期要求

施工期限为 1 个月,2020 年 11 月 10 日—2020 年 12 月 10 日。

在接到中标通知书后,立即组织人员和机械设备进场工作。在签订合同后 3 d 内组织人员,由项目经理率工程技术、企划、质检、试验、人劳、设备、材料、财务、综合科等各职能部门的人员进入现场迅速展开工作。

(1)施工准备, 2020 年 11 月 10 日—2020 年 11 月 12 日、2020 年 11 月 21 日—2020 年 11 月 24 日。

(2)挖除旧桥面铺装层专业施工队, 2020 年 11 月 11 日—2020 年 11 月 12 日、2020 年 11 月 25 日—2020 年 11 月 26 日。

(3)修补专业施工队: 2020 年 11 月 13 日—2020 年 11 月 14 日、2020 年 11 月 26 日—2020 年 11 月 27 日。

(4)钢筋专业施工队: 2020 年 11 月 13 日—2020 年 11 月 16 日、2020 年 11 月 28 日—2020 年 12 月 1 日。

(5)混凝土专业施工队: 2020 年 11 月 17 日、2020 年 12 月 2 日,混凝土养生为 2020

年 11 月 18 日—2020 年 11 月 24 日、2020 年 12 月 3 日—2020 年 12 月 9 日。

(三)劳动力计划与施工机具安排

(1)劳动力计划:每道工序应保证有专业技术人员最少一名,其他非技术人员可根据工程具体情况相互调用。

(2)施工机具安排:施工机具应精良,以保证工程质量和工程进度。

(四)主要材料的采、运方案

由于工程规模小,工期短,在开工前,第一半幅所用的主要材料(钢筋、水泥、碎石、砂)应在工地备齐。在第一半幅混凝土养生期间,采、运第二半幅所用的主要材料。全部材料都应满足有关技术规范的要求,并采用汽车运输。

(五)绘制横线式施工进度计划图

工程的横线式施工进度计划图如图 2-1 所示。

顺序	工程项目或专业施工队	每班人数(人)	作业班制	工期 开始	工期 结束	施工天数(d)	2020年11月10日—2020年12月10日 11-10—11-14	11-15—11-19	11-20—11-24	11-25—11-29	11-30—12-04	12-05—12-10
第一半幅	施工准备	20	1	11-10	11-12	3	20					
	凿除旧桥面铺装专业施工队	12	2	11-11	11-12	2	12					
	修补专业施工队	16	2	11-13	11-14	2	16					
	钢筋专业施工队	20	1	11-13	11-16	4	20					
	混凝土专业施工队	20	2	11-17	11-17	1		20				
	混凝土养生	2	1	11-18	11-24	7			2			
第二半幅	施工准备	10	1	11-21	11-24	4			10			
	凿除旧桥面铺装专业施工队	12	2	11-25	11-26	2				12		
	修补专业施工队	14	2	11-26	11-27	2				14		
	钢筋专业施工队	20	1	11-28	12-01	4				20		
	混凝土专业施工队	20	2	12-02	12-02	1					20	
	混凝土养生	2	1	12-03	12-09	7						2
说明	(1)进度线上的数字为人数;(2)非技术人员可以相互调用;(3)施工准备阶段由各专业施工队自行准备;(4)施工所用的零工可以就近临时雇用;(5)采用流水作业方法					劳动力安排示意图						

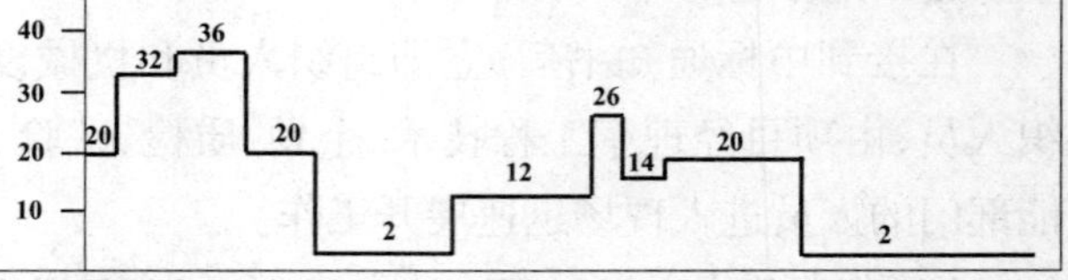

图 2-1　南幅桥维修加固工程横线式施工进度计划图

范例二　北幅桥维修加固工程施工组织计划。

(一)项目概述

309 国道东风渠桥北幅桥为 8 孔、跨径 6.5 m 的钢筋混凝土空心板简支梁桥,单板宽 1 m。桥面净空为 7 m,有 2 × 0.5 m 的防撞护栏,设计荷载标准为汽车-15 级、拖-60 级。桥面铺装为 6 cm 的水泥混凝土加铺 7 cm 的沥青混凝土。该桥为晋煤外运的重要通道,超载车多,对桥梁的破坏十分严重。

1. 该桥的主要病害位置

(1)墩柱面积小。

(2)盖梁尺寸小。

(3)主板有不均匀裂缝。

(4)桥面铺装:破损率超过 20%。

(5)支座、伸缩缝错位。

(6)防撞护栏破损。

2. 维修方案

(1)对墩柱和盖梁进行加大截面改造。

(2)旧桥面铺装全部凿除,重新铺筑早强水泥混凝土。

(3)重新设置支座和伸缩缝。

(4)主板裂缝用环氧树脂砂浆填补并进行灌缝处理,铰缝重新浇筑混凝土,梁板底部粘贴碳纤维。

(5)凿除旧护栏,设置新护栏。

(二)施工方案

1. 交通

施工期间不中断交通,但浇筑混凝土和养生的 7 d 时间内必须隔断交通。

2. 维修施工顺序

墩柱和盖梁加大截面→旧桥面铺装全部凿除→清理铰缝混凝土,切除实心板间连接→安装支座→主板裂缝用环氧树脂砂浆填补并进行灌缝处理,梁板底部粘贴碳纤维→铰缝重新浇筑混凝土,实心板植钢筋→铺设钢筋网,重新铺筑早强水泥混凝土桥面铺装→安装伸缩缝。

3. 采用半幅施工

4. 施工组织

1)作业方法

为了缩短工期,采用平行流水作业法。

2)施工方法

由于工程规模小,工程琐碎,所以以人工作业为主,机械辅助。

3)组织专业施工队

(1)凿除旧桥面铺装专业施工队:凿除旧桥面铺装,清理铰缝混凝土,切除实心板间连接。

(2)修补专业施工队:首先对墩柱和盖梁进行加大截面改造,然后修补裂缝和铰缝,粘贴碳纤维。

(3)安装专业施工队:安装支座、伸缩缝。

(4)钢筋专业施工队:植钢筋,做钢筋网,铺设钢筋网。

(5)混凝土专业施工队。

5.施工工期要求

施工期限为40天,2021年4月1日—2021年5月10日。

本工程在接到中标通知书后,立即组织人员和机械设备进场工作。在签订合同后3 d内组织人员,由项目经理率工程技术、企划、质检、试验、人劳、设备、材料、财务、综合科等各职能部门的人员进入现场迅速展开工作。

(1)施工准备: 2021年4月1日—2021年4月3日、2021年4月15日—2021年4月18日。

(2)桥梁下部: 2021年4月4日—2021年4月5日、2021年4月19日—2021年4月20日。

(3)凿除旧桥面铺装:2021年4月4日—2021年4月5日、2021年4月21日—2021年4月23日。

(4)安装支座: 2021年4月6日—2021年4月7日、2021年4月24日—2021年4月25日。

(5)灌注裂缝和铰缝:2021年4月7日—2021年4月8日、2021年4月26日—2021年4月27日。

(6)钢筋专业施工队: 2021年4月7日—2021年4月10日、2021年4月26日—2021年4月29日。

(7)混凝土专业施工队:2021年4月11日、2021年4月30日。

(8)混凝土养生: 2021年4月12日—2021年4月18日、2021年5月1日—2021年5月7日。

(三)劳动力计划与施工机具安排

(1)劳动力计划:每道工序应保证至少有一名有经验的专业技术人员最少一名,其他非技术人员可根据工程具体情况相互调用。

(2)施工机具安排:施工机具应精良,以保证工程质量和工程进度。

(四)主要材料的采、运方案

由于工程规模小,工期短,在开工前,第一半幅所用的主要材料(钢筋、水泥、碎石、砂)应在工地备齐。在第一半幅混凝土养生期间,采、运第二半幅所用的主要材料。全部材料都应满足有关技术规范的要求,并采用汽车运输。

(五)绘制横线式施工进度计划图

工程的横线式施工进度计划图如图2-2所示。

顺序	工程项目或专业施工队	每班人数(人)	作业班制	工期 开始	工期 结束	施工天数(d)	04-01—04-05	04-06—04-10	04-11—04-15	04-16—04-20	04-21—04-25	04-26—04-30	05-01—05-07
							2021年4月1日—2021年5月10日						
第一半幅	施工准备	20	1	04-01	04-03	3	20						
	桥梁下部	16	1	04-04	04-05	2	16						
	凿除旧桥面铺装	12	2	04-04	04-05	2	12						
	安装支座	10	1	04-06	04-07	2		10					
	灌注裂缝和铰缝	16	2	04-07	04-08	2		16					
	钢筋专业施工队	20	1	04-07	04-10	4		20					
	混凝土专业施工队	20	2	04-11	04-11	1			20				
	混凝土养生	2	1	04-12	04-18	7			2				
第二半幅	施工准备	10	1	04-15	04-18	4				10			
	桥梁下部	16	1	04-19	04-20	2				16			
	凿除旧桥面铺装	12	2	04-21	04-23	3					12		
	安装支座	10	1	04-24	04-25	2					10		
	灌注裂缝和铰缝	16	2	04-26	04-27	2						16	
	钢筋专业施工队	20	1	04-26	04-29	4						20	
	混凝土专业施工队	20	2	04-30	04-30	1						20	
	混凝土养生	2	1	05-01	05-07	7							2

说明：
（1）进度线上的数字为人数；
（2）非技术人员可以相互调用；
（3）施工准备阶段由各专业施工队自行准备；
（4）施工所用的零工可以就近临时雇用；
（5）采用流水作业方法

劳动力安排示意图

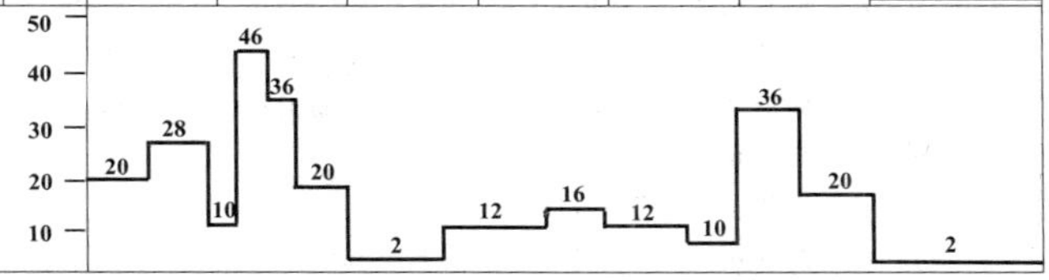

图 2-2　北幅桥维修加固工程横线式施工进度计划图

四、上交资料

每人上交实训报告一份，见表 2-2。

表 2-2　实训报告

日期：　　　　　班级：　　　　　组别：　　　　　姓名：　　　　　学号：

实训任务	绘制横线式施工进度计划图	成绩
实训目的	通过此次实训，使学生掌握横线式施工进度计划编制的方法与步骤，并能根据工程项目的相关信息计算所需的劳动力数量，正确绘制横线式施工进度图	
实训内容	**背景材料** **1. 工程概况** 本工程属国道 203 线单家围子至金宝屯段 08 合同段，合同段起点桩号为 K201+000，终点桩号为 K225+030，全长 24.03 km，为一级公路，路基宽 26 m。沿线设通道 1 处，互通式立体交叉 1 处。 （1）本标段共设小桥 3 座，盖板涵 8 道。 （2）自然和地貌特征。路线经过的地区属中温带半湿润大陆性季风气候区，受西伯利亚高压和蒙古燥风影响，春季干燥多风，风向多为西北或北西北，平均风速为 3~5 m/s，最大风速为 29 m/s，夏季酷热多雨，秋季温和凉爽，冬季漫长，严寒少雪。年平均气温为 4.5~6.8 ℃，最高气温为 36 ℃，最低气温为-37.8 ℃。年平均降雨量为 460 mm 左右，雨量 70%集中在 6、7、8 三个月，初雪时间在 10 月下旬，冻结期一般在 11 月至下一年的 4 月，最大冻结深度为 1.5~2.0 m，最大积雪厚度为 120 mm。 （3）地质情况。路线地处松辽平原，属东北地槽系，为中新生沉地层。沿线地质大多为低液限黏土、粉土质砂或黏土质砂、细砂、盐渍土。环境工程地质特征为草原碱化，风积砂垄或砂地遍布，浅层介质松散，含盐度高，易发生沙土液化。沿线大部分地段水位较深，对路基稳定不会产生较大的影响。	

续表

<table>
<tr><td>实训内容</td><td>
2. 本标段主要工程量
1)路基工程
本段路基土方工程量为 699 209 m³,其中路基挖方为 302 454 m³,路基利用土方为 302 454 m³,借土填方为 396 755 m³。
2)路面工程
砂砾垫层:本合同段人工砂砾垫层工程量为 33 296 m²。
底基层:本合同段路面底基层为石灰粉煤灰稳定土(掺加 1/10 水泥),厚 200 mm 石灰粉煤灰稳定土的数量为 215 015 m²,厚 250 mm 石灰粉煤灰稳定土的数量为 85 856 m²。
基层:本合同段基层为石灰粉煤灰稳定碎石,厚度为 300 mm 的基层数量为 286 277 m²,厚度为 200 mm 的基层数量为 12 769.02 m²。
透层、黏层:本合同段透层数量为 299 046 m²,黏层数量为 271 989 m²。
上面层:本合同段上面层为厚 40 mm 的沥青玛琋脂碎石混合料,数量为 271 337 m²。
下面层:本合同段下面层为厚 60 mm 的粗粒式沥青混凝土,数量为 270 685 m²。
3)桥涵工程
本合同段全线共设钢筋混凝土空心板梁桥 3 座。结构形式是上部为钢筋混凝土空心板,下部为轻型台、打入桩基础,全长 33.22 m,中心桩号为 K205+450、K209+372、K210+118。
通道 1 处,结构形式是上部为钢筋混凝土空心板,下部为轻型台扩大基础,全长 13.74 m,中心桩号为 K203+964。
4)排水和防护工程
本合同段排水工程量为边沟 32 328 m,急流槽 5.85 m³;防护工程量为预制混凝土护坡 1 416.7 m³,现浇混凝土护坡 3 716.9 m³,蒸发池挖方 5 774.9 m³。
3. 施工进度计划安排
业主要求总工期:2019 年 10 月—2021 年 9 月,路面基层工程于 2020 年 8 月末前完成;路面面层(含桥面)工程在 2021 年 8 月末前完成;其他附属工程于 2021 年 9 月 15 日前完成。
施工方计划工期:路基土方工程于 2020 年 8 月 20 日前完成,桥涵工程于 2020 年 8 月 10 日前结束,路面底基层工程于 2020 年 8 月 30 日前完成,路面工程于 2021 年 8 月 15 日前完成,比业主要求总工期提前 15 d。
1)施工准备
施工准备:2019 年 10 月 5 日—2019 年 11 月 20 日(主要是人员、设备进场,临时设施搭建,拌和场筹建,场地清理,施工便道、便桥修建等)。
2)路基工程
(1)路基填前处理:2019 年 10 月 15 日—2020 年 5 月 25 日。
(2)路基挖方:2020 年 5 月 1 日—2020 年 6 月 20 日。
(3)路基填方:2020 年 5 月 1 日—2020 年 8 月 20 日。
3)桥涵工程
桥涵施工:2020 年 4 月 10 日—2020 年 8 月 10 日。
(1)开挖基础:2020 年 4 月 20 日—2020 年 5 月 30 日。
(2)打入桩预制:2020 年 4 月 10 日—2020 年 5 月 10 日。
(3)打入桩基础施工:2020 年 5 月 1 日—2020 年 5 月 30 日。
(4)基础和下部施工:2020 年 4 月 25 日—2020 年 7 月 20 日。
(5)空心板和盖板预制:2020 年 4 月 20 日—2020 年 7 月 10 日。
(6)空心板和盖板安装:2020 年 6 月 25 日—2020 年 7 月 30 日。
(7)桥面铺装:2020 年 7 月 10 日—2020 年 8 月 10 日。
4)路面工程
(1)石灰粉煤灰稳定土底基层:2020 年 7 月 1 日—2020 年 8 月 30 日。
(2)石灰粉煤灰稳定碎石基层:2021 年 5 月 1 日—2021 年 6 月 30 日。
(3)粗粒式沥青混凝土下面层:2021 年 5 月 20 日—2021 年 7 月 10 日。
(4)沥青玛琋脂碎石上面层:2021 年 7 月 15 日—2021 年 8 月 15 日。
</td></tr>
</table>

续表

实训内容	5)排水和防护工程 2020年6月1日—2021年6月30日。 问题:根据该工程主要工程量、各分项工程施工进度安排和公路工程预算定额,计算所需劳动力数量,并绘制横线式施工进度计划图 提示:在劳动力具体分配时,要考虑不均衡系数在参考调整范围内
实训解答	
实训总结	

实训二　斜线式施工进度计划编制

一、实训目的与要求

(1)明确斜线式施工进度计划编制的依据。

(2)掌握斜线式施工进度计划编制的方法与步骤。

(3)根据工程项目的开工日期、竣工日期、资源供应情况、主要施工方案等,绘制斜线式施工进度计划图。

二、实训要点与注意事项

(一)实训要点

1.编制作业工期计算表

斜线式施工进度计划的作业工期计算表的内容和编制方法与横线式施工进度计划的作业工期计算表的内容和编制方法基本相同。但线形工程要按里程顺序,以 km 为单位计量列项;集中型工程要按桩号顺序单独计量列项。

2. 绘制施工进度线

(1)根据施工项目的多少,参照图 2-3 绘制图表的轮廓、表格,标注相应的里程。

(2)将作业工期计算表中的施工项目按数量、里程、符号展绘于进度图上部的各栏内。

(3)按合同或上级规定的开工日期、竣工日期,将进度日历填于左图的纵坐标上。

(4)将工程的空间组织,即施工平面设计草图按里程展绘于进度图的下部。

(5)进行列项,按各施工项目的主导工期、施工方法、计算劳动量、周期、劳动力人数、机械台数等施工作业组织方法,依据施工组织原理,用不同符号的斜线或垂线进行施工项目的进度安排设计。此项设计工作要反复比较、修改,具体设计方法如下。

①小桥涵工程。首先要明确施工组织方法(顺序、平行、流水作业等),然后根据每座小桥涵工程的开工日期、竣工日期,在各小桥涵的相应位置用直线或其他符号垂直地绘出施工期。

②大中桥工程。其施工期绘制方法与小桥涵工程相同,但习惯上将桥梁上、下部工程用两种线条符号表示。

③路基工程。当路基工程的施工组织方法确定之后,可根据工程量、施工力量配置、施工条件,逐公里或逐施工段按主导工期,以斜线表示时间、里程之间的进度关系。在绘制路基施工进度线时,必须充分考虑各施工项目之间的关系。由于多方面的原因,路基施工进度线可能是一条或多条直线,也可能是一条或多条连续或间断的折线。注意:所有斜线都不能和桥涵线相交。

④路面工程。路面工程一般组织成一段或多段连续施工,所以进度线一般是一条或多条斜线。斜线的垂直高度为路面施工的总工期,斜线的水平长度等于路面总里程。安排路面施工进度时,不得与路基施工进度线相交,否则会使路基施工间断,而且违反了施工的客观规律。

(6)按计算好的施工周期,分别以不同的符号绘出进度线,并按紧凑的原则使各进度线相对移至最佳位置,绘制资源(人工、材料等)消耗数量-时间曲线。

(7)进行反复比较、修改,检查总工期是否符合合同或上级规定的要求,资源需要量是否均衡等,避免出现高峰、低谷,使进度图合理。

(8)绘制施工进度图的图例并填写编写说明。

(9)以黑线加深线条。

3. 方案比选

对多方案进行反复调整与平衡、比较,选择最优方案。

(二)注意事项

(1)安排施工进度时,应扣除法定节假日,并充分估计因气候或其他原因导致的停工时间。上级规定或合同签订的施工工期减去必要的停工时间之后,才是实际可进行安排的施工作业时间。此外,还要考虑必要的准备工作时间和必需的外部协调时间。

（2）注意施工的季节性。如桥梁的基础施工应避开洪水期，沥青路面和水泥混凝土路面应避免冬季施工等。

（3）安排施工进度时应保证重点、留有余地、方便调整。公路工程是野外施工，影响施工的因素很多，多么周密、详尽的计划也很难完全实现。特别是施工难度大、物资资源供应条件差的工程，更应留有充分的调整余地。

（4）材料进场应结合合同工期。在对初步方案进行优化时，要注意外购材料和各种设备分批到达工地的合同日期，需要这些材料和设备的施工项目的开工时间不得早于合同日期。

（5）进行劳动力编排时，要注意调整劳动力不均衡系数。

三、实训范例

（一）工程概况

本工程位于四川与陕西两省交界地区，是某国道公路的一段改建工程。该国道公路的下里坝至石碳段经过拟建水库的库区边缘，为保证水库建设的顺利进行，经上级批准，对被淹路段进行改建。

下里坝至石碳段公路改建工程是整个库区被淹公路改建工程的一个组成部分，采用山岭重丘区三级公路标准，按两阶段设计。根据施工图设计文件，该路段的工程概况如下。

（1）改建路段起点在下里坝附近原公路 K55 处，沿清川河东岸南下，在 K56+560 处的银子坝离开原公路，跨过清川河，然后继续南行，在石碳附近的 K58+880 处与原公路接线。改建路段全长 3.88 km。

（2）路基宽度为 7.5 m。路基土石方为 111 320 m^3，其中石方为 40 780 m^3，土方为 70 540 m^3。浆砌块石挡土墙为 955.2 m^3。

（3）路面宽度为 6 m，两侧各设宽度为 0.75 m 的土路肩。路面面层为 3 cm 的三层式沥青表面处治，基层为厚 20 cm 的泥灰结碎石。

（4）全线有中桥 1 座，为 2 孔净跨 30 m 的石拱桥，长 80.2 m；小桥 3 座，均为钢筋混凝土板桥，总长 60.51 m；涵洞 8 座，长 140.4 m，为钢筋混凝土盖板涵。

（5）其他工程，如路基防护加固工程、附属工程、临时工程等略，本范例不考虑。

本改建路段为沿溪线，河流水系发育，坡陡沟深，地形复杂。河谷阶地为农田，山坡地表灌木丛生，基岩露头处可见中厚层白云质灰岩夹硅质板岩。河漫滩为中粗砂夹砾石，分布较广。

本工程桥涵等人工构造物多，路基土石方分布不均匀，集中在 K56+400—K58+500 一带，在施工组织设计中应注意各施工工点的相互干扰。沿线砂、石等建筑材料丰富，居民较多，行政、生活用房屋可资利用，新路施工基本上不影响原有公路通车（新旧公路仅在 K55+000—K55+800 这一小段重合），交通方便，这些都是施工的有利条件。

(二)施工组织设计的基础资料

本范例假定:施工图设计与计算正确;通过现场施工调查,掌握了沿线的具体情况;经复核,各分项工程的工程量(表2-3)无误;其他技术文件、有关规范和新技术资料齐全。

本工程的工期:由于原有公路是运送水库施工物资的主要道路,水库蓄水后原有公路被淹没,因此根据水库建设的总体安排,上级要求本工程在2020年第三季度开工,2021年年底建成通车,施工工期最长只有一年半。

(三)选择施工方案和施工方法

1. *施工方案*

(1)整个工程的施工采用分别流水作业法。

(2)建立以下8个专业施工队。

①土石方一队:负责集中土石方工程的施工,采用平行顺序作业法。

②土石方二队:负责集中土石方工程的施工,采用平行顺序作业法。

③路基队:采用顺序作业法进行沿线路基土石方施工,包括路基成型、压实、边坡清理等。

④小型构造物队:负责8座涵洞和4座挡土墙的施工,采用流水作业法。

⑤小桥队:负责3座小桥的施工,采用流水作业法。

⑥中桥队:负责1座中桥的施工,采用网络分析法。

⑦路面基层队。

⑧路面面层队:采用流水作业法。

(3)施工作业方向为从路线终点到起点。这是因为本范例的工程集中在路线的中部和后面,又无行车干扰。同时,这个施工作业方向使需要利用的旧路(K55+000—K56+400)最后施工,对旧路通车的影响达到最低程度。

2. *施工方法*

本工程规模小,地方劳动力多,为了尽可能减少临时工程和调动地方的积极性,各项工程首先考虑人工施工。但劳动强度大、作业面小的工程仍用机械施工或利用机械进行吊装的半机械化施工。各项工程的施工方法和工程量见表2-3。

表2-3 施工方法、工程量

编号	施工项目名称	土石类别或结构类型	施工方法	工程量		需用工日数量	备注
				单位	数量		
1	集中土方	普通土	机械	m^3	50 440	252	推土机推运
2	集中石方	坚石	机械	m^3	37 200	11 123	机械打眼
3	沿线土方	普通土	机械	m^3	20 100	100	推土机推运
4	沿线石方	次坚石	人工	m^3	3 580	2 151	

续表

编号	施工项目名称	土石类别或结构类型	施工方法	工程量		需用工日数量	备注
				单位	数量		
5	挡土墙	浆砌块石	人工	m^3	955.2	1 423	
6	涵洞	钢筋混凝土盖板涵	人工	m/座	140.4/8	3 950	
7	小桥	钢筋混凝土板桥	人工为主	m/座	60.51/3	8 085	小型机具吊装
8	中桥	石拱桥	人工为主	m/座	80.2/1	18 190	
9	路面基层	泥灰结碎石	人工	m^2	25 220	1 619	厚度为 20 cm
10	路面面层	沥青表面处治	半机械化	m^2	23 280	768	厚度为 3 cm，汽车洒油
合计						47 661	

说明：①本表所列仅为主要工程的工程量和需用工日数，其他工程不考虑；
②需用工日数为实际使用的等级工，不是折合一级工，以便安排临时生活设施；
③涵洞和小桥的需用工日数是按定额计算后的综合数字，计算过程略。

（四）编制施工进度图

为简化起见，只安排表 2-3 所列 10 个施工项目的具体施工进度，但在确定总工期时，仍需考虑施工准备工作和收尾工作的时间。

1. 划分施工项目

根据工程性质和施工方法的不同，划分为表 2-3 所列的 10 个主要施工项目。

2. 计算劳动量

由工程量和相应的时间定额，计算得到各施工项目的劳动量，即需用工日数量（表 2-3）。本工程上述 10 个施工项目的劳动量合计为 47 661 工日，假定与施工图预算一致。

3. 组织专业施工队，计算作业持续时间

将 10 个施工项目适当合并，由 8 个专业施工队施工（在施工方案中已提出）。各专业施工队的工人数根据机具配备和劳动优化组合的原则确定。各队人数见表 2-4，表中人数为实际出工的工人数，确定各队的编制人数时，还应除以计划的出工率。

各专业施工队的作业持续时间采用进入正常流水后的进度平均计算（在工程实践中要考虑流水展开期，见本范例中桥的进度安排），即用各队人数除该队应完成的劳动量。如小桥队由 30 人组成，应完成的劳动量为 8 085 工日，则该队的作业持续时间为 $8\ 085 \div 30 \approx 270$ d；又如路面基层队的作业持续时间为 $1\ 619 \div 65 \approx 25$ d。各专业施工队的作业持续时间见表 2-4。

表 2-4　各专业施工队的作业持续时间

编号	专业施工队名称	人数（人）	投入劳动量（工日）		作业持续时间（d）		起止时间		备注
			计算值	计划安排	计算值	计划安排	开工	结束	
1	土石方一队	35	8 225	8 225	235	235	11 月下旬	8 月底	跨年度
2	土石方二队	30	3 150	3 150	105	105	4 月下旬	8 月底	2021 年
3	路基队	30	2 251	2 250	75	75	6 月中旬	9 月下旬	2021 年
4	小型构造物队	20	5 373	5 400	269	270	9 月初	7 月下旬	跨年度
5	小桥队	30	8 085	8 100	270	270	9 月初	7 月下旬	跨年度
6	中桥队	80	18 190	19 200	227	240	9 月初	6 月下旬	跨年度
7	路面基层队	65	1 619	1 625	25	25	9 月初	10 月初	2021 年
8	路面面层队	30	768	750	26	25	9 月中旬	10 月中旬	2021 年

4. 确定施工总期限

1）有效作业天数

根据当地气象站的多年观测资料，该地区平均年降雨日数为 48 d，最高年份达到 59 d，冬季多雾，5—8 月的降雨日数占全年降雨日数的 55%左右。因此，每月有效作业天数平均为（365−48）÷ 12=26.4 d，最不利年份的每月有效作业天数平均为（365−59）÷ 12=25.5 d。国家法定休息日为 52 个周末和 7 个节日，每月平均法定工作日为（365−52−7）÷ 12=25.5 d。

综合考虑以上情况，每月有效作业天数取 25 d。由于在施工的一年半期间只有一个雨季，因此，每月按 25 d 安排是完全能确保施工任务完成的。

2）施工准备与结束工作时间

假设本工程的施工准备与结束工作各需 2 个月的时间，因此，正式施工时间为 14 个月，有效作业天数为 14 × 25=350 d。

3）施工实际需用的期限预计

根据各施工项目之间的合理搭接和逻辑关系，本工程有以下两条主要的流水作业线：集中土石方→路基→路面，桥涵→路基→路面。从表 2-4 可知，作业持续时间最长的是小桥队，为 270 d，因此，小桥→路基→路面可能是控制工期的关键线路。设各施工项目之间的间隔时间为 15 d，这条分别流水线路的作业持续时间最长为 270+15+15+15=315 d（因为后一施工项目的作业持续时间都比前一施工项目短或与前一施工项目相等）。

另一方面，中桥两端有引道，为集中土石方，因此，中桥→引道填方→路面亦有可能是控制工期的关键线路，这条流水线路的作业持续时间为 340 d，具体如图 2-3 所示。

综上所述，本工程的正式施工作业天数可控制在 350 d 以内，可在规定的施工工期内完成任务。

5. 安排各项工程的施工进度

1）正式开工时间

前已述及，本工程的准备工作时间为 2 个月，正式开工时间为 2020 年 9 月 1 日。

2）重点工程的施工时间安排

根据前面的分析，影响本工程工期的重点工程是中桥和集中土石方。由于组织两个土石方施工队平行作业，因此，中桥工程就成为关键工程。为保证工程施工进度，安排中桥工程于 2020 年 9 月初开工。

由于本工程规模小，为尽可能减少临时生活设施，避免在短时间内人员过分集中，因此小桥和小型构造物都只组织了一个施工队，这就使得这两个施工队的作业持续时间相对延长。为争取时间，不影响路基和路面工程的开工，决定小桥队和小型构造物队也在 2020 年 9 月初开工。

3）各项工程的施工时间安排

在具体确定施工时间时，主要考虑以下几点。

（1）遵守客观的施工顺序。如在任一地点都应按照桥涵构造物、土石方、路基、路面这样的次序施工，桥台完工后才能填筑引道和锥坡施工等。

（2）同一地点需进行多项工程的施工时应紧凑安排，以缩短工期。如中桥施工和引道填方、路面铺筑等在中桥施工段内都以满足各项工程之间的最小时间间隔进行安排，路面基层与面层之间的时间间隔由泥灰结碎石基层的养生期确定等。

（3）注意人力和各种资源需用量的均衡。本范例只考虑了劳动力需用量的均衡，如中桥队完工后才安排路基队开工，土石方队完工后路面基层队才开工等，避免了劳动力需用量出现峰值。

（4）在规定的施工期限内完成全部施工作业。本例的竣工时间为 2021 年 10 月中旬，全部施工时间为 14 个月，有效工作日为 340 d，符合要求。

（5）安排进度留有余地，便于执行时调整。本范例共安排了 48 700 工日，比计算的定额工日（47 661 工日）多 2.18%，因此，本范例的施工进度安排有足够的调整余地。本工程主要施工项目的斜线式施工进度计划图如图 2-3 所示。

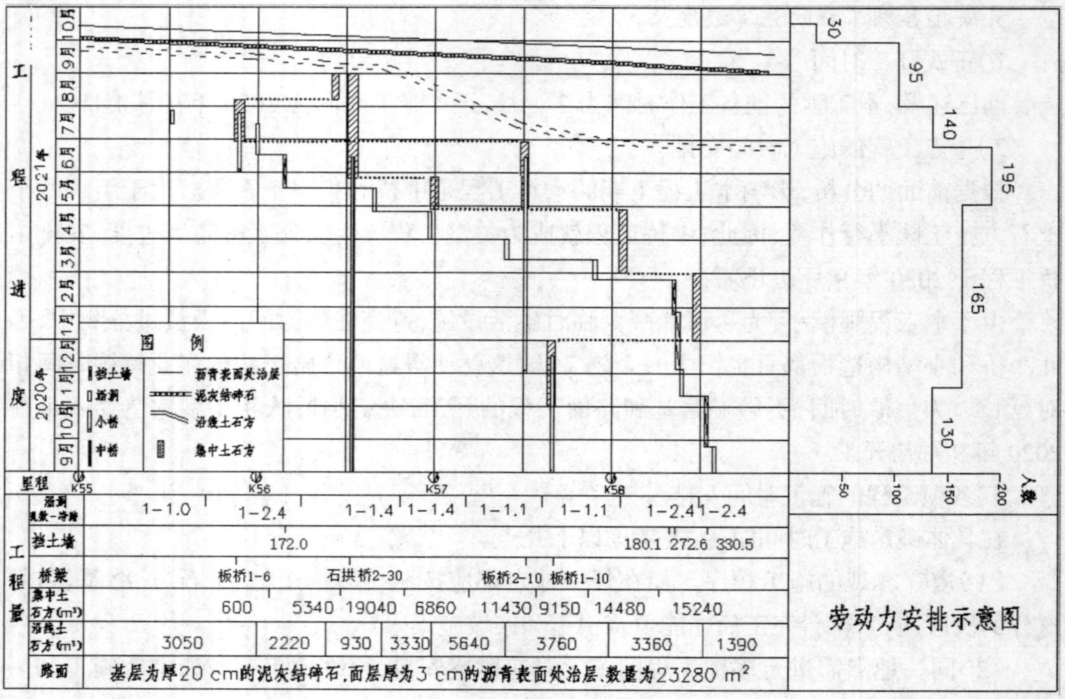

图 2-3　斜线式施工进度计划图

6. 关于施工进度图的说明

(1)每个专业施工队实际上分为若干小队或班组进行流水作业,如小桥队分为挖基坑、砌基础、墩台施工、上部构造施工、桥面铺装等班组。图 2-3 中未绘出各班组的流水作业情况,以突出各专业施工队之间的相互关系。

(2)由于工地处于山区,夜间照明困难,为保证施工安全,一律按一班制进行安排(中桥拱圈的连续施工除外)。

(3)劳动力的平衡只考虑工人总数,未考虑工种。整个施工期间的平均劳动力需要量为 48 700 ÷ 340 ≈ 143 人/d,需用劳动力最多时为 195 人/d(图 2-3)。劳动力不均衡系数为 195 ÷ 143 ≈ 1.36。

(4)图 2-3 中桥涵跨径单位为 m,沿线土石方量分段汇总标出。

四、上交资料

每人上交实训报告一份,见表 2-5。

表 2-5　实训报告

日期：　　班级：　　组别：　　姓名：　　学号：

实训任务	绘制斜线式施工进度计划图	成绩	
实训目的	通过此次实训，使学生掌握斜线式施工进度计划编制的方法与步骤，并能根据工程项目的相关信息正确地绘制斜线式施工进度计划图。		
实训内容	**背景材料** **1. 工程概况** 国道 107 线改建工程 No.1 标段（K558+224—K569+000）长 10.776 km，其中新建段长 3.346 km，其余段长 7.43 km。沿老路加宽，部分路段截弯取直，路线穿过的地带基本由黄河古道冲积扇平原组成，地势起伏较小，属平原微丘区，海拔高度一般为 98~101 m。所经地区属亚热带大陆气候区，气候干燥，四季分明，年平均气温为 13 ℃，年平均降水量为 400 mm，年最大降水量为 1 080 mm，6—8 月为雨季，占全年雨量的 51%。根据施工图设计文件，通过现场核查，工程概况如下。 1）公路技术等级 平原微丘区二级公路，计算行车速度为 80 km/h。 2）路线 路段内共有 5 个转角点，平均 0.046 4 个/km。平曲线最小半径为 500 m，最大半径为 5 000 m。缓和曲线最小长度为 70 m，反向曲线间的直线最小长度为 549.90 m，同向曲线间的直线最小长度为 547.04 m，平曲线最小长度为 221.96 m。平曲线的线型要素组合均为直线、回旋线、圆曲线、回旋线、直线顺序的基本形。 路段内共有 12 个变坡点，平均 1.21 个/km。最大纵坡坡度为 0.6%，最小纵坡坡度为 0.3%，最短坡长为 300 m。凸形竖曲线最大半径为 20 000 m，凹形竖曲线最小半径为 6 000 m，竖曲线最小长度为 120 m。 全段内平纵线型组合有 4 处，均符合规范设计要求。 3）路基、路面 路基宽度为 17 m，路面宽度为 15 m，两侧硬路肩为 1 m。 路面结构：路面基层（自下而上）为 35 cm 的水泥石灰稳定土，0.6 cm 的乳化沥青稀浆封层，18 cm 的水泥稳定碎石。路面面层上面层为 3 cm 的细粒式沥青混凝土，下面层为 4 cm 的中粒式沥青碎石。 **2. 主要工程量** 本标段路基土方为 185 350 m^3，沥青路面为 161 640 m^2，水泥稳定碎石基层为 180 759 m^2，水泥石灰稳定土底基层为 17 012 m^2，预应力空心板钻孔灌注桩中桥 3 座，涵洞 24 道，平面交叉 17 处（其中：公路与公路交叉 3 处，公路与大道交叉 14 处）。 本标段路线经过地区的地形、地貌属平原微丘区，基本是沿旧路改建加宽，个别截弯取直段需借方时，适当远运取土即可满足要求，因此，施工主要采用机械化作业。个别地段大型机械设备不能作业时，采用人工配合小型机械施工。路基工程配备足够的挖运设备和碾压平整设备，分段进行流水作业施工；路面工程拟采用大型稳定土石厂拌设备拌和，机械摊铺。 为确保各分项工程的质量且按期完成，组建 5 个工程队独立作业。各工程队的施工任务如下：第一工程队施工路段为 K558+224~K564+000，长 5.776 km；第二工程队施工路段为 K564+000~K569+000，长 5 km；第三工程队施工全路段的路面和沿线设施；第四工程队负责全标段中桥施工；第五工程队负责全标段涵洞施工。各工程队的工程量划分见表 1 和表 2。		

续表

实训内容

表 1　主要工程量划分

主要工程说明	单位	第一工程队	第二工程队	全路段合计	备注
起止桩号		K558+224~K564+000	K564+000~K569+000	K558+224~K569+000	
长度	km	5.776	5	10.776	
临时电力电讯线	m	3 500	3 000	6 500	
临时房屋	m^2	2 400	2 200	4 600	
路基沿线土方	m^3	82 174	78 171	160 345	
重点土方	m^3	25 005		25 005	
平面交叉	处	4	13	17	
中桥	座	3			第四工程队
涵洞	道	24			第五工程队
水泥稳定碎石	m^2	92 635	88 124	180 759	
稀浆封层	m^2	92 635	88 124	180 759	
水泥石灰稳定土	m^2	8 718	8 294	17 012	
沥青混凝土路面	m^2	161 640			第三工程队
沿线设施	km	10.776			第三工程队

表 2　中桥一览表

桥名	中心桩号	桥梁结构说明	桥长(m)	施工单位
金堤河桥	K560+265	4~16 m 预应力空心板桥	69.04	第四工程队
枣村河桥	K561+980	2~16 m 预应力空心板桥	37.04	第四工程队
留村沟桥	K566+181	2~16 m 预应力空心板桥	37.04	第四工程队

3. 施工进度图

1)划分施工项目

本工程共有施工项目 13 个,这 13 个项目由 5 个工程队按工程处的统一部署分别完成。

2)计算劳动量

由工程量和相应的定额计算得到本工程共需 96 888 工日,表 3 为各专业施工队的劳动量安排情况。

3)组织专业施工队,计算施工作业持续时间

为确保施工有序进行,5 个工程队分别组织各自的专业施工队,共组织 13 个专业施工队先后投入工程的施工。各专业施工队的人数在充分发挥施工机械效益的基础上按最佳劳动组合确定,再根据各专业施工队应完成的劳动量计算施工作业持续时间。

续表

实训内容

表 3　各专业施工队的作业期限

工程队	专业施工队	人数（人）	施工任务说明	劳动量（工日）		施工时间	
				计算值	计划安排	开始	结束
第一工程队	临时工程队	178	修建临时房屋、便道，人工施工	7 100	7 100	2020-09	2020-10
	路基队	86	集中土方 82 174 m^3，机械化	12 081	12 081	2020-09	2021-03
	基层队	51	基层施工 92 635 m^3，机械化	4 078	4 078	2021-03	2021-06
第二工程队	临时工程队	84	修建临时房屋、便道，人工施工	6 700	6 720	2020-09	2020-10
	路基队	82	集中土方 78 171 m^3，机械化	11 492	11 480	2020-09	2021-03
	基层队	48	基层施工 88 124 m^3，机械化	3 879	3 920	2021-03	2021-06
第三工程队	准备队	225	安装全段临时电力线路和拌和站	4 500	4 500	2020-08	2020-08
	路面队	192	沥青混凝土 191 640 m^3	15 342	15 300	2021-06	2021-09
	沿线队	19	安装公路沿线设施，人工施工	1 500	1 520	2021-06	2021-09
第四工程队	预制厂队	104	预制桥梁上部、涵洞圆管、盖板	6 218	6 240	2020-09	2020-11
	桥梁一队	126	钻孔灌注桩	7 589	7 560	2020-09	2020-11
	桥梁二队	50	桥梁上部结构	8 972	9 000	2020-10	2021-06
第五工程队	涵洞队	46	全线 24 道涵洞	7 437	7 420	2020-09	2021-04

4）确定施工作业期限

合同规定的施工期限为 2020 年 8 月 31 日开工，2021 年 10 月 1 日完工，共计 13 个月。

根据当地气象资料，平均年降雨日为 120 d，其中大雨和暴雨日为 19 d，因此该地区无雨日全年只有 245 d，施工期间出现雨天和高温等天气是不可避免的。

国家规定的全年法定工作日为 365−52×2−7=254 d。

综合考虑以上因素，每月的施工天数为 254÷12=20.4 d，所以应按 20 d 安排，表 3 中计划安排劳动量一栏就是按照每月 20 d 计划的。

5）安排施工进度

（1）正式开工时间。

按合同规定，正式开工时间为 2020 年 8 月 31 日。

（2）重点工程施工进度安排。

本工程的重点工程为中桥 3 座，路基土方工程 2 项。

全段 3 座中桥计划在 2020 年 8 月 31 日开工，2021 年 10 月 1 日全部完工，总工期为 260 d。路基土方施工安排在 2020 年 8 月 31 日开工，2021 年 3 月 1 日完工，工期为 120 d，日完工土方量为 1 545 m^3。

（3）各项工程施工进度安排的具体措施。

根据合同工期，经过仔细的计算和科学的比较，结合实际情况，计划 2020 年 8 月 31 日开工，2021 年 10 月 1 日完工，总工期为 260 d。

水泥石灰稳定土安排在 2021 年 3 月 1 日开工，5 月 31 日完工，工期为 60 d，日完成 284 m^2。

水泥稳定碎石基层计划于 2021 年 4 月 25 日开工，6 月 25 日完工，工期为 40 d，日完成 4 519 m^2。

沥青混凝土路面计划于 2021 年 6 月 1 日开工，10 月 1 日完工，工期为 80 d，考虑到沥青混合料拌和场日产量为 533 m^3，理论上可以提前 1 个月完工，但考虑到机械维修、雨季的天数和其他影响因素，10 月 1 日前完工是可行的。

续表

实训内容	涵洞与路基施工同时进行，计划 2021 年 4 月 30 日全部完工，暗涵必须在路基未成形之前竣工。 为了保证能够按照合同工期的要求，保证质量，按时完成，把路基工程、路面工程分成两个施工过程，平行作业，每个工程分部采取流水作业施工，表 3 为各专业施工队的施工作业期限安排，表中的施工开始时间指当月 1 日，结束时间为当月 30 日（或 31 日）。 问题：根据以上所给资料，绘制该工程的斜线式施工进度计划图。
实训解答	
实训总结	

实训三　网络图式施工进度计划编制

一、实训目的与要求

（1）明确网络图式施工进度计划编制的依据。

（2）掌握网络图式施工进度计划编制的方法与步骤。

（3）根据工程项目的开工日期、竣工日期、资源供应情况、主要施工方案等，绘制网络图式施工进度计划图。

二、实训要点与注意事项

（一）实训要点

1. 工程任务分解

将一个庞大的工程项目划分为若干个单项工作（工序），或将横道图中各施工项目（工序）在各施工段上的操作重新命名为其他工作名称。

2. 确定施工方法

工程任务分解后，即可确定各单项工作的施工方法。

3. 确定施工组织方法

尽量采用流水作业法，或几种作业法综合运用。

4. 划分施工段

按流水作业法的要求划分施工段，因为这样更容易得到最佳的网络计划。

5. 确定各单项工作（工序）的相互关系

明确各单项工作（工序）之间的逻辑关系，即明确指出紧前或紧后工作关系，并列出"工作关系草表"，表格样式见教材。

6. 确定各单项工作的持续时间（流水节拍）

确定各单项工作的持续时间，要估计由于气候或其他原因导致的停工时间。将各单项工作的持续时间（流水节拍）填入"工作关系草表"中。

7. 列表

对前6项内容反复斟酌，确认无不合理之处后，列出正式的"工作关系表"。通常"工作关系表"的内容包括：工作代号、工作名称、紧前（紧后）工作、持续时间等。

8. 绘制双代号网络草图

根据"工作关系表"，按照教材中所讲的绘图技巧和绘图方法，绘制双代号网络草图，并进行网络图的计算，找出关键线路，确定计划总工期。

9. 整理成图

对网络图进行计算和反复检查、调整，确认工期满足要求，资源基本平衡，将优化后的网络草图合理布局，重新成图。

对规模较大、内容复杂的网络图，可先规划，分块绘制，再拼接起来，统一检查、调整。

（二）注意事项

（1）各施工项目均应按一定的技术操作程序进行。

（2）保证工作面和劳动人数的最佳施工组合。

（3）相邻施工项目之间应有良好的衔接和配合，互不影响工程进度。

（4）必须保证施工安全和工程质量。

（5）确定技术间歇时间（混凝土养生、油漆干燥等），确定组织间歇时间（施工人员或机械转移和施工中的检查、校正等属于在最小流水步距以外增加的施工间歇时间）。

（6）施工间歇时间（技术间歇时间、组织间歇时间等）由于不消耗资源，往往容易被忽视。采用网络计划法组织施工时，可以将施工间歇时间作为一条箭线处理（不消耗资源，但消耗时间，故仍为实箭线）。

三、实训范例

（一）工程概况

六潜高速公路岳西（黄尾）至潜山段是国家重点公路规划中的纵五（东营—香港口岸）公路的组成部分，也是安徽省规划“西纵”公路的重要组成部分。

六潜高速公路岳西（黄尾）至潜山段 YQ–03 合同段位于安庆市岳西县头陀镇虎形村范围内，起点桩号为 K80+477，依次经白桑园隧道、白桑园大桥、100 m 路基、英山河大桥、英山河隧道、巴掌湾大桥、巴掌湾隧道进入岳西县青天乡道义村，止于巴掌湾隧道出口，终点桩号为 K83+138。路线全长 2.661 km，主线上设置分离式大桥 3 座，单幅共 1 634.4 m，双连拱隧道 1 座，共 170 × 2 单洞延米，分离式隧道 2 座，单洞共 3 095 m。合同造价为 1.39 亿元。

（二）主要工程量

本段主要工程包括路基土石方和附属工程、桥涵工程、隧道工程、大型临时设施等，主要工程量见表 2-6。

表 2-6　主要工程量

序号	工程项目	单位	数量	备注
一	**路基工程**			
1	挖方/填方	m^3	56 000/6 400	其中挖石方 45 000 m^3、挖土方 11 000 m^3
2	防护和排水	m^3	962	
二	**桥梁工程**	**单幅延米**	**1 634.4**	
1	白桑园大桥（左线/右线）	单幅延米	278.2/308.2	左右分离式桥梁，桥梁宽度为 2 × 12 m，双向四车道。左线中心桩号为 ZK80+829，右线中心桩号为 YK80+824，左线为 9 孔 × 30 m，右线为 10 孔 × 30 m。桩基础、空心薄壁墩+柱式墩、装配式部分预应力混凝土连续箱梁、柱式桥台、肋式桥台。 主要工程量：钻孔桩 62 根（其中 ϕ 1.2 m 共 8 根、ϕ 1.5 m 共 36 根、ϕ 1.8 m 共 18 根）；空心薄壁桥墩 8 座（墩高为 26.5~36.0 m），柱式桥墩 9 座；桥台 4 个；预制箱梁 76 片。全桥混凝土总量为 1.1×10^4 m^3，普通钢筋总量为 1 134 t，钢绞线总量为 112 t

续表

序号	工程项目	单位	数量	备注
2	英山河大桥（左线/右线）	单幅延米	367/367	左右分离式桥梁，桥梁宽度为 2 × 12 m，双向四车道。左线中心桩号为 ZK81+233，右线中心桩号为 YK81+232，左、右线桥均为 1 孔 × 40 m+4 孔 × 70 m+1 孔 × 40 m。桩基础、空心薄壁墩、预应力混凝土连续刚构、U 形桥台。 主要工程量：钻孔桩 52 根（其中 ϕ 1.2 m 共 8 根、ϕ 1.5 m 共 4 根、ϕ 2.0 m 共 40 根）；空心薄壁桥墩 10 座（墩高为 15.0~40.2 m）；U 形桥台 4 个；悬浇箱梁 367 × 2 m。全桥混凝土总量为 1.7 × 10^4 m^3，普通钢筋总量为 3 003 t，精轧螺纹钢总量为 103 t，钢绞线总量为 412 t
3	巴掌湾大桥（左线/右线）	单幅延米	142/172	左右分离式桥梁，桥梁宽度为 2 × 12 m，双向四车道。左线中心桩号为 ZK82+072，左线 5 跨（25+3 × 30+25）m；右线中心桩号为 YK82+077，右线 6 跨（25+4 × 30+25）m。桩基础、空心薄壁墩、装配式部分预应力混凝土连续箱梁、柱式桥台。 主要工程量：钻孔桩 44 根（其中 ϕ 1.5 m 共 8 根、ϕ 1.8 m 共 36 根）；空心薄壁桥墩 9 座（墩高为 18~52 m）；桥台 4 个；预制箱梁 44 片。全桥混凝土总量为 800 m^3，普通钢筋总量为 1 113 t，钢绞线总量为 56 t
三	**隧道工程**	**单洞延米**	**3 435**	
1	白桑园隧道（双连拱）	单洞延米	170/170	双连拱隧道，隧道净宽为 2 × 10.5 m，双向四车道，净高为 7.03 m，建筑界限高度为 5.0 m。 起止桩号为 K80+480~K80+650，长度为 170 m，其中明洞 28 m，Ⅴ级浅埋围岩 72 m，Ⅴ级深埋围岩 70 m。复合式衬砌。 主要工程量：开挖硬土 3.1 × 10^4 m^3，超前导管和注浆砂浆锚杆 7.1 × 10^4 m，初期支护钢板、型钢、钢架和钢筋总量为 557 t，混凝土总量为 800 m^3，二次衬砌钢筋总量为 453 t
2	英山河隧道（左线/右线）	单洞延米	565/550	分离式隧道，隧道净宽为 2 × 10.5 m，双向四车道，净高为 7.03 m，建筑界限高度为 5.0 m。 左线桩号为 ZK81+435~ZK82+000，右线桩号为 YK81+440~YK81+ 990，其中明洞 46 m，Ⅴ级围岩 249 m，Ⅳ级围岩 280 m，Ⅲ级围岩 540 m。复合式衬砌。 主要工程量：开挖硬土 2.6 × 10^4 m^3，开挖软石 2.8 × 10^4 m^3，开挖次坚石 4.7 × 10^4 m^3，超前导管和注浆锚杆 5.3 × 10^4 m，初期支护锚杆、钢板、角钢、钢架和钢筋总量为 760 t，混凝土总量为 2.3 × 10^4 m^3，二次衬砌钢筋总量为 163 t

续表

序号	工程项目	单位	数量	备注
3	巴掌湾隧道(左线/右线)	单洞延米	1 007/973	分离式隧道,隧道净宽为 2 × 10.5 m,双向四车道,净高为 7.03 m,建筑界限高度为 5.0 m。 左线桩号为 ZK82+145—ZK83+152,右线桩号为 YK82+165—YK83+138,其中明洞 39 m,Ⅴ级围岩 371 m,Ⅳ级围岩 160 m,Ⅲ级围岩 1 410 m。复合式衬砌。 主要工程量:开挖硬土 $4.1 \times 10^4\ m^3$,开挖软石 $1.6 \times 10^4\ m^3$,开挖次坚石 $12.1 \times 10^5\ m^3$,超前导管和注浆锚杆 8.8×10^4 m,初期支护锚杆、钢板、角钢、钢架和钢筋总量为 1 109 t,混凝土总量为 $2.5 \times 10^4\ m^3$,二次衬砌钢筋总量为 308 t

(三)工期计划目标

合同工期为 24 个月，2019 年 9 月 26 日—2021 年 9 月 25 日。目标总工期为 21 个月,计划 2019 年 11 月 1 日开工, 2021 年 7 月 31 日竣工,提前 56 天完工。施工总工期为 641 d,其中施工准备期 3 个月,施工工期 22 个月,工程收尾 1 个月。

(1)第一阶段:施工准备阶段,主要完成施工便道、供水、供电、生活用房、交接桩和本合同段线路的复测和控制测量,复核技术资料,混凝土配合比的选择,进场材料的试验,办理征地和解决通信问题,组织机械设备、人员、材料进场等。自 2019 年 8 月 1 日至 2019 年 11 月 1 日,拟用 3 个月的时间。

(2)第二阶段:主体工程施工阶段,主要完成路基土石方工程。桥梁桩基、承台、墩柱、盖梁、箱梁预制或现浇、桥面等附属工程,隧道开挖、衬砌和洞内路面工程,沥青混凝土路面工程不属于该施工范围。自 2019 年 11 月 1 日至 2021 年 6 月 30 日,拟用 20 个月的时间。此阶段主要考虑施工便道施工难度大的影响。

(3)第三阶段:工程收尾移交阶段,主要完成本标段现场清理、修整,竣工资料整理、编制、交验等工作。自 2021 年 7 月 1 日至 2021 年 7 月 31 日,拟用 31 d 时间。

(四)具体计划安排

本标段各工程的具体工期计划安排详见图 2-4。

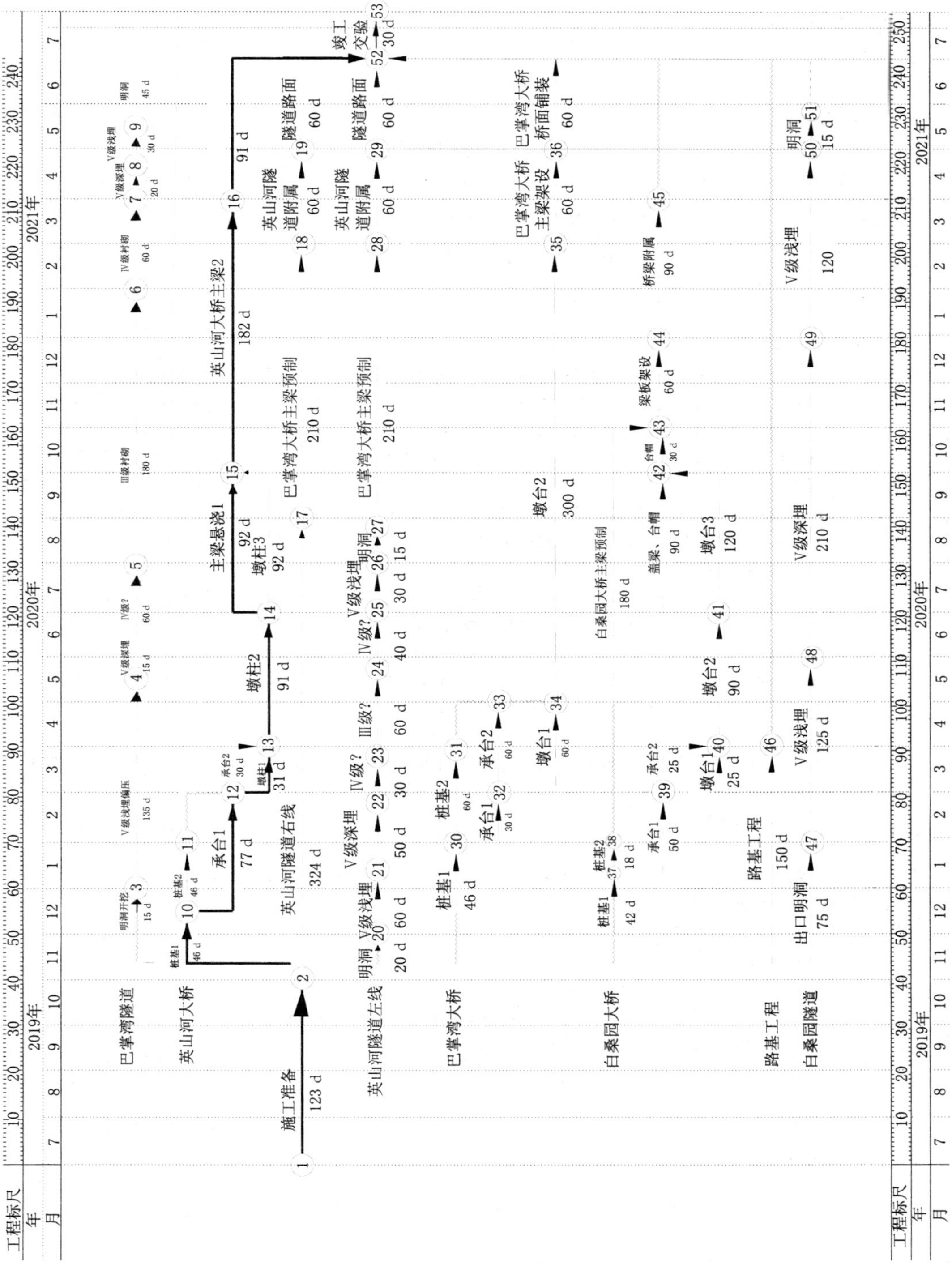

图 2-4　网络图式施工进度计划图

四、上交资料

每人上交实训报告一份，见表 2-7。

表 2-7　实训报告

日期：　　　　班级：　　　　组别：　　　　姓名：　　　　学号：

实训任务	绘制网络图式施工进度计划图	成绩	
实训目的	通过此次实训，使学生掌握网络图式施工进度计划编制的方法与步骤，并能根据工程项目的相关信息正确地绘制网络图式施工进度计划图		
实训内容	**背景材料** **1. 工程概况** 营城子至西丰一级公路营城子至伊通河大桥段是吉林省公路网的一部分。路线起点位于伊通县营城子镇长营高速公路终点，终点为伊通河大桥。起点处与长白公路设互通式立体交叉 1 处，匝道全长 3 955.487 m，其中 A 匝道和 B 匝道为营西公路主线的连接线，B 匝道往伊通河大桥方向单向行驶，A 匝道往营城子方向单向行驶，互通范围内长白公路长 1 240 m，长东公路长 1 311.834 m，将 A 匝道计入主线总里程，则营城子至伊通河大桥段长 1.645 44 km，主线从 A 匝道起点（或 B 匝道终点）算起，至伊通河大桥结束，长度为 0.845 864 km，该路线由福财村至伊通河，主要构造物如下：主线有大桥 1 座，小桥 1 座，涵洞 5 道；互通式立体交叉有跨线桥 2 座，小桥 1 座，涵洞 6 道；其他工程有小桥 1 座，渡槽 1 道。 **2. 气象水文条件** 本工程位于辽源地区与四平地区伊通县交界处，地貌为山间河流冲积平地，主要河流为伊通河，地表多为水田，少部分为旱田。气候属大陆性气候，夏季短冬季长，结冰期为 5 个月，气候严寒，初雪一般在 10 月上中旬，终雪在翌年 4 月上旬，最高月平均气温为 23 ℃，最低月平均气温为-17 ℃，历年最大降雨量为 880.5 mm，多集中于 7—8 月，冬季常刮西北风，夏季转为南风，3—5 月风力最大为 3~5 级，每年 10 月中旬至翌年 4 月中旬为冰冻期，标准冰冻深度为 1.60 m，根据中国自然区划属 II_2 区。 **3. 合同工期** 合同工期为 16 个月，即 2020 年 8 月 1 日—2021 年 11 月 30 日。实际工期为 15 个月，即 2020 年 8 月 1 日—2021 年 10 月 31 日。 **4. 主要工程量** 1）路基土石方 挖土方 39 703 m^3，挖除非适用材料 19 600 m^3，填土方 67 185 m^3，填石方 220 845 m^3。 2）软土地基处理 换填山皮石 38 419 m^3，换填砂砾 396 m^3。 3）路面工程 （1）15 cm 砂砾垫层 37 080 m^2。 （2）石灰水泥稳定山砂底基层：15 cm 厚 16 261 m^2，20 cm 厚 33 506 m^2。 （3）石灰粉煤稳定碎石基层：15 cm 厚 2 700 m^2，25 cm 厚 46 667 m^2，30 cm 厚山皮石基层 4 796 m^2。 （4）下封层：49 367 m^2。 （5）黏层：46 587 m^2。 （6）沥青混凝土路面：4 cm 厚 SMA-16 沥青混凝土上面层 46 587 m^2，6 cm 厚 AC-25 粗粒式沥青混凝土下面层 46 587 m^2。 4）排水和防护工程 本段主线设钢筋混凝土盖板暗涵 5 道，共 96.94 m（无桩基）；互通立交区内共设钢筋混凝土盖板暗涵 5 道（其中：有桩基暗涵 3 道，共 95.1 m，无桩基暗涵 2 道，共 37.22 m）；圆管涵 1 道，右侧加长 5 m；平交道圆管涵 2 道，共 15.84 m；排水工程量为 9 289 m^3；防护工程量为 4 781.51 m^3。 5）桥梁工程 （1）主线有大桥 1 座，即伊通河大桥，中心桩号为 MK0+800.54，跨径为 9~20 m，上部结构为预应力钢筋混凝土空心板，下部结构为肋板式墩、柱式台、钻孔灌注桩基础，交角为 90°。		

续表

实训内容	小桥 1 座，中心桩号为 MK0+034.1，1 孔 13 m，交角为 75°，上部结构为预应力钢筋混凝土空心板，下部结构为轻型桥台、扩大基础。 （2）互通式立交内有 2 座跨线桥，分别是 LK0+764.4 桥，跨径为（20+25+25+20）m，桥面净宽为 15.75 m，全长为 94.24 m，上部构造为后张法预应力钢筋混凝土箱梁，下部构造为柱式墩、肋板式台、钻孔灌注桩基础；AK0+254.36 桥，跨径为 4 孔 20 m，桥面净宽为 11 m，全长为 85.04 m，上部构造为先张法预应力钢筋混凝土空心板，下部构造为肋板式台、柱式墩、钻孔灌注桩基础。 小桥 BK0+400 为原桥加宽，跨径为 1 孔 8 m，全长为 15.51 m，交角为 70°，上部结构为钢筋混凝土空心板，下部结构为轻型桥台、扩大基础。 （3）村道改线段有小桥 1 座，中心桩号为 XK0+101，跨径为 1 孔 10 m，全长为 17.54 m，交角为 80°，上部结构为钢筋混凝土空心板简支梁，下部结构为轻型桥台、扩大基础。 **5. 工程进度计划安排** 1）路基土石方 挖土方：2020 年 8 月 10 日—2020 年 10 月 31 日。 改渠挖方：2020 年 8 月 10 日—2020 年 10 月 25 日。 填前处理：2020 年 8 月 10 日—2020 年 9 月 20 日，有效施工天数为 30 d。 填土方：2020 年 8 月 10 日—2020 年 10 月 31 日，2021 年 3 月 15 日—2021 年 6 月 10 日，有效施工天数为 133 d，日进度为 505 m^3。 填石方：2020 年 8 月 15 日—2020 年 11 月 30 日，2021 年 3 月 1 日—2021 年 7 月 15 日，有效施工天数为 200 d，日进度为 1 104 m^3。 2）桥梁工程 （1）第一作业组：伊通河大桥。 桥梁基础：2020 年 8 月 10 日—2020 年 9 月 30 日（直径为 1.0 m 的钻孔桩 12 根，直径为 1.3 m 的钻孔桩 24 根，钻孔桩混凝土 682.84 m^3，承台、系梁混凝土 155.028 m^3），有效施工天数为 40 d。 桥梁下部：2020 年 9 月 10 日—2020 年 10 月 31 日，2021 年 4 月 1 日—2021 年 5 月 30 日（墩台和盖梁混凝土 274.7 m^3），有效施工天数为 90 d。 （2）第二作业组：跨线桥 LK0+764.4。 下部工程：2020 年 8 月 10 日—2020 年 10 月 31 日，2021 年 4 月 1 日—2021 年 5 月 10 日（直径为 1.5 m 的钻孔桩 42 根，下部工程混凝土 1 102.31 m^3），有效施工天数为 95 d。 （3）第三作业组：跨线桥 AK0+254.36。 下部工程：2020 年 8 月 10 日—2020 年 10 月 31 日，2021 年 4 月 1 日—2021 年 5 月 10 日（直径为 1.5 m 的钻孔桩 9 根，直径为 1.2 m 的钻孔桩 12 根，下部工程混凝土 821.35 m^3），有效施工天数为 95 d。 （4）第四作业组：小桥 MK0+034.1，小桥 XK0+101，互通式立交小桥 BK0+400 加宽和 10 道盖板暗涵、1 道圆管涵、1 座渡槽。 小桥下部：2020 年 8 月 15 日—2020 年 10 月 31 日，有效施工天数为 35 d。 盖板暗涵和圆管涵施工：2020 年 8 月 15 日—2020 年 10 月 15 日，有效施工天数为 50 d。 盖板安装：2020 年 10 月 1 日—2020 年 10 月 31 日，有效施工天数为 25 d。 （5）第五作业组：盖板、空心板和箱梁预制。 盖板预制：2020 年 8 月 15 日—2020 年 9 月 30 日，有效施工天数为 35 d。 空心板预制：2020 年 8 月 20 日—2020 年 9 月 30 日，有效施工天数为 30 d，10 m 空心板 18 片，8 m 空心板 12 片，计划日进度为 1 片。 预应力空心板预制：2020 年 9 月 1 日—2020 年 10 月 31 日，2021 年 4 月 1 日—2021 年 6 月 30 日，20 m 预应力空心板 156 片，有效施工天数为 130 d，计划日进度为 1.2 片。 预应力箱梁预制：2021 年 4 月 1 日—2021 年 7 月 30 日，20 m 预应力箱梁 48 片，25 m 预应力箱梁 48 片，有效施工天数为 100 d，计划日进度为 0.5 片。 箱梁安装：2021 年 7 月 1 日—2021 年 8 月 31 日，有效施工天数为 50 d。 空心板安装：2021 年 7 月 1 日—2021 年 8 月 31 日，有效施工天数为 50 d。 桥面铺装和桥头搭板：2021 年 8 月 1 日—2021 年 9 月 15 日，有效施工天数为 35 d。

续表

<table>
<tr><td></td><td>3)路面工程
砂砾垫层:2021 年 5 月 1 日—2021 年 7 月 20 日,有效施工天数为 60 d,日进度为 618 m^2。
石灰水泥稳定山砂底基层: 2021 年 6 月 15 日—2021 年 8 月 5 日,有效施工天数为 40 d,日进度为 1 244 m^2。
石灰粉煤灰稳定碎石基层: 2021 年 7 月 1 日—2021 年 8 月 15 日,有效施工天数为 35 d,日进度为 1 548 m^2。
下封层:2021 年 8 月 15 日—2021 年 8 月 25 日,有效施工天数为 8 d,日进度为 6 171 m^2。
黏层:2021 年 9 月 10 日—2021 年 10 月 25 日,有效施工天数为 35 d,日进度为 1 331 m^2。
沥青混凝土下面层:2021 年 8 月 20 日—2021 年 9 月 10 日,有效施工天数为 15 d,日进度为 3 106 m^2。
沥青混凝土上面层:2021 年 9 月 20 日—2021 年 10 月 10 日,有效施工天数为 15 d,日进度为 3 106 m^2。
4)排水和防护工程
改河河道铺砌:2020 年 8 月 15 日—2020 年 10 月 30 日,有效施工天数为 60 d,平均日进度为 69 m^3。
护坡:2021 年 7 月 1 日—2021 年 9 月 30 日,有效施工天数为 65 d,平均日进度为 28 m^3。
边沟和急流槽:2020 年 8 月 15 日—2020 年 10 月 30 日,2021 年 5 月 1 日—2021 年 6 月 30 日,有效施工天数为 110 d,平均日进度为 47 m^3。
锥坡: 2021 年 5 月 1 日—2021 年 8 月 30 日,有效施工天数为 100 d,日进度为 14 m^3(预制和现浇混凝土)。

问题:根据以上资料,绘制该工程的网络图式施工进度计划图</td></tr>
<tr><td>实训解答</td><td></td></tr>
<tr><td>实训总结</td><td></td></tr>
</table>

第三部分　资源供应计划编制实训

实训一　劳动力需要量计划编制

一、实训目的与要求

(1)明确劳动力需要量计划编制的原则。

(2)知道劳动力需要量计划编制的方法和程序。

(3)熟知组建施工作业班组的一般要求。

(4)正确计算施工项目的劳动力需要量。

(5)准确编制劳动力需要量计划。

二、实训要点与注意事项

(一)劳动力需要量计划编制的方法

1. 收集基础资料

基础资料主要包括设计部门提供的工程项目设计资料、施工部门提供的施工组织设计资料、财务部门提供的年度资金使用计划和本部门规定的劳动消耗定额。

2. 编制劳动力需要量计划纲要

根据施工对象和采用的施工方法确定所需劳动力的种类,按需编制劳动力需要量计划纲要。

3. 计算每个施工项目单位时间的劳动力需要量

根据工程项目的工程量和规定的劳动消耗定额计算完成工程所需的劳动力总量,再除以施工进度计划中该施工项目的作业周期(实际作业天数),则得每个施工项目每天的劳动力需要量。在计算过程中应考虑节假日、雨雪天和施工方法对劳动力需要量产生的影响。

4. 累计汇总

将同一时段内各施工项目相同的劳动力需要量相加,即为该时段的劳动力总需要量,然后填写表格。

5. 编制劳动力需要量计划表格

劳动力需要量计划表格应根据工程项目的工程量和劳动力供应情况进行编制,一般包括序号、工种、人数、年季度劳动力需要量、计划使用时间等。

6. 平衡和优化劳动力资源

根据计算所得的劳动力总需要量、资金使用计划、施工进度计划平衡和优化劳动力资源。

（二）劳动力需要量计划编制的步骤

劳动力需要量计划一般分为三个阶段编制，编制时应结合施工进度计划和资金流量，切合实际，考虑周全。

1. 准备阶段

调查企业内外部可供利用的劳动力量，熟悉分部分项工程的施工顺序及施工方法，了解各分部分项工程的劳动消耗定额，理解施工组织设计和进度计划的主要内容，进行劳动力需要量的估算与预测。

2. 编制阶段

根据各分部分项工程的工程量、可供利用的劳动力量和施工进度计划中已经确定的分部分项工程的作业周期核算劳动力需要量，然后根据工期目标进行劳动力资源的平衡和优化。

3. 执行阶段

根据施工进度计划的执行情况，适时调整劳动力计划，满足施工需要。

（三）劳动力需要量计划编制的注意事项

（1）编制劳动力需要量计划时应遵循国家的相关法律、法规等法令性条文的规定。

（2）了解市场、掌握市场，按照市场规律编制劳动力需要量计划。

（3）因地制宜，按照市场供求规律编制劳动力供应计划。

（4）根据甲方的合同要约编制劳动力供应计划。

（5）尽量组织工程所在地的劳动力资源，以减少劳动力调运成本。

（6）劳动力供应计划应与施工进度计划相适宜，并有一定的预见性储备或留有余地。

（7）结合施工企业的流动资金状况编制切实可行的劳动力供应计划。

（8）编制劳动力需要量计划应以满足施工质量、安全和进度等的需要为前提。

三、实训范例

（一）工程概况

1. 概述

国道 203 线单家围子至金宝屯段一级公路是吉林省 30 年路网规划“四纵、三横、两环”主骨架中纵向干道的一部分，是国家重点公路加格达奇至锦州公路在吉林省境内的重要路段。它的实施，对完善国家路网，促进国民经济的发展具有重要意义，对振兴东北老工业基地，增进整个东北地区的联系，带动吉林省的经济发展具有重要的作用。

第 08 合同段起点桩号为 K201+000，终点桩号为 K225+030，全长为 24.03 km，为一级公路，路基宽度为 26 m。本标段沿线设通道 1 处，互通式立体交叉 1 处，小桥 3 座，盖板涵 8 道。

2. 本工程主要工程量

1）路基工程

本段路基土方工程量为 699 209 m^3，其中路基挖方为 302 454 m^3，路基利用土方为 302 454 m^3，借土填方为 396 755 m^3。

2）路面工程

（1）砂砾垫层：本合同段人工砂砾垫层数量为 33 296 m^2。

（2）底基层：本合同段路面底基层为石灰粉煤灰稳定土（掺加 1/10 水泥），厚 200 mm 的石灰粉煤灰稳定土数量为 215 015 m^2，厚 250 mm 的石灰粉煤灰稳定土数量为 85 856 m^2。

（3）基层：本合同段路面基层为石灰粉煤灰稳定碎石，厚 300 mm 的基层数量为 286 277 m^2，厚 200 mm 的基层数量为 12 769.02 m^2。

（4）透层、黏层：本合同段透层数量为 299 046 m^2，黏层数量为 271 989 m^2。

（5）下面层：本合同段下面层为厚 60 mm 的粗粒式沥青混凝土，数量为 270 685 m^2。

（6）上面层：本合同段上面层为厚 40 mm 的沥青玛蹄脂碎石混合料，数量为 271 337 m^2。

3）桥涵工程

本合同段全线共设钢筋混凝土空心板梁桥 3 座，结构形式是上部为钢筋混凝土空心板，下部为轻型台打入桩基础，全长为 33.22 m，中心桩号分别为 K205+450、K209+372、K210+118。

通道 1 处，结构形式是上部为钢筋混凝土空心板，下部为轻型台扩大基础。中心桩号为 K203+964，全长为 13.74 m。

4）排水、防护工程

本合同段排水工程量为边沟 32 328 m，急流槽 5.85 m^3；防护工程量为预制混凝土护坡 1 416.7 m^3，现浇混凝土护坡 3 716.9 m^3，蒸发池挖方 5 774.9 m^3。

3. 各分项工程的施工顺序

根据本工程工作内容多、地形复杂的特点，在施工中应着力抓住重点、难点项目。根据现场实际情况，制定先进的施工工艺，合理编排工序，运用科学的管理手段和网络技术，组织多工序平行作业，确保按计划工期完工。具体施工顺序安排如图 3-1 所示。

4. 施工进度安排

本合同段招标文件中业主要求工期为 2018 年 10 月—2020 年 9 月，路面基层工程于 2019 年 8 月末前完成，路面面层（含桥面）工程在 2020 年 8 月末前完成，其他附属工程于 2020 年 9 月 15 日前结束。投标人计划路基土方工程于 2019 年 8 月 20 日前完成，桥涵工程于 2019 年 8 月 10 日前完成，路面底基层工程于 2019 年 8 月 30 日前完成，路面工程于 2020 年 8 月 15 日前完成，比业主要求工期提前 15 d。该工程施工总体形象进度图如图 3-2 所示。

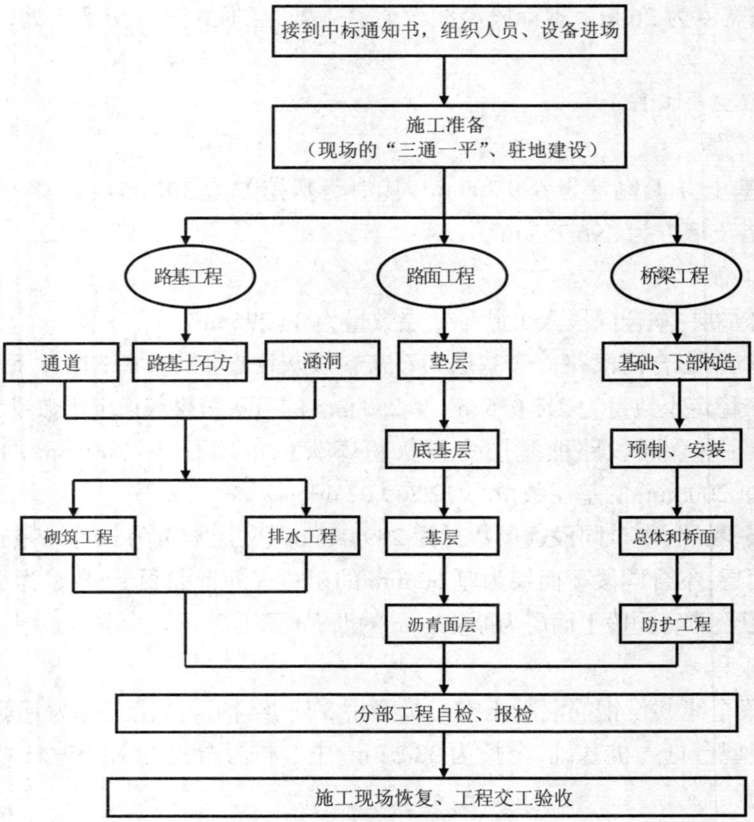

图 3-1　施工顺序安排

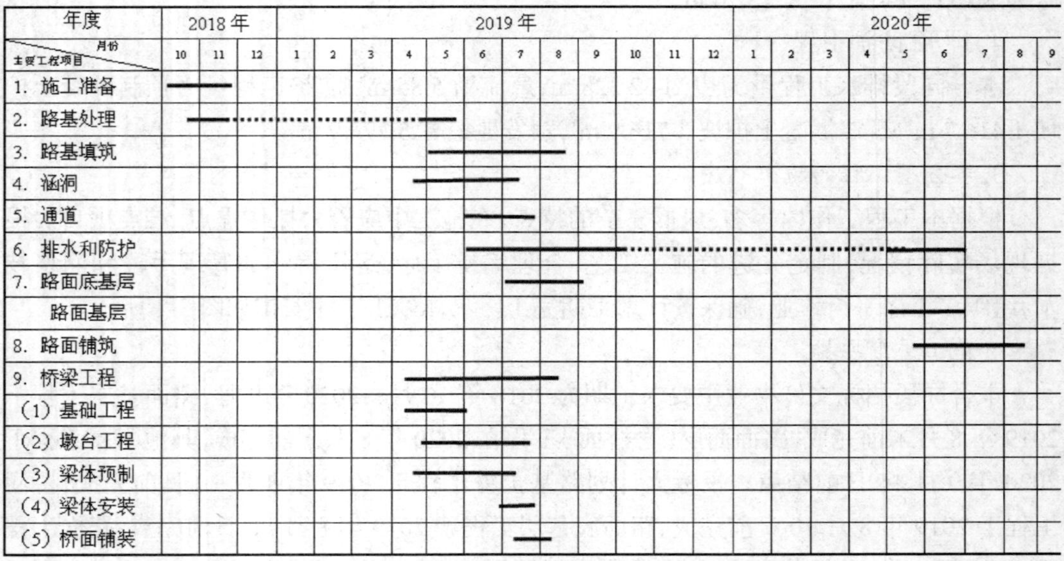

图 3-2　施工总体形象进度图(横线图)

各分项工程施工进度计划安排如下。

1)施工准备

2018 年 10 月 5 日—2018 年 11 月 20 日(主要人员、设备进场,临时设施搭建,拌和场筹建,场地清理,施工便道、便桥修建等)。

2)路基施工

(1)路基填前处理:2018 年 10 月 15 日—2019 年 5 月 25 日。

(2)路基挖方:2019 年 5 月 1 日—2019 年 6 月 20 日。

(3)路基填方:2019 年 5 月 1 日—2019 年 8 月 20 日。

3)桥涵施工

2019 年 4 月 10 日—2019 年 8 月 10 日。

(1)开挖基础:2019 年 4 月 20 日—2019 年 5 月 30 日。

(2)打入桩预制:2019 年 4 月 10 日—2019 年 5 月 10 日。

(3)打入桩基础施工:2019 年 5 月 1 日—2019 年 5 月 30 日。

(4)基础和下部施工:2019 年 4 月 25 日—2019 年 7 月 20 日。

(5)空心板和盖板预制:2019 年 4 月 20 日—2019 年 7 月 10 日。

(6)空心板和盖板安装:2019 年 6 月 25 日—2019 年 7 月 30 日。

(7)桥面铺装:2019 年 7 月 10 日—2019 年 8 月 10 日。

4)路面工程

(1)石灰粉煤灰稳定土底基层:2019 年 7 月 1 日—2019 年 8 月 30 日。

(2)石灰粉煤灰稳定碎石基层:2020 年 5 月 1 日—2020 年 6 月 30 日。

(3)粗粒式沥青混凝土下面层:2020 年 5 月 20 日—2020 年 7 月 10 日。

(4)沥青玛蹄脂碎石上面层:2020 年 7 月 15 日—2020 年 8 月 15 日。

5)排水和防护工程

2019 年 6 月 1 日—2020 年 6 月 30 日。

(二)工作任务

试确定该工程项目的劳动力需要量计划。

解析　根据施工进度图中的时间坐标进程,逐月统计每月已(或应)开工的施工任务(平行作业)的个数,并确定各施工任务的开始和结束时间;逐月汇总各施工任务(指每月平行作业的施工任务)的每班平均人数,即可得到各季度的劳动力需要量,并编制相应的劳动力需要量计划,见表 3-1。

表 3-1　劳动力需要量计划

名称	高峰人数	2018 年	2019 年				2020 年		
		四季度	一季度	二季度	三季度	四季度	一季度	二季度	三季度
管理人员(人)	17	17	17	17	17	12	12	17	17
工程技术人员(人)	35	35	35	35	35	20	20	25	25

续表

名称		高峰人数	2018 年	2019 年				2020 年		
			四季度	一季度	二季度	三季度	四季度	一季度	二季度	三季度
技术工人（人）	试验人员	6	6	6	6	6	6	6	6	6
	测量人员	6	6	6	6	6	6	6	6	6
	电焊工	5	5	5	5	5	2	1	1	1
	钢筋工	4	4	4	4	4				
技术工人（人）	混凝土工	5	5	5	5	5	2	2	2	2
	木工	10	10	10	10	10	3	3	3	3
	起重工	3	3	3	3	3				
	修理工	2	2	2	2	2	2	2	2	2
	压路机司机	30	30	30	30	30	5	10	18	15
	推土机司机	12	12	12	12	12	5	5	6	3
	挖掘机司机	7	7	7	7	7	2	2	1	1
	平地机司机	5	5	5	5	5	2	1	1	
	装载机司机	10	10	10	10	10	4	4	8	6
	汽车司机	130	40	130	130	130	60	50	80	50
普通工人（人）		400	400	400	400	370	80	80	120	100

四、上交资料

每人上交实训报告一份，见表 3-2。

表 3-2　实训报告

日期：　　　　班级：　　　　组别：　　　　姓名：　　　　学号：

实训任务	劳动力需要量计划的编制	成绩	
实训目的	通过此次实训，使学生明确劳动力需要量计划编制的方法和程序，会正确计算施工项目的劳动力需要量，能够准确编制劳动力需要量计划		
实训内容	**背景材料** **1. 工程概况** 广西 ××× 公路是国道主干线重庆至湛江公路的重要组成部分，其中 No. 2 标段北起 HC 市都安县保平乡，起点桩号为 K132+000，经过拉友、板旺、光隆、坝牙，终点为耀南，终点桩号为 K160+131，全长为 28.1 km。本项目部主要承揽路面工程施工任务，合同工期为 335 日历日。 结构形式：26 cm 水泥混凝土路面，路面宽度为 14.0 m；浆砌片石路肩，路肩宽度为 0.5 m；路面基层为 20 cm 水泥稳定碎石，基层宽度为 14.5 m（全填）、14.0 m（全挖）或 14.25 m（半填半挖）；路面底基层为 16 cm 级配碎石，与 95 区顶同宽，即 15 m。 设计标准和主要技术指标：设计行车速度为 60 km/h，路基宽 15 m，土路肩宽 0.5 m，水泥混凝土路面厚 26 cm，平曲线最小半径为 135 m，最大纵坡坡度为 7%，最大超高为 8%，设计荷载为汽车超-20 级，挂车-120 级。 **2. 各施工段分项工程（工艺顺序）划分** 各施工段分项工程包括水泥混凝土面层、封油层、水泥稳定碎石基层、级配碎石底基层和浆砌片石硬路肩这 5 个分项工程。		

续表

实训内容

3. 施工进度计划安排

（1）底基层：2019 年 12 月 1 日—2020 年 6 月 30 日。

（2）基层：2020 年 3 月 10 日—2020 年 9 月 26 日。

（3）面层：2020 年 5 月 1 日—2020 年 11 月 2 日。

路面工程施工进度计划如图 1 所示。

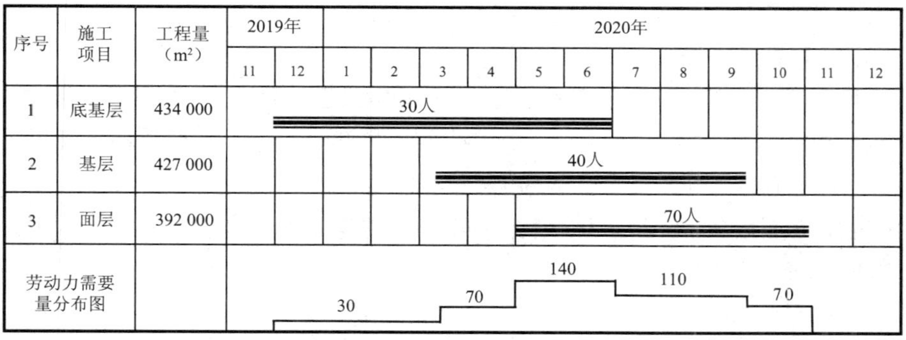

图 1　路面工程施工进度计划

问题：试确定该路面工程项目的劳动力需要量计划

提示：根据施工进度图中的时间坐标进程，逐月统计每月已开工的施工任务（平行作业）的个数，并确定各施工任务的开始和结束时间；逐月汇总各施工任务的每班平均人数，即可绘制劳动力需要量分布图，如图 1 所示，再编制劳动力需要量计划

实训解答

实训总结

实训二　施工机具与设备需要量计划编制

一、实训目的与要求

（1）明确施工机具与设备需要量计划编制的原则。

(2)知道主要施工机具与设备需要量计划编制的方法。

(3)能够正确计算分部分项工程施工机具与设备的需要量。

(4)正确编制主要施工机具与设备需要量计划。

二、实训要点与注意事项

(一)施工机具与设备需要量计划编制的方法

1. 收集基础资料

基础资料主要包括设计部门提供的工程项目设计资料、施工部门提供的施工组织设计资料、财务部门提供的年度资金使用计划和本部门规定的机械消耗定额。

2. 编制施工机具与设备需要量计划纲要

根据施工对象和采用的施工方法确定所需施工机具与设备的规格、种类,按需编制施工机具与设备需要量计划纲要。

3. 计算每个施工项目单位时间的施工机具与设备需要量

根据工程项目的工程量和规定的机械消耗定额计算完成工程所需的施工机具与设备总量,再除以施工进度计划中该施工项目的作业周期(实际作业天数),则得每个施工项目每天的施工机具与设备需要量。

4. 累计汇总

将施工进度计划表中的每个施工过程,每天所需的机械的类型、数量和施工工期汇总,得出施工机具与设备需要量计划,然后填写表格。

5. 编制施工机具与设备需要量计划表格

施工机具与设备需要量计划表格应根据工程项目的工程量和施工机具与设备供应情况进行编制,一般包括序号,施工机具与设备的名称和规格,年、季度施工机具与设备消耗的台班和台数,施工机具与设备的总需要量和进退场时间等。

6. 平衡和优化施工机具与设备

根据计算所得的施工机具、设备总需要量、资金使用计划、施工进度计划平衡和优化施工机具与设备。

(二)施工机具与设备需要量计划编制的步骤

(1)根据施工进度图中的时间坐标进程,逐月统计每月已(或应)开工的施工项目(平行作业)的个数,并确定和记录各施工项目的开始和结束时间。

(2)确定机械种类并计算需要量。

①查《公路工程预算定额》(JTG/T 3832—2018),确定机械种类及台班消耗量。

②计算机械作业量。按各施工任务的实际工程量和相应的机械台班消耗定额列出完成该任务需要的机种,并分别计算各种机械的作业量。

③确定机械需要量。根据相关公式和各种机械的作业量、作业周期并考虑作业班制和工作面等条件,确定完成每项施工任务的各种机械的需要量。

施工主导机械的每日需要量确定后，其他辅助机械可根据施工组织情况采取必要的施工组织措施调整每日需要量，但不管如何调整，都要保证主导机械效率的最大化。

④按以上方法确定每项施工任务的机种、各机种的作业量和每天需要的台数，再逐月汇总各施工任务（指每月平行作业的施工任务）需要的相同机种及其每天需要的台数，即可订整个合同段的主要施工机具与设备计划。

（三）施工机具与设备需要量计划编制的注意事项

（1）编制施工机具、设备需要量计划时应遵循国家的相关法律、法规等法令性条文的规定。

（2）按工程设计所提供的工程质量标准，正确选用施工机具、设备的品种、规格并能满足施工的需要。

（3）因地制宜，按照市场供求规律编制施工机具、设备供应计划。

（4）根据甲方的合同要约编制施工机具、设备供应计划。

（5）编制施工机具、设备需要量计划时应统筹考虑拥有、租赁、购买三者之间的关系。

（6）施工机具、设备供应计划应与施工进度计划相适宜，并有一定预见性储备或留有余地。

（7）结合施工企业的流动资金状况编制切实可行的施工机具、设备供应计划。

（8）编制施工机具、设备计划时应以满足施工质量、安全和进度等需要为前提。

三、实训范例

（一）工程概况

1. 概述

吉林 ××× 公路是国道主干线鹤岗至大连公路的重要组成部分，其中 No.3 标西起通化市柳河县城南乡，起点桩号为 K132+000，路线经过万隆、林泉、兴盛、宏盛，终点为北湾，终点桩号为 K160+131，全长为 28.1 km。本项目部主要承揽路面工程施工任务，合同工期为 335 日历日。

路面结构形式：28 cm 厚水泥混凝土路面，路面宽度为 24.0 m；浆砌片石路肩，路肩宽度为 0.5 m；路面基层为 22 cm 厚 5%的水泥稳定砂砾，基层宽度为 24.5 m（全填）或 24.0 m（全挖）或 24.25 m（半填半挖）；路面底基层为 16 cm 厚级配砾石，底基层宽度为 25 m。

设计标准和主要技术指标：设计行车速度为 80 km/h，路基宽为 25 m，土路肩宽为 0.5 m，水泥混凝土路面厚 28 cm，平曲线最小半径为 280 m，最大纵坡为 5%，最大超高为 4%。设计荷载为汽车超-20 级，挂车-120 级。

2. 施工方法

（1）级配砾石路面底基层采用机械铺料，拖拉机带铧犁拌和的施工方法，压路机碾压。

（2）水泥稳定砂砾基层采用厂拌法施工，摊铺机分两幅摊铺（12.5 m 以内稳定土摊铺机摊铺），压路机碾压。同时，水泥稳定砂砾混合料采用 15 t 以内自卸车运输，平均运距为 12 km。

（3）路面面层采用混凝土搅拌楼拌和、滑模式混凝土摊铺机摊铺，并采用 8 t 以内自卸车运送混凝土，平均运距为 8 km。

3. 进度计划

路面工程施工进度计划如图 3-3 所示。

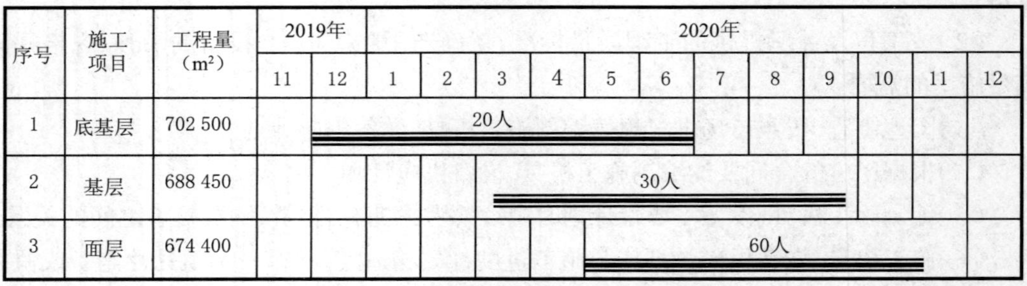

图 3-3 某路面工程进度计划

（二）工作任务

试确定路面工程项目的主要机械需要量计划。

解析 （1）根据施工进度图中的时间坐标进程，逐月统计每月已（或应）开工的施工任务（平行作业）的个数，并确定各施工任务的开工和结束时间。

底基层：2019 年 12 月 1 日—2020 年 6 月 30 日，计划工期为 210 d。

基层：2020 年 3 月 10 日—2020 年 9 月 26 日，计划工期为 196 d。

面层：2020 年 5 月 1 日—2020 年 11 月 2 日，计划工期为 182 d。

（2）进一步明确各项施工任务的施工方法，查《公路工程预算定额》（JTG/T 3832—2018）确定每项施工任务的机械种类（本例未考虑拌和站的安装与拆除、路面钢筋和封油层的机具、设备资源消耗）。

①底基层：级配砾石厚 16 cm，采用机械铺料，拖拉机带铧犁拌和，压路机碾压。查《公路工程预算定额》[227-2-2-3-9+12 × 8]“级配砾石路面”可知，完成该施工任务需要的机械如下。

120 kW 以内自行式平地机：0.30 台班/1 000 m^2。

75 kW 以内履带式拖拉机：0.22 台班/1 000 m^2。

12~15 t 光轮压路机：0.12 台班/1 000 m^2。

18~21 t 光轮压路机：0.91 台班/1 000 m^2。

10 000 L 以内洒水车：0.08+0.01 × 8=0.16 台班/1 000 m^2。

②基层：水泥稳定砂砾厚 22 cm，厂拌法施工，摊铺机分两幅摊铺，压路机压实。查《公路工程预算定额》[195-2-1-7-3+4 × 2]“厂拌基层稳定土混合料”和[121-2-1-9-11]“机

械铺筑厂拌基层稳定土混合料”可知,完成该施工任务需要的机械如下。

3.0 m^3 以内轮胎式装载机:0.54+0.03×2=0.60 台班/1 000 m^2。

300 t/h 以内稳定土厂拌设备:0.25+0.01×2=0.27 台班/1 000 m^2。

12~15 t 光轮压路机:0.08 台班/1 000 m^2。

20 t 以内振动压路机:0.41 台班/1 000 m^2。

12.5 m 以内稳定土摊铺机:0.16 班/1 000 m^2。

16~20 t 轮胎式压路机:0.25 台班/1 000 m^2。

10 000 L 以内洒水车:0.16 台班/1 000 m^2。

混合料运输的平均运距为 12 km,查《公路工程预算定额》[211-2-1-8-7+8×22]“厂拌基层稳定土混合料运输”可知,完成该施工任务需要的机械如下。

15 t 以内自卸车:4.54+(12−1)/0.5×0.46=14.66 台班/1 000 m^3=3.23 台班/1 000 m^2。

③面层:混凝土面层厚 28 cm,搅拌楼拌和、滑模式混凝土摊铺机摊铺。查《公路工程预算定额》[282-2-2-17-5+6×8]“水泥混凝土路面”可知,完成该施工任务需要的机械如下。

3.0~9.0 m 滑模式水泥混凝土摊铺机:0.33+0.02×8=0.49 台班/1 000 m^2。

混凝土电动刻纹机:7.22 台班/1 000 m^2。

混凝土电动切缝机:2.83 台班/1 000 m^2。

10 000 L 以内洒水车:1.48 台班/1 000 m^2。

8 t 以内自卸车运送混凝土平均运距为 8 km,查《公路工程预算定额》[287-2-2-19-3+4×14]“自卸汽车运输水泥混凝土”可知,完成该施工任务需要的机械如下。

8 t 以内自卸车:9.79+1.39×14=29.25 台班/1 000 m^3=8.19 台班/1 000 m^2。

(3)确定机械需要量。根据以下公式计算施工机械需要量,可采用列式法或表算法进行计算。

$$\frac{\text{施工项目机械台班}}{\text{消耗量(作业量)}}=\frac{\text{施工项目}}{\text{工程数量}}\times\frac{\text{台班}}{\text{消耗定额}} \tag{3-1}$$

$$\frac{\text{施工项目单位时间}}{\text{机械需要量(台/d)}}=\frac{\text{施工项目机械台班消耗量(台班)}}{\text{施工项目作业周期(d)}} \tag{3-2}$$

①底基层每日机械需要量如下。

120 kW 以内自行式平地机:(702 500÷1 000)×0.30÷210=1.00 台/天→1 台。

75 kW 以内履带式拖拉机:(702 500÷1 000)×0.22÷210=0.74 台/天→1 台。

12~15 t 光轮压路机:(702 500÷1 000)×0.12÷210=0.40 台/天→0 台。

18~21 t 光轮压路机:(702 500÷1 000)×0.91÷210=3.04 台/天→3 台。

10 000 L 以内洒水车:(702 500÷1 000)×0.16÷210=0.54 台/天→1 台。

②基层每日机械需要量如下。

3.0 m^3 以内轮胎式装载机:(688 450÷1 000)×0.60÷196=2.11 台/天→2 台。

300 t/h 以内稳定土厂拌设备:(688 450÷1 000)×0.27÷196=0.95 台/天→1 台。

12~15 t 光轮压路机:(688 450÷1 000)× 0.08÷196=0.28 台/天→0 台。

20 t 以内振动压路机：（688 450 ÷ 1 000）× 0.41 ÷ 196=1.44 台/天→ 1 台振动压路机。

12.5 m 以内稳定土摊铺机：（688 450 ÷ 1 000）× 0.16 ÷ 196=0.56 台/天→ 1 台。

16~20 t 轮胎式压路机：（688 450 ÷ 1 000）× 0.25 ÷ 196=0.88 台/天→ 1 台。

10 000 L 以内洒水车：（688 450 ÷ 1 000）× 0.16 ÷ 196=0.56 台/天→ 1 台。

15 t 以内自卸车：（688 450 ÷ 1 000）× 3.23 ÷ 196=11.34 台/天→ 11 台。

③面层每日机械需要量如下。

3.0~9.0 m 滑模式水泥混凝土摊铺机：（674 400 ÷ 1 000）× 0.49 ÷ 182=1.82 台/天→ 2 台。

混凝土电动刻纹机：（674 400 ÷ 1 000）× 7.22 ÷ 182=26.75 台/天→两班制各 13 台。

混凝土电动切缝机：（674 400 ÷ 1 000）× 2.83 ÷ 182=10.49 台/天→两班制各 5 台。

10 000 L 以内洒水车：（674 400 ÷ 1 000）× 1.48 ÷ 182=5.48 台/天→两班制各 3 台。

8 t 以内自卸车：（674 400 ÷ 1 000）× 8.19 ÷ 182=30.35 台/天→ 30 台。

（4）编制施工机具、设备需要量计划表。列出完成各分部分项工程所需的机械种类和每日需要量，逐月汇总各施工任务（指每月平行作业的施工任务）施工时需要的相同机种及其台数和每日需要台数，即可制定出整个施工项目的机具、设备计划，见表 3-3。

表 3-3　某路面工程施工机械需要量计划

机种名称	施工任务	规格型号	开工时间	完工时间	每日机械需要量（台）													备注
					2019 年		2020 年											
					11月	12月	1月	2月	3月	4月	5月	6月	7月	8月	9月	10月	11月	
平地机	底基层	120 kW	2019-12-01	2020-06-30		1	1	1	1	1	1	1						主导
拖拉机	底基层	75 kW	2019-12-01	2020-06-30		1	1	1	1	1	1	1						
压路机	底基层	18~21 t 光轮	2019-12-01	2020-06-30		3	3	3	3	3	3	3						
	基层	20 t 以内振动	2020-03-10	2020-09-26					1	1	1	1	1	1	1			
		16~20 t 轮胎式	2020-03-10	2020-09-26					1	1	1	1	1	1	1			
装载机	基层	3.0 m³	2020-03-10	2020-09-26					2	2	2	2	2	2	2			
稳定土厂拌站	基层	300 t/h	2020-03-10	2020-09-26					1	1	1	1	1	1	1			
稳定土摊铺机	基层	12.5 m	2020-03-10	2020-09-26					1	1	1	1	1	1	1			主导

续表

机种名称	施工任务	规格型号	开工时间	完工时间	每日机械需要量(台)													备注
					2019年		2020年											
					11月	12月	1月	2月	3月	4月	5月	6月	7月	8月	9月	10月	11月	
滑模摊铺机	面层	3.0~9.0 m	2020-05-01	2020-11-02							2	2	2	2	2	2	2	主导
电动刻纹机	面层		2020-05-01	2020-11-02							13	13	13	13	13	13	13	
电动切缝机	面层		2020-05-01	2020-11-02							5	5	5	5	5	5	5	
洒水车	底基层	10 000 L	2019-12-01	2020-06-30		1	1	1	1	1	1	1						
	基层		2020-03-10	2020-09-26					1	1	1	1	1	1	1			
	面层		2020-05-01	2020-11-02							3	3	3	3	3	3	3	
自卸车	基层	15 t	2020-03-10	2020-09-26					11	11	11	11	11	11	11			组合
	面层	8 t	2020-05-01	2020-11-02							30	30	30	30	30	30	30	组合

四、上交资料

每人上交实训报告一份，见表 3-4。

表 3-4　实训报告

日期：　　　　　　班级：　　　　　　组别：　　　　　　姓名：　　　　　　学号：

实训任务	施工机具与设备需要量计划的编制	成绩	
实训目的	通过此次实训，知道主要施工机具与设备需要量计划的编制方法，能够正确计算分部分项工程施工机具与设备的需要量，会编制主要施工机具与设备的需要量计划		
实训内容	**背景材料** **1. 工程概况** 镇赉至嘎什根公路位于吉林省的西北部地区，起于白城市镇赉县镇赉镇，止于镇赉县与黑龙江省泰来县交界处。该公路是镇赉通往黑鱼泡、莫莫格、五棵树、嘎什根、丹岱、东方红农场、大屯、沿江和莫台等乡镇和农场的必经之路，是白城市公路网中一条主要公路，是镇赉县东部沿江经济区的重要纽带，也是黑龙江、吉林两省西部经济发展的重要运输通道。		

实训内容

本路段公路属于镇赉至嘎什根公路 02 标，公路自然区划为II_1区，起点桩号为 K42+700，终点桩号为 K45+500，全长为 2.8 km。本项目部主要承揽路面工程的施工任务。

路面结构形式：路基宽为 12 m，路面上面层采用 4 cm 中粒式沥青混凝土（DAC-16），宽度为 11 m，面积为 3 080 m²；下面层采用 6 cm 粗粒式沥青混凝土（DAC-25），宽度为 11 m，面积为 3 080 m²；基层采用 25 cm 水泥稳定碎石（水泥剂量 5%），宽度为 11.50 m，面积为 32 200 m²；底基层采用 35 cm 石灰土（石灰剂量 10%），宽度为 12 m，面积为 33 600 m²。

设计标准和主要技术指标：设计行车速度为 80 km/h，路线等级为平原微丘区二级公路，全部为旧路改建工程，路基宽为 12 m，路面宽为 10.5 m，土路肩为 2 × 0.75 m，路面横坡为 2%，土路肩横坡均为 3%。

2. 施工方法

（1）石灰土路面底基层采用路拌法施工，稳定土拌和机拌和，压路机碾压。

（2）水泥稳定碎石基层采用厂拌法施工，稳定土摊铺机分两幅摊铺（7.5 m 以内稳定土摊铺机摊铺混合料），压路机碾压。同时，水泥稳定碎石混合料采用 12 t 以内自卸车运输，平均运距为 10 km。

（3）沥青混凝土路面面层采用 6.0 m 以内沥青混合料摊铺机摊铺，沥青混合料拌和设备生产能力为 120 t/h，并采用 20 t 以内自卸车运送沥青混凝土，平均运距为 12 km。（不考虑拌和站的安装、拆除和封油层的机具、设备资源消耗）。

3. 进度计划

路面工程施工进度计划如图 1 所示。

序号	施工项目	工程量（m²）	2020 年											
			1月	2月	3月	4月	5月	6月	7月	8月	9月	10月	11月	12月
1	底基层	33 600			——	——	——	20人	——	——				
2	基层	32 200				——	——	——	30人	——	——			
3	面层	6 160					——	——	——	50人	——	——		

图 1　路面工程施工进度计划

问题：试确定该路面工程项目的主要机械需要量计划

提示：列出完成各分部分项工程所需的机械种类和每日需要量，逐月汇总各施工任务（指每月平行作业的施工任务）施工时需要的相同机种及其台数和每日需要台数，即可制定出整个施工项目的机具、设备计划

实训解答

实训总结

实训三　材料需要量计划编制

一、实训目的与要求

（1）明确主要材料需要量的计算步骤。

（2）根据不同的施工方法，能确定各分部分项工程的材料种类并会计算供应量。

（3）学会主要材料计划表的编制方法。

（4）能够根据各种材料的供应量计算其每日需要量。

（5）能够正确编制主要材料需要量计划表。

二、实训要点与注意事项

（一）材料需要量计算方法

1. 竞标性施工组织设计材料需要量计划

编制竞标性施工组织设计时，要根据标书上指定材料消耗标准计算材料需要量，此时材料需要量计划一般要提出主要材料的用量并列出主要材料需用量计划表。

2. 指导性施工组织设计材料需要量计划

编制指导施工和施工准备的施工组织设计时，施工组织总设计只提出主要材料和地方材料的需要量计划，并列出其需要量计划表。

3. 实施性施工组织设计材料需要量计划

实施性施工组织设计采用企业的或行业的材料消耗定额，在计算主要材料的需要量计划时是比较粗线条的，而单位工程或分部分项工程的实施性施工组织设计计算所需要的材料种类一般都比较细，几乎除了低值易耗品外都要计算其需要量，提出材料需要量计划。

计算分部分项工程的实施性施工组织设计材料需要量，首先应明确各分部分项工程的施工方案和施工方法，然后根据工程施工内容套用定额，按下式计算分部分项工程的材料消耗量。

$$\begin{matrix}\text{施工项目材料}\\\text{消耗量（供应量）}\end{matrix}=\begin{matrix}\text{施工项目}\\\text{工程数量}\end{matrix}\times\begin{matrix}\text{材料消耗}\\\text{定额}\end{matrix} \tag{3-3}$$

$$\begin{matrix}\text{施工项目材料}\\\text{每日消耗量}\end{matrix}=\frac{\text{施工项目材料消耗量（供应量）}}{\text{作业工期}} \tag{3-4}$$

其中，

$$\text{施工项目工程数量}=\frac{\text{施工项目实际（设计）工程量}}{\text{定额单位}}$$

(二)主要材料需要量的计算步骤

(1)根据施工进度图中的时间坐标进程,逐月统计每月已(或应)开工的施工任务(平行作业)的个数,并确定和记录各施工任务的开工和结束时间。

(2)按照《公路工程预算定额》(JTG/T 3832—2018)确定材料种类,按照调拨、外购、自采加工顺序并考虑其材料代号次序进行记录。

(3)计算每个施工项目的主材每日消耗量。根据相应工程项目的工程数量和规定使用的材料消耗定额计算完成相应工程项目所需的材料总需要量,再除以施工进度计划中的该施工项目的作业周期(实际作业天数),则得出每个施工项目每天的主材需要量。

(4)累计汇总。将施工进度计划表中的每个施工过程、每天所需的材料种类、数量和施工工期进行汇总,以得出材料需要量计划,然后填写表格。

(5)编制材料需要量计划表格。材料需要量计划表格的内容应根据相应项目的工程数量和相应材料供应情况进行编制。一般包括序号,材料名称和规格,年、季、度材料需要数量,材料来源和运输方式等。

(三)注意事项

(1)按工程设计所提供的质量标准,正确选用材料的品种、规格并能满足相应的质量要求。按不低于设计要求的标准编制材料需要量计划。

(2)因地制宜,按照市场供求规律编制材料需要量计划。

(3)编制材料需要量计划时,对材料的进货量、储存量和供应量应以满足施工需要、有一定的余量为前提,不能满打满算。

(4)根据甲方的合同要约编制材料需要量计划。

(5)编制材料需要量计划时,尽量考虑本地可利用资源,以减少材料的外购成本。

(6)材料需要量计划应与施工进度计划相适宜,并有一定预见性储备或留有余地。

(7)结合施工企业的流动资金状况编制切实可行的材料需要量计划。

(8)编制材料需要量计划时应以满足施工质量、安全和进度等需要为前提。

三、实训范例

(一)工程概况

1. 概述

吉林 ××× 公路是国道主干线鹤岗至大连公路的重要组成部分,其中 No.3 标西起通化市柳河县城南乡,起点桩号为 K132+000,路线经过万隆、林泉、兴盛、宏盛,终点为北湾,终点桩号为 K160+131,全长为 28.1 km。本项目部主要承揽路面工程施工任务,合同工期为 335 日历日。

路面结构形式: 28 cm 水泥混凝土路面,路面宽度为 24.0 m;浆砌片石路肩,路肩宽度为 0.5 m;路面基层为 22 cm 厚 5%的水泥稳定砂砾,基层宽度为 24.5 m(全填)或 24.0 m(全挖)或 24.25 m(半填半挖);路面底基层为 16 cm 级配砾石,底基层宽度为 25 m。

设计标准和主要技术指标：设计行车速度为 80 km/h，路基宽为 25 m，土路肩宽为 0.5 m，水泥混凝土路面厚 28 cm，平曲线最小半径为 280 m，最大纵坡为 5%，最大超高为 4%。设计荷载为汽车超–20 级，挂车–120 级。

2. 施工方法

（1）级配砾石路面底基层采用机械铺料，拖拉机带铧犁拌和的施工方法，压路机碾压。

（2）水泥稳定砂砾基层采用厂拌法施工，摊铺机分两幅摊铺（12.5 m 以内稳定土摊铺机摊铺），压路机碾压。同时，水泥稳定砂砾混合料采用 15 t 以内自卸车运输，平均运距为 12 km。

（3）路面面层采用混凝土搅拌楼拌和、滑模式混凝土摊铺机摊铺，并采用 8 t 以内自卸车运送混凝土，平均运距为 8 km。

3. 进度计划

路面工程施工进度计划如图 3-4 所示。

序号	施工项目	工程量（m^2）	2019年		2020年											
			11月	12月	1月	2月	3月	4月	5月	6月	7月	8月	9月	10月	11月	12月
1	底基层	702 500		20人												
2	基层	688 450					30人									
3	面层	674 400							60人							

图 3-4　某路面工程进度计划

（二）工作任务

试确定路面工程项目的主要材料需要量计划。

解析　（1）根据施工进度图中的时间坐标进程，逐月统计每月已（或应）开工的施工任务（平行作业）的个数，并确定各施工任务的开工和结束时间。

底基层：2019 年 12 月 1 日—2020 年 6 月 30 日，计划工期为 210 d。

基层：2020 年 3 月 10 日—2020 年 9 月 26 日，计划工期为 196 d。

面层：2020 年 5 月 01 日—2020 年 11 月 2 日，计划工期为 182 d。

（2）进一步明确各项施工任务的施工方法，查《公路工程预算定额》（JTG/T 3832—2018）确定每项施工任务的材料种类并计算供应量（本例未考虑拌和站的安装与拆除、封油层和路面钢筋的材料消耗等）。

①底基层：级配砾石厚 16 cm，采用机械铺料，拖拉机带铧犁拌和，压路机碾压。查《公路工程预算定额》[227-2-2-3-9+12×8]“级配砾石路面”可知，完成该施工任务需要的材料如下。

土：$702\ 500 \div 1\ 000 \times (7.69+8 \times 0.96) = 10\ 797.43\ m^3$。

砂：702 500 ÷ 1 000 ×（23.98+8 × 3）= 33 705.95 m^3。

2 cm 砾石：702 500 ÷ 1 000 ×（49.39+8 × 6.17）= 69 371.88 m^3。

4 cm 砾石：702 500 ÷ 1 000 ×（27.46+8 × 3.43）= 38 567.25 m^3。

6 cm 砾石：702 500 ÷ 1 000 ×（10.96+8 × 1.37）= 15 398.8 m^3。

②基层：水泥稳定砂砾厚 22 cm，厂拌法施工，摊铺机分两幅摊铺，压路机压实。查《公路工程预算定额》[195-2-1-7-3+4 × 2]"厂拌基层稳定土混合料"可知，完成该施工任务需要的材料如下。

32.5 级水泥：688 450 ÷ 1 000 ×（22.125+2 × 1.106）=16 754.81 t。

砂砾：688 450 ÷ 1 000 ×（268.18+2 × 13.41）=203 092.75 m^3。

水：688 450 ÷ 1 000 ×（27+2 × 1）=19 965.05 m^3。

③面层：C30 水泥混凝土面层厚 28 cm，搅拌楼拌和、滑模式混凝土摊铺机摊铺。查《公路工程预算定额》[281-2-2-17-5+6 × 8]"水泥混凝土路面"可知，完成该面层施工所需要的材料如下。

32.5 级水泥：674 400 ÷ 1 000 ×（76.908+3.845 × 8）= 72 611.30 t。

碎石（4 cm）：674 400 ÷ 1 000 ×（169.32+8.47 × 8）=159 886.75 m^3。

中（粗）砂：674 400 ÷ 1 000 ×（93.84+4.69 × 8）=88 589.18 m^3。

型钢：674 400 ÷ 1 000 × 0.001=0.67 t。

石油沥青：674 400 ÷ 1 000 ×（0.138+0.006 × 8）=125.44 t。

煤：674 400 ÷ 1 000 ×（0.028+0.001 × 8）=24.28 t。

水：674 400 ÷ 1 000 ×（31+2 × 8）=31 696.8 m^3。

其他材料费：674 400 ÷ 1 000 ×（295.2+4.9 × 8）=225 519.36 元。

（3）划定主材，计算主材每日需要量。

根据式（3-3）和式（3-4）计算施工项目材料需要量，可采用列式法进行计算。

①底基层材料需要量如下。

土：702 500 ÷ 1 000 ×（7.69+8 × 0.96）÷ 210= 51.42 m^3/d。

砂：702 500 ÷ 1 000 ×（23.98+8 × 3）÷ 210= 160.5 m^3/d。

2 cm 砾石：702 500 ÷ 1 000 ×（49.39+8 × 6.17）÷ 210= 330.34 m^3/d。

4 cm 砾石：702 500 ÷ 1 000 ×（27.46+8 × 3.43）÷ 210= 183.65 m^3/d。

6 cm 砾石：702 500 ÷ 1 000 ×（10.96+8 × 1.37）÷ 210= 73.33 m^3/d。

②基层材料需要量如下。

32.5 级水泥：688 450 ÷ 1 000 ×（22.125+2 × 1.106）÷ 196=85.48 t/d。

砂砾：688 450 ÷ 1 000 ×（268.18+2 × 13.41）÷ 196=1 036.19 m^3/d。

③面层材料需要量如下。

32.5 级水泥：674 400 ÷ 1 000 ×（76.908+3.845 × 8）÷ 182=398.96 t/d。

碎石（4 cm）：674 400 ÷ 1 000 ×（169.32+8.47 × 8）÷ 182=878.50 m^3/d。

中(粗)砂:674 400 ÷ 1 000 × (93.84+4.69 × 8) ÷ 182=486.75 m^3/d。

(4)编制主要材料需要量计划。按以上计算结果,将有关数据填入主要材料需要量计算表中,见表 3-5。

表 3-5　某路面工程主要材料需要量计划表

主材名称	规格	施工任务	开工时间	完工时间	供应量	每日消耗量(m^3 或 t/天)	备注
土		底基层	2019-12-01	2020-06-30 m^3	10 797.43 m^3	51.42 m^3/d	
砂		底基层	2019-12-01	2020-06-30 m^3	33 705.95 m^3	160.50 m^3/d	
砾石	2 cm	底基层	2019-12-01	2020-06-30 m^3	69 371.88 m^3	330.34 m^3/d	
砾石	4 cm	底基层	2019-12-01	2020-06-30 m^3	38 567.25 m^3	183.65 m^3/d	
砾石	6 cm	底基层	2019-12-01	2020-06-30 m^3	15 398.8 m^3	73.33 m^3/d	
水泥	普通 32.5 级	基层	2020-03-10	2020-09-26 m^3	16 754.81 m^3	85.48 m^3/d	
	普通 32.5 级	面层	2020-05-01	2020-11-02 m^3	72 611.30 m^3	398.96 m^3/d	
砂砾		基层	2020-03-10	2020-09-26 m^3	203 092.75 m^3	1 036.19 m^3/d	
碎石	4 cm	面层	2020-05-01	2020-11-02 m^3	159 886.75 m^3	878.50 m^3/d	
中(粗)砂		面层	2020-05-01	2020-11-02 m^3	88 589.18 m^3	486.75 m^3/d	

四、上交资料

每人上交实训报告一份,见表 3-6。

表 3-6　实训报告

日期:　　　　　班级:　　　　　组别:　　　　　姓名:　　　　　学号:

实训任务	材料需要量计划的编制	成绩	
实训目的	通过此次实训,明确主要材料需要量的计算步骤;能根据不同的施工方法,确定各分部分项工程的材料供应量,并能根据各种材料的供应量正确编制主要材料需要量计划表		
实训内容	**背景材料** **1. 工程概况** 镇赉至嘎什根公路位于吉林省的西北部地区,起于白城市镇赉县镇赉镇,止于镇赉县与黑龙江省泰来县交界处。该公路是镇赉通往黑鱼泡、莫莫格、五棵树、嘎什根、丹岱、东方红农场、大屯、沿江和莫台等乡镇和农场的必经之路,是白城市公路网中一条主要公路,是镇赉县东部沿江经济区的重要纽带,也是黑龙江、吉林两省西部经济发展的重要运输通道。 本路段公路属于镇赉至嘎什根公路 02 标,公路自然区划为 II_1 区,起点桩号为 K42+700,终点桩号为 K45+500,全长为 2.8 km。本项目部主要承揽路面工程的施工任务。 路面结构形式:路基宽为 12 m,路面上面层采用 4 cm 中粒式沥青混凝土(DAC-16),宽度为 11 m,面积为 3 080 m^2;下面层采用 6 cm 粗粒式沥青混凝土(DAC-25),宽度为 11 m,面积为 3 080 m^2;基层采用 25 cm 水泥稳定碎石(水泥剂量 5%),宽度为 11.50 m,面积为 32 200 m^2;底基层采用 35 cm 石灰土(石灰剂量 10%),宽度为 12 m,面积为 33 600 m^2。 设计标准和主要技术指标:设计行车速度为 80 km/h,路线等级为平原微丘区二级公路,全部为旧路改建工程,路基宽为 12 m,路面宽为 10.5 m,土路肩为 2 × 0.75 m,路面横坡为 2%,土路肩横坡均为 3%。		

续表

实训内容

2. 施工方法

(1)石灰土路面底基层采用路拌法施工、稳定土拌和机拌合,压路机碾压。

(2)水泥稳定碎石基层采用厂拌法施工,稳定土摊铺机分两幅摊铺(7.5 m 以内稳定土摊铺机摊铺混合料),压路机碾压。同时,水泥稳定碎石混合料采用 12 t 以内自卸车运输,平均运距为 10 km。

(3)沥青混凝土路面面层采用 6.0 m 以内沥青混合料摊铺机摊铺,沥青混合料拌和设备生产能力为 120 t/h,并采用 20 t 以内自卸车运送沥青混凝土,平均运距为 12 km。

3. 进度计划

路面工程施工进度计划如图 1 所示。

序号	施工项目	工程量(m²)	1月	2月	3月	4月	5月	6月	7月	8月	9月	10月	11月	12月
1	底基层	33 600					20人							
2	基层	32 200						30人						
3	面层	6 160							50人					

图 1　路面工程施工进度计划

问题:试确定该路面工程项目的主要材料需要量计划

实训解答

实训总结

第四部分　施工平面布置实训

实训一　施工总平面布置编制

一、实训目的与要求

(1)知道施工平面布置的分类、作用。

(2)掌握施工总平面布置的方法和步骤。

(3)领会施工总平面布置的基本内容。

(4)能够依据施工总平面图布置的原则,绘制施工总平面图。

二、实训要点和注意事项

(一)实训要点

在 1∶500~1∶2 000 的线路平面图(即地形图)上布置各种临时设施的位置。临时设施和新建工程、已有工程所使用的符号,一般采用各行业的通用符号、图示和按文字叙述的要求进行标注。对图上采用的标注符号、图示分别加以说明;对施工场地平面布置的重点要加以说明。施工总平面图的布置,一般按照下面的步骤来进行。

(1)根据地形、交通、施工等条件进行施工场地布置。

(2)结合地形条件,布置施工便道和便桥。

(3)在地形图上,标出划分的施工区段。当一个施工区段有两个以上施工单位时,标出各自的施工范围。

(4)结合工程数量多少、施工队伍任务部署情况,将专业施工队布置到各自施工地点附近。

(5)结合地形图,布置取土场和弃土场的位置。

当取土场和弃土场距离施工现场很远,平面布置无法标注时,可用箭头指向取土场和弃土场方向并加以说明。

(6)布置各种临时设施,包括:①临时生活房屋、采料场、各类加工车间、仓库;②临时动力站(如抽水站、发电所、供热站等);③施工场地排水系统、水源位置、河流位置和河道改易位置;④电源线路(尤其是高压线)、变压器位置等;⑤大型机械设备的停放、维修场地。

(7)布置施工管理机构,如工程局、工程处、施工队、工程指挥系统的驻地等。

(8)在地形图上,布置其他与施工有关的内容,如不良地质地段、国家测量标志、气象台、水文站、防洪、防风、防火的安全设施等。

(二)注意事项

施工总平面布置是施工组织设计的重点之一,自始至终起着牵头和归总作用。施工总平面布置直接影响工程的建设施工、建设进度、工程造价、工程质量、环境保护、安全卫生,对坝址、坝型、枢纽布置也会有影响。在进行施工总平面布置时,要注意以下几点。

1. 引入场外交通时,需要注意的事项

把场外交通引入现场,在设计施工总平面图时,必须从确定大宗材料、预制品和生产工艺设备运入施工现场的运输方式开始。当大宗施工物资由铁路运来时,必须解决如何引入铁路专用线问题;当大宗施工物资由公路运来时,必须解决好现场大型仓库、加工场与公路之间的相互关系;当大宗施工物资由水路运来时,必须解决如何利用原有码头和是否增设新码头,大型仓库和加工场距离码头的运距等问题。

2. 中心仓库位置确定

对于确定仓库和堆场位置,当采用铁路运输大宗施工物资时,中心仓库尽可能沿铁路专用线布置,并且在仓库前留有足够的装卸前线,否则要在铁路线附近设置转运仓库,而且该仓库要设置在工地同侧。当采用公路运输大宗施工物资时,中心仓库可布置在工地中心区或靠近使用地点,当不可能这样做时,也可将其布置在工地入口处。大宗地方材料的堆场或仓库,可布置在相应的搅拌站、预制场或加工场附近。当采用水路运输大宗施工物资时,要在码头附近设置转运仓库。工业项目的重型工艺设备,尽可能运至车间附近的设备组装场停放,普通工艺设备可放在车间外围或其他空地上。

3. 确定搅拌站和加工场位置

当有混凝土专用运输设备时,可集中设置大型搅拌站,其位置可采用线性规划方法确定,否则就要分散设置小型搅拌站,它们的位置均应靠近使用地点或垂直运输设备。各种加工场的布置均应以方便生产、安全防火、环境保护和运输费用少为原则。通常加工场宜集中布置在工地边缘处,并且将其与相应仓库或堆场布置在同一地区。

4. 确定场内运输道路位置

根据施工项目及其与堆场、仓库或加工场相应位置,认真研究它们之间物资转运路径和转运量,区分场内运输道路主次关系,优化确定场内运输道路主次和相互位置;要尽可能利用原有或拟建的永久道路;合理安排施工道路与场内地下管网间的施工顺序,保证场内运输道路时刻畅通;要科学确定场内运输道路宽度,合理选择运输道路的路面结构。

5. 确定生活性施工设施位置

全工地性的行政管理用房屋宜设在工地入口处,以便加强对外联系,当然也可以布置在中心地带，这样便于加强工地管理。工人居住用房屋宜布置在工地外围或其边缘处。文化福利用房屋最好设置在工人集中地方，或者工人必经之路附近的地方。生活性施工设施尽可能利用建设单位生活基地或其他永久性建筑物，其不足部分再按计划建造。

6. 确定水电管网和动力设施位置

根据施工现场具体条件，首先要确定水源与电源的类型和供应量，然后确定引入现场后的主干管（线）与支干管（线）的供应量和平面布置形式。根据建设项目规模大小，还要设置消防站、消防通道和消火栓。

三、实训范例

（一）工程概况

本项目为金丽温高速公路三期工程，起自金丽温二期终点丽水洋店，起点桩号为K116+600，经丽水市、青田县，终于丽水青田与温州永嘉行政限界花岩头村，终点桩号为K192+560，全长约 75.9 km。

本合同段为第 17 合同段，起点桩号为 K176+800，终点桩号为 K180+600，全长为 3.8 km。设计布置为隧道群。隧道初拟长度：鹤城隧道左洞 K176+800—K177+600，长度为 800 m，右洞 K176+640—K177+440，长度为 800 m；凤门亭隧道左洞 K177+640—K179+180，长度为 1 540 m；右洞 K177+610—K179+175，长度为 1 565 m；戈岙隧道左洞K179+310—K179+683，长度为 373 m；右洞 K179+340—K179+715，长度为 375 m；剑石隧道左洞 K179+990—K180+557，长度为 567 m；右洞 K180+080—K180+572，长度为 492 m。合计单洞长度为 6 312 m，拟双洞长度为 3 156 m。

（二）地形、地貌

本工程位于浙江省南部山区，境内以少土多石，低山或山地地貌为主，间有台滩地。最高山海拔为 1 318.6 m。总体地势中间高两端低，相对高差为 50~1 000 m。V 形峡谷，属中深切割区，在低山区以 V 形宽谷为主，山势相对变缓，相对高差小于 300 m。

工程地形属山岭重丘，地形起伏较大，为侵蚀剥蚀地貌，穿插少量侵蚀沟谷、地势陡峭、切割强烈，相对高差大，常形成小瀑布，小坍塌，滑坡经常可见，山峦重叠，山外有山。青田境内山坡坡度较大，一般为 20°~40°，局部达 45° 以上，丽水境内一般山体坡度较小，地形较平缓，坡度一般为 15°~20°，地表植被发育，森林茂盛，山清水秀，可耕地甚少，主要分布于瓯江两岸和山间凹地内，山坡还有少量梯田。沿线交通发达，330 国道贯穿线路，道路纵横交错。

（三）气象、水文条件

本工程位于浙江省南部山区，属亚热带季风气候，温暖潮湿，四季分明，冬暖夏凉，雨量充沛，年平均气温为 17.9 ℃，极端最高气温为 39.3 ℃，极端最低气温为-4 ℃。年平均降水量为 1 698 mm，降水主要集中在 5—9 月，以梅雨、台风雨为主，间有秋旱出现。主导风向，夏季为东南风，冬季为西北风，夏秋之交时受台风侵袭，风力为8~12级，易造成灾害性气候。

本项目路线沿瓯江两岸布设。

（四）地质、地震

本工程地质构造比较复杂，受中生代环太平洋构造作用，形成以火山熔岩和火山碎屑岩为主体的陆相火山岩构造。岩体中节理、块状结构、稳定性较好。新生代以来，受太平洋板块的强烈作用影响，断裂、节理、裂隙等构造发育，是新构造运动最为活跃的地区之一。滑坡、崩塌、泥石流等不良地质现象均有不同程度发育。

本区地震具有频率低、震楹小、强度弱的特点，区内最大震级为4.75，最高裂高为5~6度。根据国家地震局1990年编制的《中国地震烈度区划图》，区内地震烈度属Ⅵ度区。

（五）施工环境条件

1. 交通条件

本工程紧傍330国道，队伍、设备进出场，材料进场，外运料渣可利用330国道。

2. 施工用电

工地附近电网发达，可以在每个施工区，接设变压器，供施工用。

3. 通信

区段属电信网覆盖区，程控和移动电话均可外拨，与外界联系方便。

4. 施工和生活用水

沿线有瓯江水和泉水可利用。

5. 地材

沿线有石料厂可利用。

（六）工程特点与难点

1. 隧道多、工程量大

本标段共有隧道3.3座（双幅），设计单洞长度为6 312 m，折双洞长度为3 156 m，隧道集中。

2. 施工场地狭窄

本标段因地形限制，施工场地狭窄，只能在隧道洞口处布设施工场地，且雨季容易受雨水的冲刷。

3. 工期紧

本标段总工期为30个月，但由于施工场地狭小，便道坡度大，又要维护330国道正常通行，施工干扰大，所以施工进度制约因素较多，工期紧迫。

4. 维护330国道交通困难

330国道相对较窄，车流量较大，施工车辆加入其中，更增加车流密度，且剑石隧道出口施工面正对330国道，干扰大。

（七）施工平面布置

1. 施工场地布置

本标段由于隧道多，因地形限制，隧道进出口场地狭窄，只能在隧道洞口处因地制宜布设施工场地，而且雨季容易受雨水的冲刷。施工场地遵循“集中布置、统筹规划、有利施工、注意防洪”的原则进行布置。

（1）鹤城隧道出口、风门亭隧道进口，由隧道一队负责施工，凿岩台车、衬砌台车各 2 台，混凝土拌和站 1 套，混凝土输送泵 2 台，水堆坑桥由桥涵一队负责施工，所需混凝土由隧道一队混凝土拌和站提供，路基由路基队负责施工。

（2）风门亭隧道出口、戈岙隧道进口由隧道二队负责组织施工，配备凿岩台车，衬砌台车各 2 台，混凝土拌和站 1 套，混凝土输送泵 2 台。本段路基由路基队负责配合施工。

（3）剑石大桥由桥涵二队负责施工。剑石隧道由隧道三队负责组织施工，配备凿岩台车、衬砌台车各 2 台，混凝土拌和站设备 1 套，混凝土输送泵 2 台。路基由路基队负责施工。

（4）水堆坑桥桥梁梁体和隧道路缘排水沟等预制由综合队负责组织施工，配备混凝土拌和站设备 1 套。剑石大桥梁体由桥涵二队负责施工，在鹤城选择一块平坦地为综合队预制场施工场地，要求道路通畅，运梁方便，剑石大桥预制场计划设在左幅路基上。

（5）路基队，负责全线路基土石方施工。

（6）综合施工队，负责浆砌圬工、水堆坑桥制梁施工。

2. 施工便道、便桥

考虑就近原则，布置本工程施工总平面图（图 4-1）时，在鹤城隧道出口、风门亭隧道进口处修筑由公路通向施工场地的便道 800 m，架设长 20 m、宽 6 m 的六四军用梁便桥 1 座，在风门亭隧道出口、戈岙隧道进口修筑由公路通向施工场地的便道长约 1 000 m，保证施工机械设备、临时设施进场安装，施工材料和隧道内弃渣外运。在剑石隧道进口、剑石大桥处修筑便道长约 500 m。在 330 国道和剑石隧道出口间修一道钢轨枕木隔离墙，内部平整为洞门施工场地。剑石大桥用地，作为先期施工隧道场地。

3. 施工供电

工地附近电网发达，在每个施工区，接设变压器供施工用。同时在每个施工区自备发电机备用。

4. 施工供水

施工采用瓯江水、聚集泉水、采集地下水三种方式供水。

5. 施工供风

为满足隧道施工用风，在每个施工区设置 1 座空压机站，电动空压机、内燃空压机（备用）为隧道掘进和路基工程石方爆破提供动力风。洞内高压风管采用 ϕ 200 的无缝钢管，主管路每隔 100 m 设分闸阀。

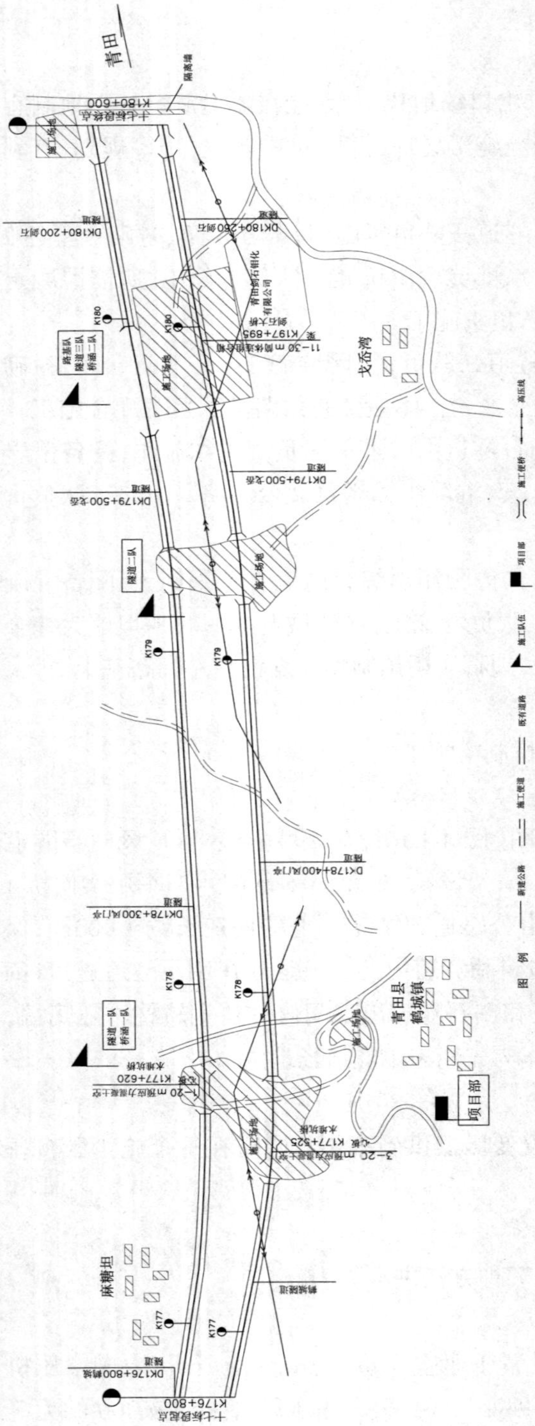

图 4-1 金丽温高速公路丽水至青田段第 17 合同段施工总平面图

6. 生产、生活房屋

项目经理部生活办公用房在青田租用；施工队生产和生活房屋采用就近租用和现场简易房屋两种方式。发电机房、配电房、空压机房等分别设在洞口附近的平台上。雷管库和炸药库设在隧洞附近僻静山坳中。

7. 临时通信

项目部安装程控电话，项目部部室以上领导、队长、技术主管配备手机，项目部与施工队之间用有线电话联系。

四、上交资料

每人上交实训报告一份，见表 4-1。

表 4-1　实训报告

日期：　　班级：　　组别：　　姓名：　　学号：

实训任务	绘制施工总平面图	成绩	
实训目的	通过此次实训，要求掌握施工总平面布置的方法和步骤；能领会施工总平面布置的基本内容；依据施工总平面图布置的原则，学会绘制施工总平面图		
实训内容	背景材料 1. 工程概况 邵怀高速公路第 19 合同段，起点桩号为 K117+300，经大冲、周家楼、毛师冲、土地坳、葛塘冲、止于麻溪冲，终点桩号为 K121+400，共计 4.10 km。 本工程特点是地形复杂，场地布置困难，桥梁与隧道多。本合同段共有特大桥 1 座，大桥 5 座，桥梁工程具体见表 1。路线中有 1 座连拱隧道，即土地坳隧道，该隧道起止桩号为 K118+530—K118+865，全长为 335 m。		

表 1　邵怀高速公路第 19 合同段桥梁工程统计表

序号	桥梁名称	跨数、跨径	结构形式	
			上部	下部
1	K117+707 大冲高架桥	27.20 m	预应力混凝土 T 梁 结构连续	双柱墩配桩基础，右幅邵阳台为重力式桥台配扩大基础，其余桥台为柱式桥台配桩基础
2	K119+081 汤家高架桥	14.30 m		双柱墩配桩基础，重力式桥台配扩大基础
3	K119+660 葛塘冲大桥	12.30 m		双柱墩配桩基础，重力式桥台配扩大基础
4	K120+248.5 麻溪高架桥	16.30 m		双柱墩配桩基础，勒板式、柱式桥台配桩基础
5	K120+906 新田高架桥	11.20 m		双柱墩配桩基础，桥台为重力式桥台配扩大基础
6	K121+229 笙竹 I 号高架桥	10.30 m		柱式墩配桩基础，桥台为重力式桥台配扩大基础

续表

<table>
<tr><td>实训内容</td><td>
2. 自然特征
本合同段地貌类型主要为低山丘陵地貌。沿线地形起伏较大，山丘上植被较发育，坡脚处堆积的主要为新近形成的坡积物；水系较发育，小溪河道与线路方向大多呈小角度相交，其中铁山溪宽约 10 m，其流向与线路方向近平行。
3. 施工环境条件
线路位于邵阳、怀化两市境内，沿线有湘黔铁路、320 国道、省道 S220 线、省道 S221 线，县、乡公路与拟建公路交叉、相接或平行，路线起点有邵潭高速公路直达长沙，交通比较发达，但本合同段修建从既有道路通往工地的便道和贯通全线的便道比较困难。
本合同段石料主要为深青色板岩，未有分化层。在铁山乡羊里溪、大崇乡尖坡脚等地设石料场，安江镇的三岩湾有一个大型的灰岩料场，石质坚硬，储量丰富，运距短运输方便。
砂场位于沅江两岸。其中，在洪江市硖州乡下坪村、桂花园乡茅头村安江镇搬运码头有 3 个大的砂场。运距较远，运输不便。
沿线附近河流沟渠较多，水质较好。可选用常年有水、化学侵蚀性小的河流、水库的水作为工程用水。
沿线电资源丰富，能满足本项目建设需要。
4. 施工队部署和任务划分
设联营体项目经理部，下辖 10 个队级单位，任务划分如下。
道路作业一队：80 人，施工起止桩号为 K117+300—K118+870，负责 K117+300—K119+400 段路基土石方、全合同段路面底基层施工和管区便道修理维护。
道路作业二队：90 人，施工起止桩号为 K118+870—K121+400，负责 K119+400—K121+400 段路基土石方、管区便道修理维护。
桥梁作业一队：180 人，施工起止桩号为 K117+300—K118+530，负责大冲高架桥工程施工。
桥梁作业二队：200 人，施工起止桩号为 K118+870—K119+860，负责汤家高架桥、葛塘冲高架桥、麻溪冲高架桥工程施工。
桥梁作业三队：200，施工起止桩号为 K119+860—K121+400，负责麻溪冲高架桥、新田高架桥、笙竹Ⅰ号高架桥工程施工。
综合作业一队：100 人，施工起止桩号为 K117+300—K118+870，负责管区内涵洞、通道、路基防护、排水工程施工。
综合作业二队：60 人，施工起止桩号为 K118+870—K121+400，负责管区内路基防护、排水工程施工。
混凝土拌合一站：40 人，施工起止桩号为 K117+300—K118+870，可设在 K118+320 附近，负责管区内 2 座桥，1 座隧道的混凝土供应。
混凝土拌合二站：40 人，施工起止桩号为 K118+870—K121+400，可设在 K119+880 附近，负责管区内 4 座桥的混凝土供应。
隧道队：120 人，施工起止桩号为 K118+500—K118+870，负责土地坳隧道的施工。

问题：根据以上所给资料，在图 1 上进行各个施工队、混凝土拌和站的平面布置
提示：根据本合同段线路特征和桥梁工程数量，混凝土由集中拌和站统一供应
</td></tr>
</table>

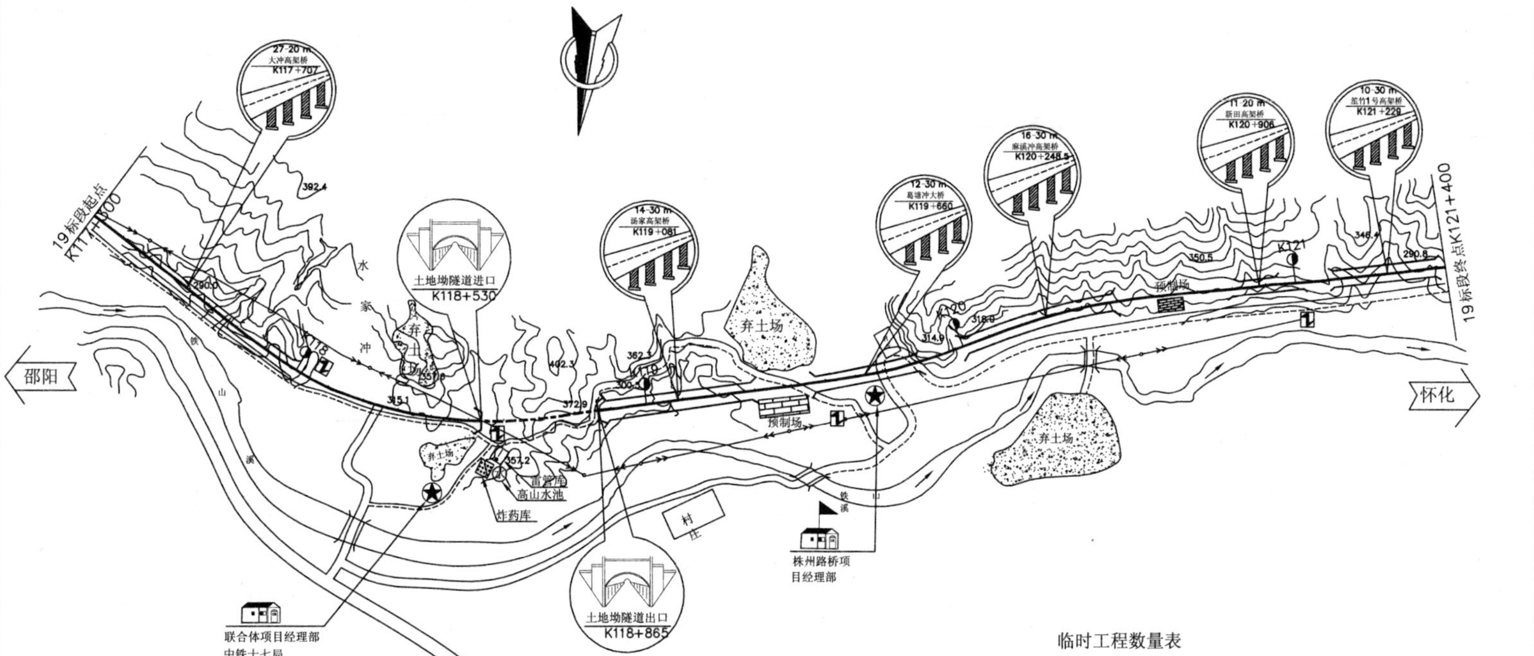

临时工程数量表

序号	临时工程名称	单位	数量	序号	临时工程名称	单位	数量
1	桥梁作业一队生活和办公用地／生产用地	m²	620/2 200	9	拌和二站生活和办公用地／生产用地	m²	140/800
2	桥梁作业二队生活　办公用地／生产用地	m²	680/2 200	10	隧道作业队生活及办公用地／生产用地	m²	440/1 200
3	桥梁作业三队生活和办公用地／生产用地	m²	680/2 500	11	新修施工便道	m	1 750
4	道路作业一队生活和办公用地／生产用地	m²	290/1 200	12	拓宽便道	m	1 000
5	道路作业二队生活和办公用地／生产用地	m²	320/1 200	13	新修便桥	m	50
6	综合作业一队生活和办公用地／生产用地	m²	320/600	14	加固便桥	m	100
7	综合作业二队生活和办公用地／生产用地	m²	260/300	15	临时高压电力线	m	1 380
8	拌和一站生活和办公用地／生产用地	m²	140/800	16	临时给水管	m	600

图 1　邵怀高速公路第 19 合同段施工总平面图

续表

实训解答	
实训总结	

实训二 单位工程施工平面布置编制

一、实训目的与要求

(1)知道单位工程施工平面布置的依据。

(2)掌握单位工程施工平面布置的方法和步骤。

(3)领会单位工程施工平面布置的基本内容。

(4)依据单位工程施工平面图布置的参考资料,能够正确绘制单位工程现场平面布置图。

二、实训要点与注意事项

(一)实训要点

单位工程施工平面布置,是根据施工需要的有关内容,对拟建工程的施工现场,按一定的规则作出的平面和空间的规划。它是单位工程施工组织设计的重要组成部分。

通常用1∶200~1∶500的比例绘制单位工程现场平面图,施工现场平面图上一般应详细绘出施工现场、辅助生产、生活区域和原有地形、地物等情况,布置方法与步骤如下。

1. 在地形图上,确定搅拌站,仓库,材料、构件堆场,加工厂的位置

根据图纸,考虑材料堆放尽量靠近使用地点、考虑运输和卸料方便;构件的堆放位置,应该考虑安装顺序;布置搅拌站时,首先根据任务的大小、工程特点、现场条件等,考虑搅拌站位置、规模和型号。

2. 在地形图上,布置运输道路

(1)尽量使道路成直线,提高运输车辆的速度。

(2)尽量把临时道路和永久道路相结合,可先修永久性道路的路基,作为临时道路使

用，尤其是需修建场外临时道路时，要着重考虑。

3. 在地形图上，布置临时设施

临时设施的种类、大小、位置应根据工程的实际需要来定，尽可能节省新建临时设施面积，大型设施的新建还应按规定逐级上报审批。

临时设施在平面图上的布置，不能影响工程施工，它是施工中的附属性临时设施，应放在施工平面图的次要位置上，但又要保证工人上下班和使用方便。

4. 布置临时水电管网

（1）临时施工用水管网布置时，除了要满足生产、生活要求外，还要满足消防用水的要求，并设法将管道铺设得越短越好。

（2）施工现场布置用电线路时，既要满足生产用电，还应使线路布设最短。

（二）注意事项

单位工程平面图布置一般是以施工总平面图为控制或依据进行布置，基本上按照施工总平面图有关内容进行，但是比施工总平面图更加深入、具体。

进行单位工程平面图具体布置时，还应该参考国家和各地区有关安全消防等方面的规定，如各类建筑材料堆放的安全防火间距等。在具体布置时，应主要注意以下两点。

（1）工程规模较大、结构复杂、工期较长的单位工程，在不同的施工阶段，施工现场布置的内容也各有侧重且不断变化，即需要绘制不同阶段的施工现场平面图。

（2）工程规模不大的单位工程，一般在考虑主体结构施工阶段的施工现场平面布置的同时，还必须兼顾其他施工阶段的需要。

三、实训范例

（一）工程概况

鹰嘴山隧道位于湖南省岳阳县境内，隶属武广客运专线铁路第Ⅱ标段，该隧道地处丘陵地区，隧道起止桩号为 DIK1 418+006—DK1 420+102，全长为 2 096 m，最大埋深为 195.7 m，最小埋深位于进口附近约为 3 m，是本标段最长隧道。隧道内设无碴轨道，隧道进出口与洞外路基连接处设置刚性路基过渡段。隧道内设综合洞室 8 个。计划开工日期为 2019 年 02 月 15 日，完工日期为 2021 年 05 月 31 日，工期为 27.5 个月。该隧道平面除 DK1 419+720.48 出口段位于曲线上外，其余均位于直线上，曲线要素如下。

左线：α_z-16° 41′ 26″，R-10 000，I-430，T-1 682.03，L-3 343.06。

右线：α_z-16° 41′ 26″，R-10 005，I-430，T-1 682.76，L-3 344.51。

隧道纵断面坡度为-5‰和-20‰的下坡，变坡点桩号为 DK1 419+325，在 DK1 419+100—DK1 420+550 段设竖曲线，竖曲线半径为 30 000 m。

（二）自然地质条件

该隧道属丘陵地区，自然坡度为 20°～50°，相对高差为 200~220 m，地形起伏较大，植被发育，山顶和左侧基岩裸露；地表层风化严重，节理发育，裂隙水发育；隧道最大和正常涌水量分别为 2 487.1 m³/d 和 1 386.4 m³/d。

本隧道 DK1 419+890—DK1 419+940 右侧 20 m 为水塘，塘埂标高为 86.5 m。隧道施工至该段时应加强防排水措施。

不良地质情况：DK1 418+850 右侧山体中部有一处 20 m × 40 m、厚度大于 1.5 m 的岩堆，直径为 0.5 m × 0.8 m，岩性为硅质岩碎石，对隧道工程无影响。

（三）施工环境条件

1. 交通运输

隧道进出口与岳兴公路相距不远，其间有乡村公路和机耕道路与之相连，沿线还有京广铁路、京珠高速公路和多条国道省道，长江通过岳阳地区，水陆交通便利。

2. 主要材料及其供应计划

碎石采用大坳石场碎石，砂采用新墙河砂。工程用水泥为 32.5 级普通硅酸盐水泥，外加剂主要是速凝剂、防水剂、高效减水剂、高效抗裂防水膨胀剂和防腐剂，钢材主要为螺纹钢筋、盘条、型钢和 ϕ 42 无缝钢管、ϕ 25 中空注浆锚杆和 GM 自进式锚杆，防水材料主要有防水板、土工布、透水盲管、PVC 管、止水带、止水条、沥青、油毡等，采用集团公司供应材料或就近购买。

3. 油料供应

除依靠当地石油公司外，集团公司项目部建立了自己的油库，以保证施工车辆和机械设备的正常运转。

4. 通信情况

区段属中国移动和中国联通网络覆盖区，除移动电话外，进出口分别再安装 1~2 部固定电话，确保工区与外界的联络畅通。

5. 其他资源

岳阳市区内有较大规模的医院，距离长沙只有一百多千米，工区成立工地医疗系统，确保了施工人员的卫生和健康。

（四）施工平面布置

在整个施工期内，根据此隧道工程数量和工期进度安排，在隧道进口、出口各组建一个隧道工程队参与施工，两队分别组建变电站、发电机、空压机、高压水泵、高压水池、料场等生产设施。施工平面布置情况如下。

1. 施工场地布置

施工场地遵循“集中布置、统筹规划、有利施工、注意防洪”的原则进行布置。由于隧道进出口场地狭窄，故各队驻地、生产用房、施工场地只能根据施工特点和现场实际情况布置在隧道附近。

2. 施工便道

在图 4-2 中，隧道进口处修筑由既有公路通向施工场地的便道 800 m；在图 4-3 中，隧道明洞段出口处修筑由既有公路通向施工场地的便道 600 m。

主要临时工程数量表

序号	名称	单位	数量	备注
1	生产区	m^2	3 000	80 m(长)×50 m(宽)
2	职工办公、住宿区	m^2	800	18 m(长)×6 m(宽)×2层×4排
3	变压器房	m^2	30	6 m(长)×5 m(宽)
4	发电机房	m^2	50	250 kW
5	空压机房	m^2	80	
6	高山水池	座	1	80 m^3
7	通风机位			

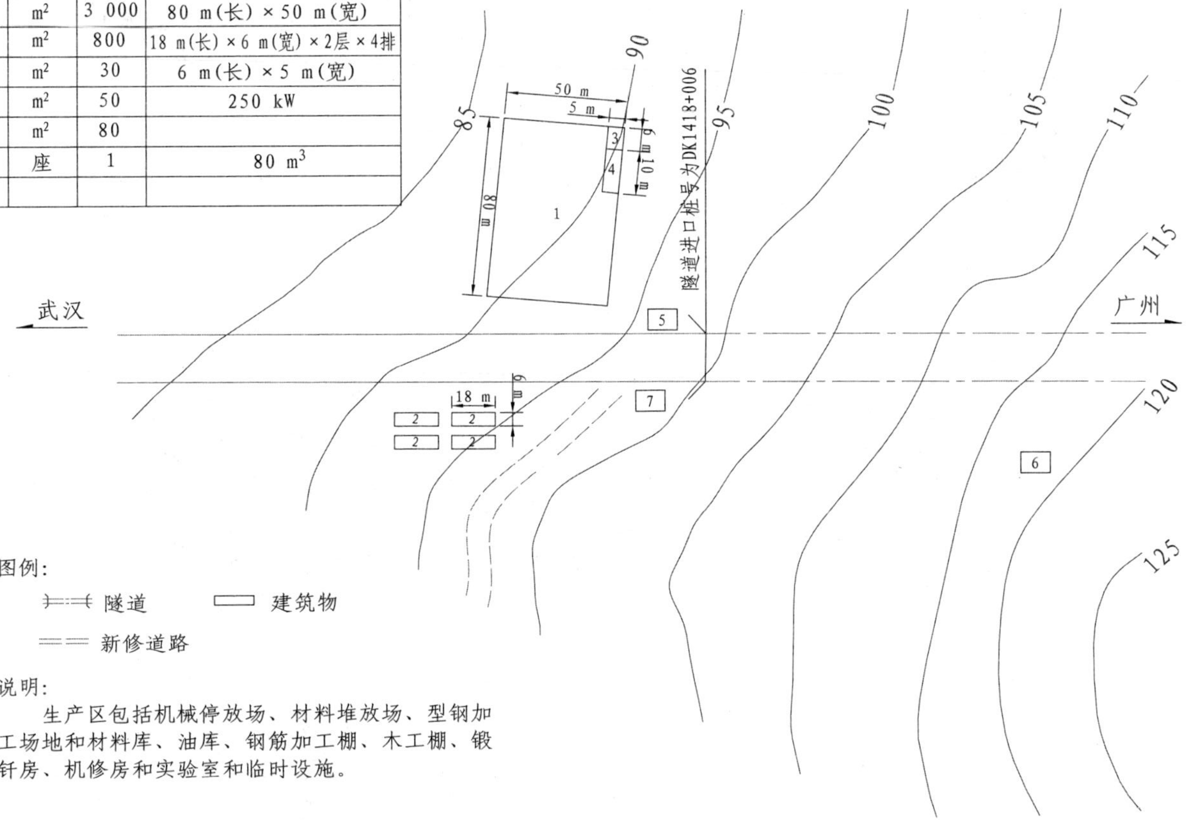

图例：

隧道　　建筑物

新修道路

说明：

生产区包括机械停放场、材料堆放场、型钢加工场地和材料库、油库、钢筋加工棚、木工棚、锻钎房、机修房和实验室和临时设施。

图 4-2　鹰嘴山隧道进口施工场地布置图 1

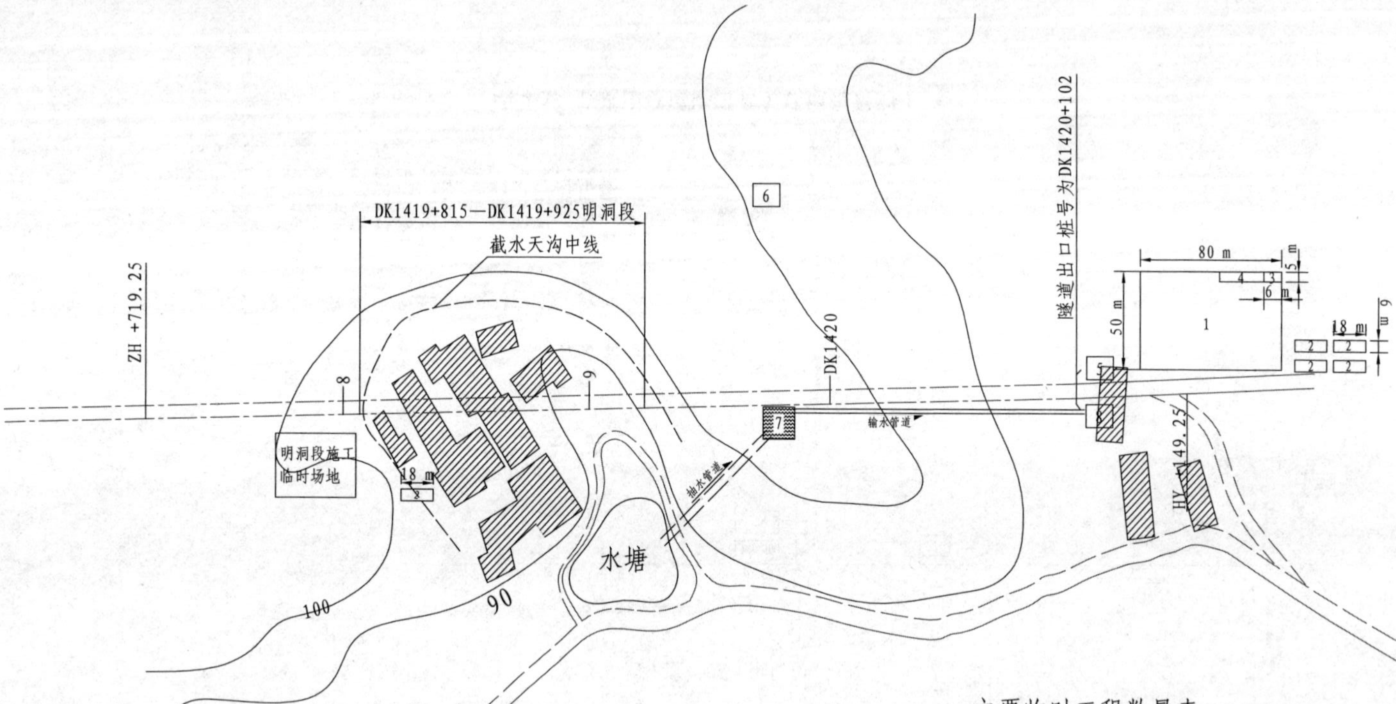

主要临时工程数量表

序号	名称	单位	数量	备注
1	生产区	m²	4 000	80 m(长)×50 m(宽)
2	职工办公、住宿区	m²	1 000	18 m(长)×6 m(宽)×2层×5排
3	变压器房	m²	30	6 m(长)×5 m(宽)
4	发电机房	m²	50	250 kW
5	空压机房	m²	80	
6	炸药库	m²	200	
7	高山水池	座	1	80 m^3
8	通风机位			

图例：

隧道　既有道路

建筑物　新修便道

说明：

1. 生产区包括机械停放场、材料堆放场、型钢加工场地和材料库、油库、钢筋加工棚、木工棚、锻钎房、机修房和工地实验室及临时设施；

2. 炸药库按当地公安部门规章制度设置.

图 4-3　鹰嘴山隧道进口施工场地布置图 2

3. 施工用电

（1）隧道进出口不远都有 10 kV 高压电力线路通过，进口改造 5 km 旧线路并架设 1 km 新线路可供应 1 台 630 kV · A 和 1 台 500 kV · A 变压器并联解决隧道进口生产、生活用电，从地方新架 10 kV 电力线路 3 个杆位（未有杆号）搭火。

（2）出口改造 7 km 旧线路并架设 0.2 km 新线路可供应 2 台 400 kV · A 变压器并联解决隧道出口生产、生活用电，从麻镇线（支）021#杆搭火。

4. 施工和生活用水情况

（1）进口的黄洋水库可以作为隧道施工生产、生活水源。

（2）在 DK1419+890—DK1419+940 线路右侧 20 m 有容积为 1 600 m^3 的水糖，作为隧道出口施工生产水源，在 DK1419+380 线路左侧 120~160 m 处沟谷中有流量为 300 t/d 的两处泉水，作为出口生活水源并补充生产用水。

（3）在隧道进出口分别砌筑一个 80 m^3 的高压水池，生产用水钢管规格为 ϕ 125，生活用水采用 ϕ 50 PVC 管，以满足工区生产、生活用水。

5. 施工供风

为满足隧道施工用风，在隧道施工进口和出口区域设置 2 座空压机房，电动空压机和内燃空压机（备用）为隧道掘进和路基工程石方爆破提供动力风。进出口各选用 1 台 93-1 型轴流式通风机作为主风机，局扇采用 TZ-90 型轴流式通风机，出口采用管道压入式通风，洞口设 1 台主风机，主风机均安装在洞外距洞口 30 m 处。

四、上交资料

每人上交实训报告一份，见表 4-2。

表 4-2　实训报告

日期：　　　　班级：　　　　组别：　　　　姓名：　　　　学号：

实训任务	绘制单位工程施工现场平面图	成绩	
实训目的	通过此次实训，知道单位工程施工平面布置的方法和步骤；在掌握单位工程施工平面布置基本内容的基础上，能够正确绘制单位工程现场平面图		
实训内容	**背景材料** **1. 工程概况** 金龙潭水电站位于四川省阿坝藏族羌族自治州茂县境内，是岷江上游太平至两河口段水电梯级规划的第三个梯级电站。电站采用引水式开发，从上一梯级天龙湖水电站的尾水洞直接引水，经无压隧洞（即调节池）、压力隧洞、调压井、压力管道，至木学堡大桥下游建厂发电，电站设计水头为 210 m，引用流量为 97.2 m^3/s，装机容量为 3 × 60 MW，多年平均发电量为 9.272 亿 kW·h。工程区有成都至九寨沟公路贯穿工程首尾，厂房距茂县县城约 30 km，距成都约 220 km。 引水隧洞沿岷江右岸布置，全长为 13.006 km，隧洞穿越的地层为石英千枚岩、千枚岩夹石英岩、大理岩（夹千枚岩）、石英砂岩等。 该标段为引水隧洞 2#施工支洞工作面工程，合同编号 JLT/CⅡ—2，起止桩号为 k3+263—k5+608，上游工作面工程隧洞长为 877.376 m，下游工作面工程隧洞长为 1 467.624 m，全长为 2 345 m，设计断面为马蹄形，隧洞开挖跨度为 7.00~7.64 m，衬砌后跨度为 6.00~7.34 m。 计划开工日期为 2019 年 5 月 21 日，要求完工日期为 2021 年 7 月 7 日，（日历工期 778 d）。		

续表

实训内容	**2. 工程地质与资源条件** 1）工程地质 金龙潭水电站位于岷江断裂带、雪山断裂带和虎牙断裂带为界的川青断块东部。工程区内除石大关断层外，无其他断裂构造，但褶皱变形强烈，主要岩性为石英千枚岩、千枚岩夹石英岩、大理岩和石英砂岩夹千枚岩等。 引水隧洞沿岷江右岸布置，2#施工支洞工作面工程段最大埋深为 950 m，最小埋深（覆盖层+岩层）为 120 m。 2）资源条件 （1）砂、石料厂位于距现场 10 km 左右的沙子河坝，基本满足工程施工需要；水泥厂可选用汶川县旋口水泥厂或都江堰东风水泥厂，运距为 150~200 km；钢材可采购于成都钢铁厂，运距约为 260 km。 （2）施工和生活用电：由业主设置的 2 台 400 kV•A 变压器提供。 （3）施工和生活用水：从支洞口的溪沟上游 500 m 处建水池，用水管引入现场。 （4）交通条件：现场距 213 国道约 800 m，已有施工便道与其连通，距茂县约 33 km，距成都约 230 km，对外交通方便。 **3. 主要工程量** 主要工程量见表 1。

表 1　主要工程量

序号	项目名称	单位	数量
1	封堵混凝土	m^3	677
2	石方洞挖	m^3	101 144
3	钢筋制造安装	t	947
4	C20 混凝土（洞身）	m^3	15 099
5	C20 喷射混凝土	m^3	3 115
6	橡胶止水带（651 型）	m	1 395
7	伸缩缝	m	1 395
8	固结灌浆	m^2	10 016
9	回填灌浆	m^2	9 339
10	锚杆（ϕ 20，L=3.0 m）	根	89
11	锚杆支护（ϕ 25，L=3 m）	根	8 916
12	临时支护	m	2 345

4. 施工供风、水、电及通信系统

1）供风系统

本工程用风项目有上、下游工作面石方洞挖、锚喷支护、喷射混凝土。用风机具配置见表 2。

表 2　用风机具配置

设备名称	型号、规格	单台耗风量（m^3/min）	工作台数	备注
气腿式凿岩机	YT-28	3~4	16	
混凝土喷射机	TK-961	7.5	2	
锚杆注浆机		5	2	
锻钎机		3~4	1	

根据上述各种设备用风量和不同系数，计算高峰期用风量为 70 m^3/min，因此在洞口设 1 座供风量为 80 m^3/min 的供风站，配备 4 台 3 L-20/8 型电动空压机。

续表

<table>
<tr><td>实训内容</td><td>2）供水系统
本工程生产、生活用水，采用在溪流上游距支洞口约 600 m 处修建水池对水进行消毒、沉淀过滤后使用，主要供混凝土拌和站、空压机房、风钻、混凝土养护、生活、消防和其他生产、生活用水。冬天生产、生活用热水，采取设置 1 台 1 t 热水锅炉供应。
3）供电系统
根据招标文件，业主负责将高压电线引至洞口附近并安装 2 台（支洞施工已经安装 1 台）变压器（400 kV · A），我方在低压侧建一配电室，从配电室架设 400/230 V 低压输电线至各用电区域：架设一回 $3\times240\ mm^2+1\times185\ mm^2$ 的 380 V 低压动力线至空压机房，一回 $3\times120\ mm^2+1\times95\ mm^2$ 的低压动力支线至混凝土拌和站和生产辅助企业区，两回 $3\times70\ mm^2+1\times50\ mm^2$ 的低压动力线至洞内，两回 $1\times25\ mm^2+1\times16\ mm^2$ 的照明线路至洞内，一回 $3\times95\ mm^2+1\times70\ mm^2$ 的低压动力线至洞口风机，一回 $1\times25\ mm^2+1\times16\ mm^2$ 的照明线路至生活区。为保证供电的可靠性，工地配备 1 台 240 kW 柴油发电机作为备用电源。
洞内照明采用行灯变压器变为 36 V 安全电压，并使用低压防水、防爆灯泡；混凝土拌和站采用 2 kW 管型氙灯进行大面积照明；停车场和道路采用光控高压汞灯照明。
4）通信系统
项目经理部办公室设电话机（兼传真）1 台，用于对外联系和传输文件资料，并将计算机与 Internet 网连接，便于收发电子邮件。
5. 施工辅助设施的布置
1）混凝土拌和站
本标段混凝土总量为 18 891 m^3，砂、石骨料在业主指定的料场购买，距施工现场约 9 km。混凝土拌和站布置在洞口右侧，站内布置 2 台 JDY500 型强制式混凝土拌和机，1 个 100 m^2 水泥库、400 m^2 砂石料场、40 m^2 工地试验室。
2）钢筋加工场布置
本标段钢筋制安总量为 947 t，其加工厂布置在混凝土拌和站旁，占地 200 m^2。
3）修理厂
现场仅考虑机械设备的中修、小修、点修和日常维护保养，大修在附近的城镇进行。修理厂和停车场占地约 1 000 m^2。
4）金加工车间
金加工车间主要承担施工设备的部分零配件加工、非标准件加工和一些工器具的制作，重要零配件在城内购买。车间布置在汽修车间旁。
5）材料和配件库的布置
材料库布置在汽修厂旁，库房为 80 m^2，材料堆放场为 500 m^2。
6）炸药、雷管库的布置
炸药、雷管库、值班房分别为 60 m^2、20 m^2、15 m^2，占地为 200 m^2，使用原支洞施工用火工品库房。
7）油库的布置
工地用油主要是柴油、汽油和各种特种油，油库布置在停车场旁，特种油采用油桶储备，库房为 10 m^2，汽油、柴油分别采用 5 t 和 8 t 油罐储备，油罐棚为 40 m^2，值班房为 10 m^2，油库占地 80 m^2。
8）其他场地和用房布置
在隧洞口附近设置 15 m^2 值班房，30 m^2 临时用工具存放与维修用房。
6. 施工用地计划
施工用地计划见表 3。</td></tr>
</table>

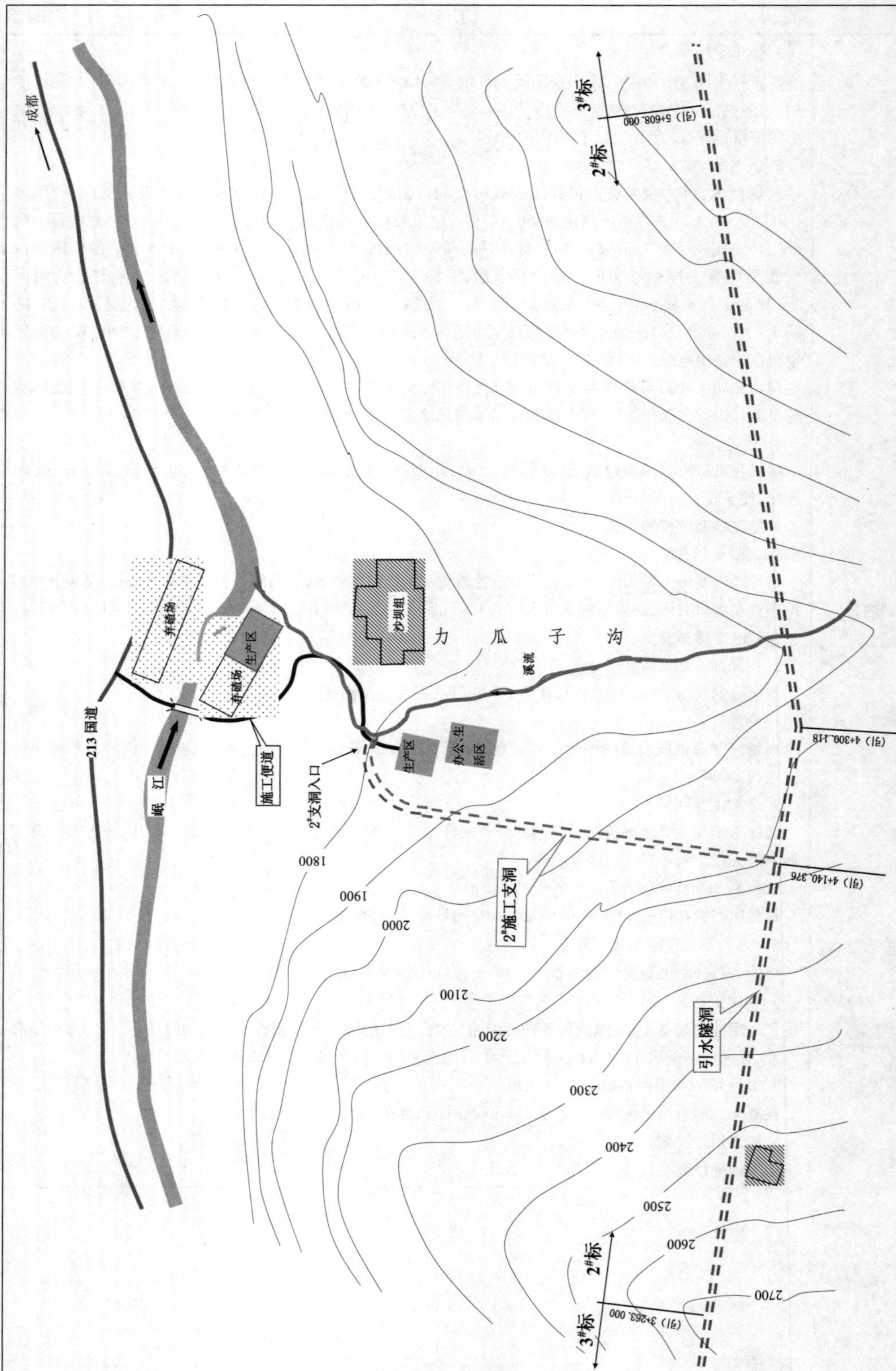

图 1　金龙潭水电站引水隧洞 2#支洞工作面施工总平面图

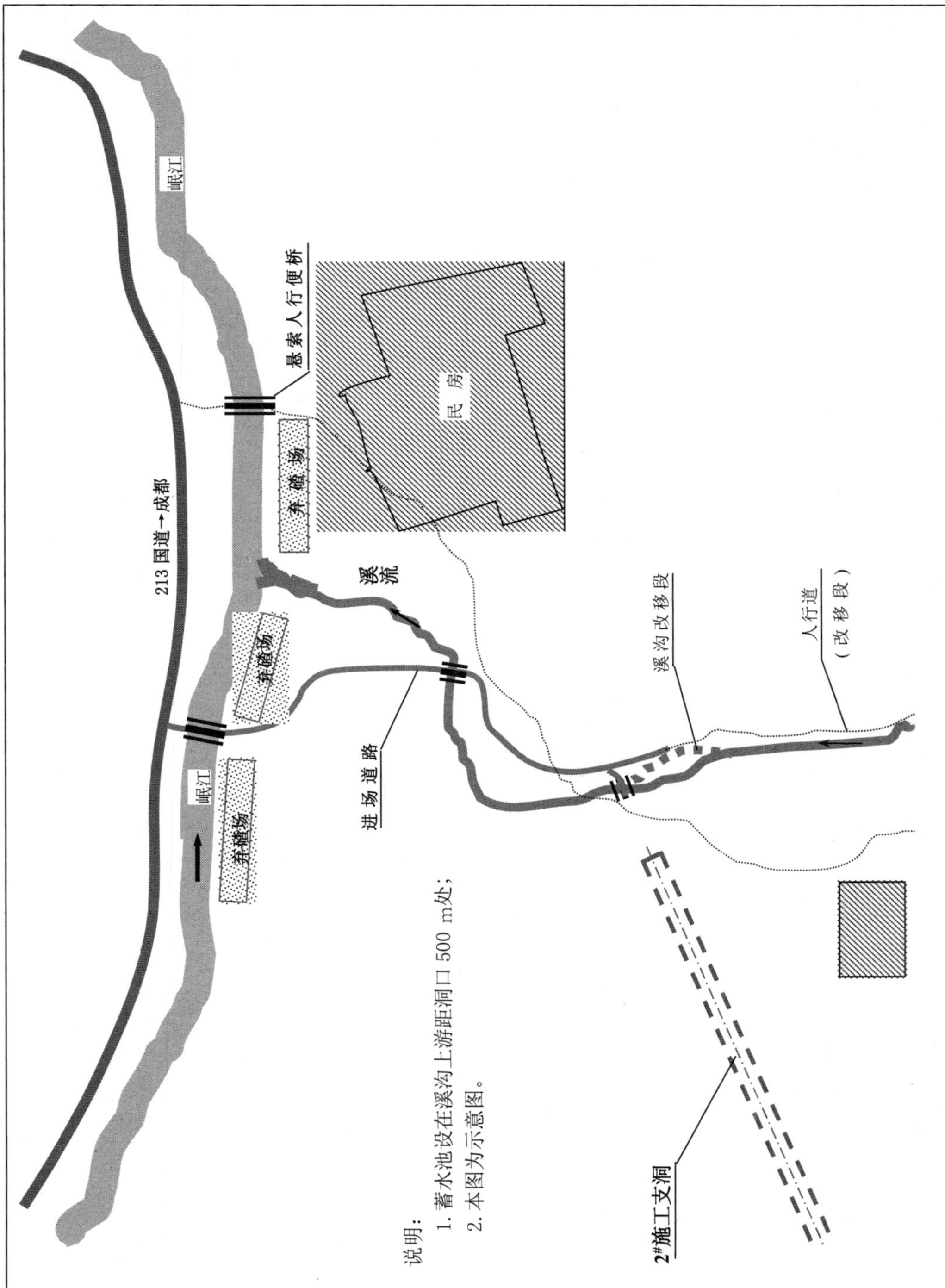

说明：
1. 蓄水池设在溪沟上游距洞口500 m处；
2. 本图为示意图。

图2　金龙潭水电站引水隧洞2#支洞施工平面图

续表

<table>
<tr><td>实训内容</td><td>

表 3　施工用地计划

序号	临建设施名称	房建(m^2)	占地(m^2)	所在位置
1	生活和办公区	646	860	生产和生活征地区
2	钢筋加工厂	100	200	可在隧洞口附近
3	材料库	80	300	弃土场
4	油库	60	80	弃土场
5	混凝土拌和站	140	540	可在隧洞口附近
6	修理厂和停车场	210	1 000	弃土场
7	配电室和发电机房	30	36	可在隧洞口附近
8	空压机房	40	50	可在隧洞口附近
9	炸药和雷管库	95	200	可在隧洞口附近
10	现场值班室	15	20	可在隧洞口附近
11	现场工具存放和维修用房	30	40	可在隧洞口附近
合　计		1 446	3 326	

问题：根据以上所给资料和 2#支洞施工总平面布置图 1，按照表 3 给定的数据，在图 2 上，布置生产、生活区等各种临时设施</td></tr>
<tr><td>实训解答</td><td></td></tr>
<tr><td>实训总结</td><td></td></tr>
</table>

第五部分　公路工程定额运用实训

实训一　路基工程预算定额运用

一、实训目的与要求

（1）熟悉路基工程预算定额的内容。

（2）掌握路基工程预算定额章节的说明和运用要点。

（3）学会路基工程预算定额运用的基本方法和要求。

二、实训要点与注意事项

（1）机械施工土石方，挖方部分机械达不到需由人工完成的工程量由施工组织设计确定。其中，人工操作部分，按相应定额乘以系数1.15。

（2）自卸汽车运输路基土石方定额项目和洒水汽车洒水定额项目，仅适用于平均运距在15 km以内的土石方或水的运输。当运距超过第一个定额运距单位时，其运距尾数不足一个增运定额单位的半数时不计，等于或超过半数时按一个增运定额运距单位计算。当平均运距超过15 km时，应按市场运价计算其运输费用。

（3）路基加宽填筑部分如需清除，应按刷坡定额中普通土子目计算；清除的土方如需远运，应按土方运输定额计算。

（4）下列数量应由施工组织设计提出，并入路基填方数量内计算。

①清除表土或零填方地段的基底压实、耕地填前夯（压）实后，回填至原地面高程所需的土石方数量。

②因路基沉陷需增加填筑的土石方数量。

③为保证路基边缘的压实度需加宽填筑时，所需的土石方数量。

（5）边沟、排水沟、截水沟、急流槽定额均未包括垫层的费用，需要时按有关定额另行计算。

（6）雨水箅子的规格与定额不同时，可按设计用量抽换定额中铸铁箅子的消耗。

（7）袋装砂井和塑料排水板处理软土地基，工程量为设计深度，定额材料消耗中已包括砂袋或塑料排水板的预留长度。

（8）振冲碎石桩定额中不包括污泥排放处理的费用，需要时另行计算。

（9）挤密碎石桩、灰土桩、砂桩和石灰砂桩处理软土地基定额的工程量为设计桩断面积乘以设计桩长。

（10）水泥搅拌桩和高压旋喷桩处理软土地基定额的工程量为设计桩长。

（11）高压旋喷桩定额中的浆液系按普通水泥浆编制的，当设计采用的添加剂或水泥用量与定额不同时，可按设计要求进行抽换。

（12）土工布的铺设面积为锚固沟外边缘所包围的面积，包括锚固沟的底面积和侧面积。定额中不包括排水内容，需要时另行计算。

（13）强夯定额适用于处理松、软的碎石土、砂土、低饱和度的粉土与黏性土、湿陷性黄土、杂填土和素填土等地基。定额中已综合考虑夯坑的排水费用，使用定额时不得另行增加费用。每 100 m^2 夯击点数和击数按设计确定。

（14）防护工程定额中均不包括挖基、基础垫层的工程内容，需要时按“桥涵工程”项目的有关定额计算。

（15）防护工程定额中均已包括按设计要求需要设置的伸缩缝、沉降缝的费用，水泥混凝土的拌和费用。

（16）植草护坡定额中均已综合考虑黏结剂、保水剂、营养土、肥料、覆盖薄膜等的费用，使用定额时不得另行计算。

（17）预应力锚索护坡定额中的脚手架系按钢管脚手架编制的，脚手架宽度按 2.5 m 考虑。

（18）铺草皮工程量按所铺边坡的坡面面积计算。

（19）护坡定额中以 100 m^2 或 1 000 m^2 为计量单位的子目的工程量，按设计需要防护的边坡坡面面积计算。

（20）木笼、竹笼、铁丝笼填石护坡的工程量按填石体积计算。

（21）预应力锚索的工程量为锚索（钢绞线）长度与工作长度的质量之和。

（22）抗滑桩挖孔工程量按护壁外缘所包围的面积乘以设计孔深计算。

三、实训范例

某一级公路，平原微丘区，一路段挖方数量为 3 800 m^3，填方数量为 5 000 m^3，本桩利用方数量为 2 900 m^3（Ⅰ类土 600 m^3，Ⅱ类土 1 125 m^3，Ⅲ类土 875 m^3，Ⅳ类土 300 m^3），远运利用方数量为Ⅱ类土 1 300 m^3（天然方），试求本路段的借方、弃方和计价方数量。

解析 （1）根据《公路工程预算定额》（JTG/T 3832—2018）（以下简称《预算定额》）第 1 页第一章说明的规定，确定土石方类别，分别为松土、普通土、硬土、软石。

（2）借方（压实方）。根据《预算定额》第 3 页第一章第一节说明第 8 条的规定，当进行土方运输时，由于有运输损耗，在计算土方运输定额消耗时需要考虑运输损耗对运输量的影响。如路基填方为借方，则应在定额基础上增加 0.03 的损耗。本桩利用方量为 2 900 m^3，换算为压实方的数量为：$600/1.23+1\ 125/1.16+875/1.09+300/0.92=2\ 586.47\ m^3$。

远运利用方 1 300 m^3 换算为压实方的数量为：1 300/1.16 ＝ 1 120.69 m^3。

故借方为：5000−2 586.47−1 120.69=1 292.84 m^3。

（3）弃方（天然方）为：3 800−2 900=900 m^3。

（4）计价方如下。

计价方=挖方（天然方）+借方（压实方）

或

计价方=挖方（天然方）+填方（压实方）−利用方（压实方）

所以，计价方=3 800+1 292.84=5 092.84 m^3。

四、上交资料

每人上交实训报告一份，见表 5-1。

表 5-1　实训报告

日期：　　　　班级：　　　　组别：　　　　姓名：　　　　学号：

实训任务	路基土石方工程预算定额的运用	成绩	
实训目的	通过此次实训，使学生知道路基土石方工程预算定额的内容，掌握路基土石方工程预算定额节说明和运用要点，学会路基土石方工程预算定额运用的基本方法和要求		
实训内容	某三级公路，一路段挖方数量为 4 100 m^3，填方数量为 3 800 m^3，本桩利用方数量为 2 200 m^3（松土 360 m^3，普通土 890 m^3，硬土 950 m^3），远运利用方（天然方）数量为普通土 550 m^3、软石 375 m^3，试求本路段的借方、弃方、计价方数量。（提示：换算时注意考虑运输过程中造成的材料损耗）		
实训总结			

实训二　路面工程预算定额运用

一、实训目的与要求

（1）明确路面工程预算定额的内容。

（2）分析路面工程预算定额各章节的说明及运用要点。

（3）学会路面工程预算定额运用的基本方法和要求。

（4）会查用路面工程预算定额。

二、实训要点与注意事项

（1）路面项目中的厚度均为压实厚度，培路肩厚度为净培路肩的夯实厚度。

（2）本章定额中凡列有洒水汽车的子目，均按 5 km 范围内洒水汽车在水源处自吸水编制，不计水费。如工地附近无天然水源可利用，必须采用供水部门供水（如自来水）时，可根据定额子目中洒水汽车的台班数量，按每台班 35 m^3 计算定额用水量，乘以供水部门规定的水价增列水费。洒水汽车取水的平均运距超过 5 km 时，可按路基工程的洒水汽车洒水定额中的增运定额增加洒水汽车的台班消耗，但增加的洒水汽车台班消耗量不得再计水费。

（3）压路机台班按行驶速度，即两轮光轮压路机为 2.0 km/h、三轮光轮压路机为 2.5 km/h、轮胎式压路机为 5.0 km/h、振动压路机为 3.0 km/h 进行编制。如设计为单车道路面宽度时，两轮光轮压路机乘以系数 1.14、三轮光轮压路机乘以系数 1.33、轮胎式压路机和振动压路机乘以系数 1.29。

（4）自卸汽车运输稳定土混合料、沥青混合料和水泥混凝土定额项目，仅适用于平均运距在 15 km 以内的混合料运输，当运距超过第一个定额运距单位时，其运距尾数不足一个增运定额单位的半数时不计，等于或超过半数时按一个增运定额运距单位计算。当平均运距超过 15 km 时，应按市场运价计算其运输费用。

（5）各类垫层、级配碎石、级配砾石基层的压实厚度在 15 cm 以内，填隙碎石一层的压实厚度在 12 cm 以内，各类稳定土基层、其他种类的基层和底基层压实厚度在 20 cm 以内，拖拉机、平地机、摊铺机和压路机的台班消耗按定额数量计算。如超过上述压实厚度进行分层拌和、摊铺、碾压时，拖拉机、平地机、摊铺机和压路机的台班消耗按定额数量加倍计算，每 1 000 m^2 增加 1.5 工日。

（6）人工沿路翻拌和筛拌稳定土混合料定额中均已包括土的过筛工消耗，因此，土的预算价格中不应再计算过筛费用。

（7）各类稳定土底基层采用稳定土基层定额时，每 1 000 m^2 路面减少 12~15 t 光轮压路机 0.18 台班。

（8）泥结碎石、级配碎石、级配砾石、天然砂砾、粒料改善土壤路面面层的压实厚度在 15 cm 以内，拖拉机、平地机和压路机的台班消耗按定额数量计算。如超过上述压实厚度且需进行分层拌和、碾压时，拖拉机、平地机和压路机的台班消耗按定额数量加倍计算，每 1 000 m^2 增加 1.5 工日。

（9）泥结碎石、级配碎石、级配砾石面层定额中，均未包括磨耗层和保护层，需要时应按磨耗层和保护层定额另行计算。

（10）沥青表面处治路面、沥青贯入式路面和沥青上拌下贯式路面的下贯层、透层、黏层、封层定额中已计入热化、熬制沥青用的锅、灶等设备的费用，使用定额时，不得另行计算。

（11）沥青碎石混合料、沥青混凝土和沥青碎石玛蹄脂混合料路面定额中，均已包括混合料拌和、运输、摊铺作业时的损耗因素，路面实体按路面设计面积乘以压实厚度计算。

（12）沥青路面定额中均未包括透层、黏层和封层，需要时可按有关定额另行计算。

（13）沥青路面定额中的乳化沥青和改性沥青，均按外购成品料进行编制；当在现场自行配制时，其配制费用计入材料预算价格中。

（14）当沥青玛蹄脂碎石混合料设计采用的纤维稳定剂的掺加比例与定额不同时，可按设计用量调整定额中纤维稳定剂的消耗量。

（15）沥青路面定额中，均未考虑为保证石料与沥青的黏附性而采用的抗剥离措施的费用，需要时，应根据石料的性质，按设计提出的抗剥离措施，计算其费用。

（16）在冬五区、冬六区采用层铺法进行沥青路面施工时，其沥青用量可按定额用量乘以下列系数：沥青表面处治 1.05；沥青贯入式基层 1.02，面层 1.028；沥青上拌下贯式下贯部分 1.043。

（17）本章定额系按一定的油石比编制的。当设计采用的油石比与定额不同时，可按设计油石比调整定额中的沥青用量。

（18）挖除旧路面的数量按设计提出的需要挖除的旧路面体积计算。

（19）硬路肩工程项目，根据其不同设计层次结构，分别采用不同的路面定额项目进行计算。

三、实训范例

某二级公路路面工程，石灰粉煤灰土基层，采用拖拉机带铧犁拌和，铺筑面积为 112 000 m^2，厚 23 cm，用 10 000 L 洒水汽车洒水，工地附近无天然水源，需取自来水，距工地 7 km，自来水单价为 1.26 元/m^3。求增列水费、实际使用洒水汽车定额、总台班消耗。

解析　根据《预算定额》第 161 页第二章说明第 4 条的规定，并查《预算定额》第 181

页表[2-1-4-Ⅱ-15+16×3],具体计算如下。

(1)增列水费计算如下。

每喷洒 1 000 m^2 基层用水量:(0.44+0.03×3)×35=18.55 m^3。

水费:18.55×1.26×112 000/1 000=2 617.78 元。

(2)实际使用洒水汽车定额计算如下。

由《预算定额》第 161 页第二章说明 4 可知,洒水汽车取水的平均运距超过 5 km 时,可按路基工程的洒水汽车洒水定额中的增运定额增加洒水汽车的台班消耗。由《预算定额》第 35 页表[1-1-22-8]可知,每立方米水增运(7−5=2)km 所增加的洒水汽车台班为

0.26×(7−5)/0.5/1 000=0.001 04 台班

所以,增列洒水汽车的台班定额为每喷洒 1 000 m^2 基层用水所增运 6 km 洒水汽车的台班:18.55×0.001 04=0.019 3 台班。

实际使用洒水汽车定额为:(0.44+0.03×3)+0.019 3=0.549 台班。

(3)总作业量=实际耗用洒水汽车定额 × 工程量

=0.549×112 000/1 000=61.488 台班。

四、上交资料

每人上交实训报告一份,见表 5-2。

表 5-2 实训报告

日期: 班级: 组别: 姓名: 学号:

实训任务	路面工程预算定额的运用	成绩	
实训目的	通过此次实训,使学生明确路面工程预算定额的内容,熟悉路面工程预算定额章节的说明和运用要点,会查用路面工程预算定额		
实训内容	某一级公路,采用水泥石灰砂砾基层,稳定土拌和机拌合,铺筑面积为 78 000 m^2,厚 26 cm,用 10 000 L 洒水汽车洒水,工地附近无天然水源,需取自来水,距工地 9 km,自来水单价为 1.48 元/m^3。求增列水费、实际使用洒水汽车定额、总台班消耗。		
实训总结			

实训三　隧道工程预算定额运用

一、实训目的与要求

（1）明确隧道工程预算定额的内容。

（2）分析隧道工程预算定额章节的说明和运用要点。

（3）学会隧道工程预算定额运用的基本方法和要求。

（4）会查用隧道工程预算定额。

二、实训要点与注意事项

（1）洞内出渣运输定额已综合洞门外 500 m 运距，当洞门外运距超过此运距时，可按照路基工程自卸汽车运输土石方的增运定额加计增运部分的费用。

（2）本定额中均未包括混凝土和预制块的运输，需要时应按有关定额另行计算。

（3）洞门挖基、仰坡和天沟开挖、明洞明挖土石方等，应使用其他章节有关定额计算。

（4）洞内工程项目如需采用其他章节定额，所采用定额的人工工日、机械台班数量、小型机具使用费应乘以系数 1.26。

（5）本定额正洞机械开挖自卸汽车运输定额系按开挖、出渣运输分别编制，不分工程部位均使用本定额。施工通风、高压风水管和照明电线路单独编制定额项目。

（6）本定额连拱隧道中导洞、侧导洞开挖和中隔墙衬砌是按连拱隧道施工方法编制的，除此以外的其他部位的开挖、衬砌、支护可套用本节其他定额。

（7）格栅钢架和型钢钢架均按永久性支护编制，如作为临时支护使用时，应按规定计取回收。

（8）喷射混凝土定额中已综合考虑混凝土的回弹量，钢纤维混凝土中钢纤维掺入量按喷射混凝土质量的 3%掺入。当设计采用的钢纤维掺入量与本定额不同或采用其他材料时，可进行抽换。

（9）洞身衬砌项目按现浇混凝土衬砌，石料、混凝土预制块衬砌分别编制，定额中已综合考虑超挖回填因素。当设计采用的混凝土强度等级与定额采用的不符或采用特殊混凝土时，可根据具体情况对混凝土配合比进行抽换。

（10）本定额隧道长度均指隧道进出口（不含与隧道相连的明洞）洞门端墙墙面之间的距离，即两端端墙面与路面的交线同路线中线交点间的距离。双线隧道按上、下行隧道长度的平均值计算。

（11）洞身开挖、出渣工程量按设计断面数量（成洞断面加衬砌断面）计算，包含洞身和所有附属洞室的数量，定额中已考虑超挖因素，不得将超挖数量计入工程量。

（12）现浇混凝土衬砌中浇筑、运输的工程数量，均按设计断面衬砌数量计算，包含洞身和所有附属洞室的衬砌数量。定额中已综合因超挖和预留变形需回填的混凝土数量，不得将上述因素的工程量计入计价工程量中。

（13）防水板、明洞防水层的工程数量按设计敷设面积计算。

（14）拱顶压浆的工程数量按设计数量计算，设计时可按每米 0.25 m^3 综合考虑。

（15）喷射混凝土的工程量按设计厚度乘以喷射面积计算，喷射面积按设计外轮廓线计算。

（16）砂浆锚杆工程量为锚杆、垫板、螺母等材料质量之和；中空注浆锚杆、自进式锚杆的工程量按锚杆设计长度计算。

（17）格栅钢架、型钢钢架工程数量按钢架的设计质量计算。

（18）管棚、小导管的工程量按设计钢管长度计算，当管径与定额不同时，可调整定额中钢管的消耗量。

（19）横向塑料排水管按设计的铺设程度计算，纵向弹簧管按隧道纵向每侧铺设长度之和计算，环向盲沟按隧道横断面铺设长度计算。

（20）洞门墙工程量为主墙和翼墙等圬工体积之和。仰坡、截水沟等应按有关定额另行计算。

三、实训范例

云南省内某隧道工程，Ⅲ级围岩，隧道长 6 km，施工中需进行洞内反坡排水，排水量为 18 m^3/h，累积排水 196 m^3，求洞内排水的工、料、机消耗量。

解析 根据《预算定额》第 306 页第三章第一节说明 9，对抽水机台班进行调整。查第 349 页定额表[3-1-17-5+6]，计算如下。

人工：$0.1 \times 196/100 = 0.196$ 工日。

其他材料费：$(7.8 + 1) \times 196/100 = 17.25$ 元。

直径 150 mm 电动单级离心水泵：$(0.35+0.1) \times 1.35 \times 196/100 = 1.19$ 台班。

直径 150 mm 以内污水泵：$(0.35+0.1) \times 1.35 \times 196/100 = 1.19$ 台班。

四、上交资料

每人上交实训报告一份，见表 5-3。

表 5-3　实训报告

日期：　　　　班级：　　　　组别：　　　　姓名：　　　　学号：

实训任务	隧道工程预算定额的运用	成绩	
实训目的	通过此次实训，使学生熟悉隧道工程预算定额章节的说明和运用要点，掌握隧道工程预算定额运用的基本方法和要求，会查用隧道工程预算定额		
实训内容	已知某隧道长 1 050 m，洞身次坚石开挖 35 607 m^3，采用机械开挖自卸汽车运输，超前支护采用型钢钢架钢支撑 97.8 t，30#喷射混凝土衬砌 1 068.9 m^3。试确定该洞身项目的预算定额基价。（提示：机械开挖自卸汽车运输的预算定额内容与概算定额内容略有不同，开挖与出渣要分开查找和计算）		
实训总结			

实训四　桥涵工程预算定额运用

一、实训目的与要求

（1）认知桥涵工程预算定额的内容。

（2）熟识桥涵工程预算定额各章节的说明和运用要点。

（3）学会桥涵工程预算定额运用的基本方法和要求。

（4）会查用桥涵工程预算定额。

二、实训要点与注意事项

（1）定额中混凝土工程除大型预制构件底座、混凝土搅拌站安拆和钢桁架桥式码头项目中已考虑混凝土的拌和费用外，其他混凝土项目中均未考虑混凝土的拌和费用，应按有关定额另行计算。

（2）定额中混凝土均按露天养生考虑，如采用蒸汽养生时，应从各有关定额中按每 10 m^3 扣减人工 1.0 工日和其他材料费 4 元，并按蒸汽养生有关定额计算。

（3）定额中凡钢筋直径在10 mm以上的接头，除注明为钢套筒连接外，均采用电弧搭接焊或电阻对接焊。

（4）定额中的钢筋按选用图纸分为HRB300、HRB400；设计中采用HRB500时，可将定额中的HRB400抽换为HRB500。如设计图纸的钢筋比例与定额有出入时，可调整钢筋品种的比例关系。

（5）定额中的钢筋是按一般定尺长度计算的，如设计提供的钢筋连接用钢套筒数量与定额有出入时，可按设计数量调整定额中的钢套筒消耗量，其他消耗量不调整。

（6）模板不单列项目。混凝土工程中所需的模板包括钢模板、组合钢模板、木模板，均按其周转摊销量计入混凝土定额中。

（7）现浇混凝土、预制混凝土、构件安装的工程量为构筑物或预制构件的实际体积，不包括其中空心部分的体积，钢筋混凝土项目的工程量不扣除钢筋（钢丝、钢绞线）、预埋件和预留孔道所占的体积。

（8）构件安装定额中在括号内所列的构件体积数量，表示安装时需要备制的构件数量。

（9）钢筋工程量为钢筋的设计质量，定额中已计入施工操作损耗，一般钢筋因接长所需增加的钢筋质量已包括在定额中，不得将这部分质量计入钢筋设计质量内。

（10）开挖基坑土石方运输按弃土于坑外10 m范围内考虑，当坑上水平运距超过10 m时，另按路基土石方增运定额计算。

（11）基坑深度为坑的顶面中心标高至底面的数值。在同一基坑内，不论开挖哪一深度均执行该基坑的全深度定额。

（12）开挖基坑定额中已综合了基底夯实、基坑回填和检平石质基底用工，湿处挖基还包括挖边沟、挖集水井和排水作业用工，使用定额时，不得另行计算。

（13）开挖基坑定额中不包括挡土板，需要时应据实按有关定额另行计算。

（14）机械挖基定额中已综合了基底高程以上20 cm范围内采用人工开挖和基底修整用工。

（15）本节基坑开挖定额均按原土回填考虑；当采用取土回填时，应按路基工程有关定额另计取土费用。

（16）挖基定额中未包括水泵台班，挖基和基础、墩台修筑需要排水时按基坑排水定额计算。

（17）草土、塑料编织袋、竹笼、木笼铁丝围堰定额中已包括50 m以内人工挖运土方的工日数量，定额括号内所列“土”的数量不计价，仅限于取土运距超过50 m时，按人工挖运土方的增运定额，增加运输用工。

（18）打预制钢筋混凝土方桩和管桩的工程量，应根据设计尺寸和长度以体积计算（管桩的空心部分应予以扣除）。设计中规定凿去的桩头部分的数量，应计入设计工程量内。

（19）钢筋混凝土方桩的预制工程量，应为打桩定额中括号内的备制数量。

（20）打钢板桩的工程量按设计需要的钢板桩质量计算。

（21）打桩用的工作平台的工程量，按施工组织设计所需的面积计算。

（22）船上打桩工作平台的工程量，根据施工组织设计，按一座桥梁实际需要打桩机的台数和每台打桩机需要的船上工作平台面积的总和计算。

（23）灌注桩成孔工程量按设计入土深度计算。定额中的孔深指护筒顶至桩底（设计高程）的深度。造孔定额中同一孔内的不同土质，不论其所在的深度如何，均采用总孔深定额。

（24）人工挖孔的工程量按护筒（护壁）外缘所包围的面积乘以设计孔深计算。

（25）浇筑水下混凝土的工程量按设计桩径横断面面积乘以设计桩长计算，不得将扩孔因素计入工程量。

（26）灌注桩工作平台的工程量按施工组织设计需要的面积计算。

（27）预制构件的工程量为构件的实际体积（不包括空心部分的体积），但预应力构件的工程量为构件预制体积与构件端头封锚混凝土的数量之和。预制空心板的空心堵头混凝土已综合在预制定额内，计算工程量时不应再计列这部分混凝土的数量。

（28）使用定额时，构件的预制数量应为安装定额中括号内所列的构件备制数量。

（29）安装的工程量为安装构件的体积。

（30）构件安装时的现浇混凝土的工程量为现浇混凝土和砂浆的数量之和。但如在安装定额中已计列砂浆消耗的项目，则在工程量中不应再计列砂浆的数量。

（31）预制、悬拼预应力箱梁临时支座的工程量为临时支座中混凝土与硫黄砂浆的体积之和。

（32）移动模架的质量包括托架（牛腿）、主梁、鼻梁、横梁、吊架、工作平台和爬梯的质量，不包括液压构件和内外模板（含模板支撑系统）的质量。

（33）预应力钢绞线、预应力精轧螺纹粗钢筋的工程量为锚固长度与工作长度的质量之和。

（34）先张钢绞线质量为设计图纸上的质量，定额中已包括钢绞线损耗和预制场构件间的工作长度和张拉工作长度。

（35）构件运输的各种运输距离以 10 m、50 m、1 km 为计算单位。不足第一个 10 m、50 m、1 km 者，均按 10 m、50 m、1 km 计，超过第一个定额运距单位时，其运距尾数不足一个增运定额单位的半数时不计，等于或超过半数时按一个定额运距单位计算。

（36）运输便道、轨道的铺设，栈桥码头、龙门架、缆索的架设等，均未包括在定额内，应按有关章节定额另行计算。

（37）桥梁拱盔、木支架、简单支架均按有效宽度 8.5 m 计，钢支架按有效宽度 12.0 m 计，当实际宽度与定额不同时可按比例换算。

（38）木结构制作按机械配合人工编制，配备的木工机械均已计入定额中。结构中的半圆木构件,用圆木对剖加工所需的工日和机械台班均已计入定额内。

(39)所有拱盔均包括底模板和工作台的材料,但不包括现浇混凝土的侧模板。

(40)桁构式拱盔安装、拆除用的人字扒杆、地锚移动用工和拱盔缆风设备工料已计入定额,但不包括扒杆制作的工、料,扒杆数量根据施工组织设计另行计算。

(41)桁构式支架定额中已包括了墩台两旁支撑排架和中间拼装、拆除用支撑架,支撑架已加计了拱矢高度并考虑了缆风设备。定额以孔为计量单位。

(42)木支架和满堂式钢管支架的帽梁和地梁已计入定额中,地梁以下的基础工程未计入定额中,计入应按有关相应定额另行计算。

(43)钢桁架桥中的钢桁架,施工用的导梁钢桁和连接、加固杆件,钢索吊桥中的钢桁、钢桁横梁、悬吊系统构件、套筒和拉杆构件均为半成品,使用定额时应按半成品价格计算。

三、实训范例

范例一 某桥预制安装预应力箱梁钢筋,钢筋采用现场加工的方式,钢筋的设计使用量为:HPB300 钢筋 4.1 t,HRB400 钢筋 8.6 t。试确定该分项的钢筋定额。

解析 根据《预算定额》第 414 页第四章说明二中(2)的规定,当设计图纸的钢筋比例与定额有出入时,可调整钢筋品种的比例关系。

(1)查《预算定额》表[751-4-7-15-3]。由表中查得 HPB300 钢筋与 HRB400 钢筋的比例为 0.156∶0.869=0.180。

(2)设计图纸中 HPB300 钢筋与 HRB400 钢筋的比例为 4.1∶8.6=0.477,可知与定额比例不符,应进行换算。

(3)由《预算定额》第 1 260 页附录四可知 HPB300 钢筋、HRB400 钢筋的场内运输和操作损耗为 2.5%。

(4)实用定额为(1 t 钢筋):

光圆钢筋:$\dfrac{4.1}{4.1+8.6}(1+0.025)=0.331\ \text{t}$。

带肋钢筋:$\dfrac{8.6}{4.1+8.6}(1+0.025)=0.694\ \text{t}$。

范例二 某桥梁工程修筑塑料编织袋围堰,围堰中心长 28 m,宽 22 m,施工水深 1.4 m,手推车运输编织袋土,运距为 180 m。试确定该工程的预算定额值和总用工数量。

解析 (1)根据《预算定额》第 426 页第四章第二节说明第 14 条(1),确定围堰高度为施工水深加 0.5 m,即围堰高 1.9 m。

(2)围堰工程量:(28+22)×2=100 m。

(3)查《预算定额》表[433-4-2-2-4+5],由附注知,围堰高度不同时,可内插计算。每 10 m 长围堰的定额值计算如下。

人工:18.95 工日。

材料：塑料编织袋 846 个，土 51.25 m^3。

用工数量小计：$18.95 \times 100 \div 10=189.5$ 工日。

根据《预算定额》第 426 页第四章第二节说明第 2 条的规定，当取土运距大于 50 m 时，应按人工挖运土方定额增列超运距用工，查《预算定额》第 1 163 页表[9-1-1-6-4]得 1 000 m^3 天然密实方每增运 10 m 定额值计算如下。

人工：5.9 工日。

人工小计：$5.9 \times [(180-50) \div 10] \times (51.25 \div 1000) \times (100 \div 10) = 39.31$ 工日。

（4）总用工数：$189.5 + 39.31 = 228.81$ 工日。

四、上交资料

每人上交实训报告一份，见表 5-4。

表 5-4　实训报告

日期：　　　　班级：　　　　组别：　　　　姓名：　　　　学号：

实训任务	桥涵工程预算定额的运用	成绩	
实训目的	通过此次实训，使学生熟悉桥涵工程预算定额章节的说明和运用要点，掌握桥涵工程预算定额运用的基本方法和要求，会查用桥涵工程预算定额		
实训内容	某小桥靠岸桥台的基坑开挖工程，土质为松软的黄土，人工开挖，卷扬机吊运，基坑顶面中心标高为 87 m，地下水位为 85.0 m，基底标高为 83.0 m，挖基总量为 280 m^3，其中干处开挖 130 m^3，基底以上 20 cm 人工开挖 18 m^3，运距为 60 m。试确定基坑开挖所需的人工、机械的预算定额值。（提示：根据节说明要求计列摇头扒杆，处理基底以上 20 cm 人工开挖的问题，计列人工开挖、卷扬机吊运和挖基、砌筑用水泵台班定额）		
实训总结			

实训五　交通工程及沿线设施预算定额运用

一、实训目的与要求

（1）熟悉交通工程及沿线设施工程预算定额的内容。

（2）掌握交通工程及沿线设施工程预算定额章节的说明和运用要点。

（3）学会交通工程及沿线设施工程预算定额运用的基本方法和要求。

二、实训要点与注意事项

（1）钢筋混凝土防撞护栏中铸铁柱与钢管栏杆按柱与栏杆的总质量计算，预埋螺栓、螺母、垫圈等附件已综合在定额内，使用定额时，不得另行计算。

（2）波形钢板护栏中钢管柱、型钢柱按柱的成品质量计算；波形钢板按波形钢板、端头板（包括端部稳定的锚碇板、夹具、挡板）与撑架的总质量计算，柱帽、固定螺栓、连接螺栓、钢丝绳、螺母、垫圈等附件已综合在定额内，使用定额时，不得另行计算。

（3）隔离栅中钢管柱按钢管与网框型钢的总质量计算，型钢立柱按柱与斜撑的总质量计算，钢管柱定额中已综合了螺栓、螺母、垫圈、柱帽钢板的数量，型钢立柱定额中已综合了各种连接件和地锚钢筋的数量，使用定额时，不得另行计算。

（4）中间带隔离墩上的钢管栏杆与防眩板分别按钢管与钢板的总质量计算。

（5）金属标志牌中立柱质量按立柱、横梁、法兰盘等的总质量计算；面板质量按面板、加固槽钢、抱箍、螺栓、滑块等的总质量计算。

（6）收费岛上涂刷反光标志漆和粘贴反光膜的数量，已综合在收费岛混凝土定额中，使用定额时，均不得另行计算。

（7）防撞栏杆的预埋钢套管的数量已综合在定额中，使用定额时，不得另行计算。

（8）防撞立柱的预埋钢套管和立柱填充水泥混凝土、立柱与预埋钢套管之间灌填水泥砂浆的数量，均已综合在定额中，使用定额时，不得另行计算。

（9）设备基础混凝土定额中综合了预埋钢筋、地脚螺母、底座法兰盘等的数量，使用定额时，不得另行计算。

（10）安装电缆走线架定额中，不包括通过沉降（伸缩）缝和要做特殊处理的内容，需要时按有关定额另行计算。

（11）双绞线缆的敷设，跳线架和配线架的安装、打接定额消耗量是按五类非屏蔽布线系统编制的，高于五类的布线工程按定额人工工日消耗量增加10%、屏蔽系统增加20%计取。

(12)通信管道定额中不包括管道过桥时的托架和管箱等工程内容,应按相关定额另行计算。

(13)硅芯管敷设定额已综合标石的制作和埋放、人孔处的包封等,使用定额时,不得另行计算。

(14)镀锌钢管敷设定额中已综合接口处套管的切割、焊接、防锈处理等内容,使用定额时,不得另行计算。

(15)管道敷设和管道包封的工程量均按管道长度计算。

(16)通风机预埋件按设计所示为完成通风机安装而需预埋的一切金属构件的质量计算工程数量,包括钢拱架、通风机拱部钢筋、通风机支座、各部分连接件等。

(17)洞内预埋件工程量按设计预埋件的敷设长度计算,定额中已综合了预留导线的数量。

(18)干式变压器带有保护外罩时,人工工日和机械台班乘以系数 1.2。

(19)组合型成套箱式变电站主要指 10 kV 以下的箱式变电站,一般布置形式为变压器在箱的中间,箱的一端为高压开关位置,另一端为低压开关位置。

(20)控制设备安装未包括支架的制作和安装,需要时可按相关定额另行计算。

(21)3~10 kV 母线系统调试定额含一组电压互感器, 1 kV 以下母线系统调试定额不含电压互感器,适用于低压配电装置的各种母线(包括软母线)的调试。

(22)普通吸顶灯、LED 灯、高压钠灯、标志灯等成套灯具安装时是按灯具出厂时达到安装条件编制的,其他成套灯具安装所需配线,定额中均已包括。

(23)25 m 以上高杆灯安装,未包括杆内电缆敷设。

(24)各种灯柱穿线均套用相应的配管配线定额。

三、实训范例

某高速公路隔离栅工程,已知设计为钢隔离栅型钢立柱上挂刺铁丝形式,总长(两侧)42 km、高 2 m,共用刺铁丝长度为 342.2 km,刺铁丝单位质量为 0.15 kg/m,钢隔离栅型钢立柱总质量为 12 t。试确定该隔离栅的预算定额,并计算总工日和总基价金额。

解析　根据《预算定额》第五章“交通工程及沿线设施”第一节说明第 3 条工程量计算规则的(3)的规定,刺铁丝网按铁丝总质量计。该项目的预算定额可由定额表[938-5-1-3-4+6]确定,并所需总工日和总基价计算如下。

本例刺铁丝总质量=342.2 × 1 000 × 0.15/1 000=51.33 t。

总工日:17 × 12+65 × 51.33=3 540.45 工日。

总基价:7 464 × 12+12 147 × 51.33=713 074 元。

四、上交资料

每人上交实训报告一份,见表 5-5。

表 5-5　实训报告

日期:　　　　班级:　　　　组别:　　　　姓名:　　　　学号:

实训任务	交通工程及沿线设施预算定额运用	成绩	
实训目的	通过此次实训,使学生熟悉交通工程及沿线设施预算定额的内容、章节说明和运用要点,掌握交通工程及沿线设施预算定额运用的基本方法和要求		
实训内容	某路段为确保安全,在沿线挡土墙上设置柱式护栏,共 30 根,路肩上共设 20 根。试求柱式护栏工、料、机消耗量。		
实训总结			

实训六　绿化及环境保护工程预算定额运用

一、实训目的与要求

(1)认知绿化及环境保护工程预算定额的内容。

(2)熟悉绿化及环境保护工程预算定额章节的说明和运用要点。

(3)掌握绿化及环境保护工程预算定额运用的基本方法和要求。

(4)会运用绿化及保护工程预算定额。

二、实训要点与注意事项

(1)绿化工程栽植子目中均已综合了挖树穴、底肥、一次浇水费用。

(2)环境保护工程隔声、吸音板材可依据设计进行调整。

(3)栽植子目中已包含死苗补植,使用定额时不得更改。盆栽植物均按脱盆的规格套用相应的定额子目。

(4)苗木和地被植物的场内运输已在定额中综合考虑,使用定额时不得另行增加。

(5)栽植子目中均已综合了挖树穴工程量,底肥费用计入其他材料费中,浇水按一次计算,其余内容按相应定额计算,但不得重复计算。栽植子目按土可用的情况进行编制;若需要换土,则按有关子目进行计算。

(6)当编制中央分隔带部分的绿化工程预算时,若中央分隔带内的填土没有计入该项工程预算,其填土可按路基土方有关定额子目计算,但应扣减树穴所占的体积。

(7)为了确保路基边坡稳定而修建的各种形式的网格植草或播种草籽等护坡,应并入防护工程内计算。

(8)测量放样均指在场地平整好,达到设计要求后进行的,场地平整费用另按场地平整定额子目计算。

(9)立柱安装定额中,预埋件、H 型钢立柱等均按成品镀锌构件编制,使用定额时,刷防腐油漆等工序不得另行计算。

(10)板材是按定额表中所给出的结构形式和尺寸来编制的;若板材各单元的组合或尺寸有变,可根据设计按实进行调整。

三、实训范例

某公路边坡绿化工程,进行灌木栽植,采用直径 35 cm 带土球灌木 3 400 株。试计算该绿化工程所需的工、料、机数量。

解析　查《预算定额》第 1 106 页表[6-1-2-4],每 100 株带土球灌木定额值如下。

人工:2.4 工日。

水:24 m^3。

灌木:105 株。

4 000 L 以内洒水汽车:0.02 台班。

本题中 3 400 株直径 35 cm 带土球灌木所需工、料、机数量如下。

人工:2.4 × 3 400/100=81.6 工日。

水:24 × 3 400/100=816 m^3。

灌木:105 × 3 400/100=3 570 株。

4 000 L 以内洒水汽车:0.02 × 3 400/100=0.68 台班。

四、上交资料

每人上交实训报告一份,见表 5-6。

表 5-6　实训报告

日期：　　班级：　　组别：　　姓名：　　学号：

实训任务	绿化及环境保护工程预算定额运用	成绩	
实训目的	通过此次实训，使学生明确绿化及环境保护工程预算定额的内容，熟悉绿化及环境保护工程预算定额章节的说明和运用要点，能熟练运用绿化及保护工程预算定额		
实训内容	某公路工程环境保护工程需设置声屏障，采用混凝土基础 320 m³，安装型钢立柱 20 t。试计算该环境保护工程的所需的工、料、机数量。		
实训总结			

实训七　临时工程预算定额运用

一、实训目的与要求

（1）认知临时工程预算定额的内容。

（2）熟悉临时工程预算定额各章节的说明和运用要点。

（3）掌握临时工程预算定额运用的基本方法和要求。

（4）会运用临时工程预算定额。

二、实训要点与注意事项

（1）本章定额包括汽车便道、临时便桥、临时码头、轨道铺设、架设输电线路、人工夯打小圆木桩共六个项目。

（2）汽车便道按路基宽度为 7.0 m 和 4.5 m 分别编制，便道路面按宽度为 6.0 m 和 3.5 m 分别编制，路基宽度 4.5 m 的定额中已包括错车道的设置。汽车便道如使用期内需要养护，则按相应定额另行计算。

（3）临时汽车便桥按桥面净宽 4 m、单孔跨径 21 m 编制；钢栈桥按上、下部编制。

（4）重力式砌石码头定额中不包括拆除的工程内容，需要时可按“桥涵工程”项目的“拆除旧建筑物”定额另行计算。

（5）轨道铺设定额中轻轨（11 kg/m，15 kg/m）部分未考虑道砟，轨距为 75 cm，枕距为 80 cm，枕长为 1.2 m；重轨（32 kg/m）部分轨距为 1.435 m，枕距为 80 cm，枕长为 2.5 m，岔枕长为 3.35 m，并考虑了道砟铺筑。

（6）人工夯打小圆木桩的土质划分和桩入土深度的计算方法与打桩工程相同。圆木桩的体积，根据设计桩长和梢径（小头直径），按木材材积表计算。

（7）本章定额中便桥，输电线路的木料、电线的材料消耗均按一次使用量计列，编制预算时应按规定计算回收；其他各项定额分不同情况，按其周转次数摊入材料数量。

三、实训范例

某汽车便道工程，位于平原微丘区，路基宽 7 m，天然砂砾路面压实厚度为 15 cm，路面宽 6 m，使用期为 32 个月，便道长 4.6 km，需要养护，试计算该便道工程的预算定额值和养护所需的工、料、机数量。

解析　（1）查《预算定额》第 1 128 页表[7-1-1-1]，每公里汽车便道路基的定额值如下。

人工：24.6 工日。

75 kW 以内履带式推土机：8.99 台班。

6~8 t 光轮压路机：0.8 台班。

8~10 t 光轮压路机：0.5 台班。

12~15 t 光轮压路机：2.12 台班。

（2）查《预算定额》第 1128 页表[7-1-1-5]，每公里天然砂砾路面定额值如下。

人工：149.4 工日。

材料：天然级配 1 193.40 m^3，水 112 m^3。

机械：8~10 t 光轮压路机 1.15 台班，12~15 t 光轮压路机 2.47 台班，0.6 t 以内手扶式振动碾 4.19 台班。

（3）汽车便道养护：由《预算定额》第 1129 页表[7-1-1-7]，每月每公里养护增加定额值如下。

人工：2.0 工日。

天然级配：18 m^3。

6~8 t 光轮压路机：1.872 台班。

根据便道长度和使用期，养护所需工、料、机总量如下。

人工：$2.0 \times 4.6 \times 32 = 294.4$ 工日。

天然级配：$18 \times 4.6 \times 32 = 2\ 649.6$ m^3。

6~8 t 光轮压路机：$1.872 \times 4.6 \times 32 = 275.56$ 台班。

四、上交资料

每人上交实训报告一份,见表5-7。

表5-7　实训报告

日期:　　　　班级:　　　　组别:　　　　姓名:　　　　学号:

实训任务	临时工程预算定额运用	成绩	
实训目的	通过此次实训,使学生明确临时工程预算定额的内容,熟悉临时工程预算定额章节的说明和运用要点,能熟练运用临时工程预算定额		
实训内容	某汽车便道工程,位于山岭重丘区,路基宽4.5 m,天然砂砾路面压实厚度为15 cm,路面宽3.5 m,使用期为26个月,便道长3.9 km,需要养护。试计算该便道工程的预算定额值和养护所需的工、料、机数量。		
实训总结			

实训八　材料采集及加工预算定额运用

一、实训目的与要求

(1)认知材料采集及加工预算定额的内容。

(2)熟悉材料采集及加工预算定额章节的说明和运用要点。

(3)掌握材料采集及加工预算定额运用的基本方法和要求。

(4)会运用材料采集及加工预算定额。

二、实训要点与注意事项

(1)材料采集及加工定额包括人工种植和采集草皮,土、黏土采筛,采筛洗砂和机制砂,采砂砾、碎(砾)石土、砾石、卵石、片石、块石开采,料石、盖板石开采,机械轧碎石,采筛路面用石屑、煤渣、矿渣,人工洗碎(砾、卵)石,堆、码方,碎石破碎设备安、拆等项目。

（2）机制砂、机轧碎石用到的片石均按捡清片石计算。

（3）材料采集及加工定额已包括采、筛、洗、堆、加工等操作损耗。

（4）采砂砾、碎（砾）石土、砾石、卵石时，如需备水洗石，每 1 m^3 石料用水量按 0.3 m^3 计算，运水工人费用另行计算。

（5）料石、盖板石开采如需爆破者，按开采块石所需材料计列。

（6）人工洗碎（砾、卵）石如需备水，每 1 m^3 碎（砾、卵）石用水量按 0.3 m^3 计算，运水工人费用另行计算。

三、实训范例

试确定人工采、筛、洗、堆砂联合作业，工程数量为 200 m^3 堆方的预算定额（成品率按 60%计）。

解析　根据《预算定额》第 1 141 页表[8-1-3-5+7]确定每 100 m^3 堆方定额值如下。

人工：（21.5+30.3）×（200/100）=103.6 工日。

定额基价：（2 285+3 220）×（200/100）=11 010 元。

四、上交资料

每人上交实训报告一份，见表 5-8。

表 5-8　实训报告

日期：　　　　　班级：　　　　　组别：　　　　　姓名：　　　　　学号：

实训任务	材料采集及加工预算定额的运用	成绩	
实训目的	通过此次实训，使学生认知材料采集及加工预算定额的内容，掌握材料采集及加工预算定额章节的说明和运用要点，能熟练运用材料采集及加工预算定额		
实训内容	某浆砌块石桥墩，需用大量块石，采用在采石场机械开采的块石。试确定其工、料、机和基价的预算定额值		
实训总结			

实训九　材料运输预算定额运用

一、实训目的与要求

(1)熟悉材料运输预算定额的内容。

(2)掌握材料运输预算定额章节的说明及运用要点。

(3)学会材料运输预算定额运用的基本方法和要求。

二、实训要点与注意事项

(1)汽车运输定额中已综合考虑路基不平、土路松软、泥泞、急弯、陡坡等因素增加的消耗。

(2)载货汽车运输、自卸汽车运输和洒水汽车运水定额项目,仅适用于平均运距在15 km以内的运输;当运距超过第一个定额运距单位时,其运距尾数不足一个增运定额运距单位的半数时不计,等于或超过半数时按一个增运定额运距单位计算。当平均运距超过15 km时,应按市场运价计算其运输费用。

(3)人力装卸船舶可按手推车运输相应项目定额计算。

(4)所有材料的运输和装卸定额中,均未包括堆、码方工日。

(5)本章定额中未列名称的材料,可按下列规定执行,其中不是以质量计量的应按单位质量进行换算。

①与碎石运输定额相同的材料有:天然级配、石渣、风化石。

②定额中未列的其他材料,一律按水泥运输定额计算。

三、实训范例

试列出下列题目的材料运输预算定额。

(1)1 t以内机动翻斗车运输生石灰280 t,运距为12 km。

(2)2 m^3以内轮式装载机装块石460 m^3。

解析　(1)机动翻斗车运输生石灰,由《预算定额》第1 170页表[9-1-3-15+16]可得

1 t以内机动翻斗车:[2.78 + 0.24×(12 000−100)/100]×280/100 = 87.75台班。

(2)2 m^3以内轮式装载机装块石,由《预算定额》第1 207页表[9-1-10-8]可得

2 m^3以内轮式装载机:0.22×460/100 = 1.01台班。

四、上交资料

每人上交实训报告一份，见表 5-9。

表 5-9 实训报告

日期： 班级： 组别： 姓名： 学号：

实训任务	材料运输预算定额的运用	成绩	
实训目的	通过此次实训，使学生能熟悉材料运输预算定额的内容，掌握材料运输预算定额章节的说明和运用要点，能正确运用材料运输预算定额		
实训内容	已知：（1）某路基土方工程采用 2 m^3 以内轮式装载机装东，10 t 以内自卸汽车运输土方，运距为 8 km；（2）10 t 以内自卸汽车配 2 m^3 以内轮式装载机运输路基土方，运距为 8 km；（3）手扶拖拉机运煤渣 290 m^3，运距为 800 m。 试列出以上题目的材料运输预算定额，并指出（1）题与（2）题两定额的使用区别。		
实训总结			

实训十 基本定额、材料周转及摊销预算定额运用

一、实训目的与要求

（1）认知基本定额、材料周转及摊销预算定额的内容。

（2）熟悉基本定额、材料周转及摊销预算定额的用途。

（3）掌握基本定额、材料周转及摊销预算定额运用的基本方法和要求。

（4）会运用基本定额、材料周转及摊销预算定额。

二、实训要点与注意事项

（1）《预算定额》中基本定额的主要用途是进行定额抽换和分析分项工程或半成品所需工、料、机等消耗量。

（2）当设计中所规定的工程内容与预算定额中所规定的工作内容、子目或与预算定额表中某序号所列的规格不相符时，则可查用基本定额予以替换。

（3）定额中周转性的材料、模板、支撑、脚手杆、脚手板和挡土板等的数量，已考虑了材料的正常周转次数并计入定额内。其中，就地浇筑钢筋混凝土梁用的支架和拱圈用的拱盔、支架，如确因施工安排达不到规定的周转次数，可根据具体情况进行换算并按规定计算回收，其余工程一般不予抽换。

（4）定额中列有的混凝土、砂浆的强度等级和用量，其材料用量已按《预算定额》中配合比表规定的数量列入定额，不得重算。如设计采用的混凝土、砂浆强度等级或水泥强度等级与定额所列强度等级不同，可按配合比表进行换算。但当实际施工配合比材料用量与定额配合比表用量不同时，除配合比表说明中允许换算者外，均不得调整。混凝土、砂浆配合比表的水泥用量，已综合考虑了采用不同品种水泥的因素，实际施工中不论采用何种水泥，均不得调整定额用量。

（5）定额中各项目的施工机械种类、规格是按一般合理的施工组织确定的，如施工中实际采用的机械种类、规格与定额规定的不同时，一律不得换算。

（6）材料的周转与摊销：《预算定额》附录三中编有“材料的周转及摊销”定额，它的主要用途是规定了各种周转性材料的周转、摊销次数和对达不到规定周转次数的材料定额进行抽换。

（7）按本实训要点与注意事项中第（3）条的规定，对于达不到规定周转次数的材料周转定额，可按下进行换算：

$$E' = E \times K \tag{5-1}$$

式中 E'——实际周转次数的周转性材料定额；

E——定额规定的周转性材料定额；

K——换算系数。

$$K = n / n'$$

式中 n——定额规定的材料周转次数；

n'——实际的材料周转次数。

三、实训范例

范例一 某桥梁浆砌块石轻型墩台，采用 M12.5 砂浆进行砌筑和勾缝。试确定该项目的预算定额。

解析 浆砌块石轻型墩台。由《预算定额》第 631 页表[4-5-3-5]可得定额值如下。

人工:9.6 工日。

材料如下。

(1)根据《预算定额》第四章桥涵工程第五节说明第 1 条规定,M7.5 水泥砂浆为砌筑用砂浆,M10 水泥砂浆为勾缝用砂浆。由设计知,M12.5 水泥砂浆同时用于砌筑和勾缝,根据《预算定额》总说明 9 的规定应进行抽换。

(2)由《预算定额》第 1 213 页附录二“基本定额”[1213-(一)-1-4]查得:每配置 1 m^3 M12.5 砂浆需 32.5 级水泥 345 kg、中(粗)砂 1.07 m^3。

(3)由《预算定额》第 631 页表[4-5-3-5]可知,每砌筑 10 m^3 块石需要砌筑砂浆 2.7 m^3 和勾缝砂浆 0.10 m^3,则抽换后的材料消耗计算如下。

32.5 级水泥:$345 \times 2.7+345 \times 0.1=966$ kg=0.966 t。

中(粗)砂:$1.07 \times 2.7+1.07 \times 0.1 \approx 3$ m^3。

(4)由第 631 页表[4-5-3-5]表查得的其他材料定额:原木 0.02 m^3,锯材 0.04 m^3,钢管 0.006 t,铁钉 0.2 kg,8~12 号铁丝 2.2 kg,水 10 m^3,块石 10.5 m^3,其他材料费 4.1 元。

机械:1.0 m^3 以内轮胎式装载机 0.1 台班,400 L 以内灰浆搅拌机 0.12 台班。

范例二　某高速公路 2 孔石砌拱桥,墩台高度 10 m,需制备满堂式木支架,支架有效宽度 8.5 m,试确定其实际周转 2 次的周转性材料预算定额。

解析　(1)桥梁木支架,应查《预算定额》第 838 页表[4-9-3-2]。

(2)查定额,每 10 m^2 立面积的定额值:原木 0.69 m^3,锯材 0.07 m^3,铁件 10.0 kg,铁钉 0.1 kg。

(3)由《预算定额》第 1 231 页附录三“材料周转及摊销”定额表查得,支架的周转次数定额值 n 为:原木、锯材 5 次,铁件 5 次,铁钉 4 次。

(4)实际周转次数 $n'=2$,实际周转次数周转性材料的定额值 $E'=E\times K$(其中:$K=n/n'$)。

原木:$E'=0.69\times 5\div 2=1.725\ m^3$。

锯材:$E'=0.07\times 5\div 2=0.175\ m^3$。

铁件:$E'=10.0\times 5\div 2=25$ kg。

铁钉:$E'=0.1\times 4\div 2=0.2$ kg。

四、上交资料

每人上交实训报告一份,见表 5-10。

表 5-10　实训报告

日期：　　　　班级：　　　　组别：　　　　姓名：　　　　学号：

实训任务	材料运输预算定额的运用	成绩	
实训目的	通过此次实训,使学生能熟悉材料运输预算定额的内容,掌握材料运输预算定额章节的说明和运用要点,能正确运用材料运输预算定额		
实训内容	某桥梁实体式墩台基础,混凝土工程,梁板式上部构造,设计采用 C20 水泥混凝土。试求水泥、中砂、碎石定额用量。(提示:着重考虑混凝土的定额抽换)		
实训总结			

实训十一　路基工程概算定额运用

一、实训目的与要求

(1)熟悉路基工程概算定额的内容。

(2)掌握路基工程概算定额各章节的说明和运用要点。

(3)学会路基工程概算定额运用的基本方法和要求。

二、实训要点与注意事项

(1)路基土石方开挖定额中,已包括开挖边沟消耗的工、料和机械台班数量,因此开挖边沟的数量应合并在路基土石数量内计算。

(2)路基土石方机械施工定额中,已根据一般路基施工情况,综合了一定比例的因机械达不到而由人工施工的因素,使用定额时,机械施工路段的工程量应全部采用机械施工定额。

(3)各种开炸石方定额中,均已包括清理边坡工作。

(4)抛坍爆破定额中,已根据一般地面横坡的变化情况,进行了适当的综合,其工程量按抛坍爆破设计计算。抛坍爆破的石方清运和增运定额，系按设计数量乘以（1-抛坍率）编制。

（5）自卸汽车运输路基土石方定额项目，仅适用于平均运距在 15 km 以内的土石方运输，当平均运距超过 15 km 时，应按市场价格计算。当运距超过第一个定额运距单位时，其运距尾数不足一个增运定额运距单位的半数时不计，等于或超过半数时按一个增运定额运距单位计算。

（6）路基零星工程定额已综合了整修路拱、整修路基边坡、挖土质台阶、挖土质截（排）水沟（不进行加固）、填前压实、其他零星回填土方等工程，使用定额时，不得因具体工程的含量不同而调整定额。

（7）袋装砂井和塑料排水板处理软土地基定额的工程量为设计深度，定额材料消耗中已包括沙袋或塑料排水板的预留长度。

（8）水泥搅拌桩和高压旋喷桩处理软土地基定额的工程量为设计桩长。

（9）土工布的铺设面积为锚固沟外边缘所包围的面积，包括锚固沟的底面积和侧面积。定额中不包括排水内容，需要时另行计算。

（10）强夯定额使用于处理松、软的碎石土、砂土、低饱和度的粉土与黏性土、湿陷性黄土、杂填土和素填土等地基。定额中已综合考虑夯坑的排水费用，使用定额时不得另行增加费用。每 100 m^2 夯击点数和击数应根据地基土的性质由设计确定。

（11）砌筑工程的工程量为砌体的实际体积，包括构成砌体的砂浆体积。

（12）预制混凝土构件的工程量为预制构件的实际体积，不包括预制构件中空心部分的体积。

（13）挖截水沟、排水沟的工程量为设计水沟断面积乘以水沟长度与水沟圬工体积之和。

（14）路基盲沟、中央分隔带盲沟（横向、纵向）的工程量按设计的工程内容计算。

（15）轻型井点降水定额按 50 根井管为一套，不足 50 根的按一套计算。井点使用天数按日历天数计算，使用时按施工组织设计确定。

（16）植草护坡定额中均已考虑黏结剂、保水剂、营养土、肥料、覆盖薄膜等的费用，使用定额时不得另行算。

（17）防护工程工程量计算规则如下。

①铺草皮工程量按所铺边坡的坡面面积计算。

②以 10 m^3 为计量单位的子目工程量为设计的实体体积。

③木笼、竹笼、铁丝笼填石护坡的工程量按填石体积计算。

④砌筑工程的工程量为砌体的实际体积，包括构成砌体的砂浆体积。

⑤预制混凝土构件的工程量为预制构件的实际体积，不包括预制构件中空心部分的体积。

⑥预应力锚索的工程量含工作长度的质量。

⑦加筋土挡土墙和现浇锚碇板式挡土墙的工程量为墙体混凝土的体积。加筋土挡土墙墙体混凝土体积为混凝土面板、基础垫板、檐板的体积之和。现浇锚碇板式挡土墙墙体混凝土体积为墙体现浇混凝土的体积,定额中已综合了锚碇板的数量,使用定额时不得将锚碇板的数量计入工程量内。

⑧抗滑桩挖孔工程量按护壁外缘所包围的面积乘以设计孔深计算。

三、实训范例

某二级公路,人工挖运土方,Ⅱ类土,运距为 180 m,下山坡度为 6%,配合手扶拖拉机运输。试求人工消耗。

解析 (1)确定《概算定额》第 5 页表号为[1-1-2-2+4]。

(2)确定运距。

①根据定额表附注 2 可知,当采用人工挖、装、卸,手扶拖拉机运输时,其挖、装、卸所需的人工按第一个 40 m 挖运定额减去 18 工日计算。

②根据定额表附注 3 可知,如遇升降坡,除按水平距离计算运距外,降坡 6%,高度每降 1 m,水平距离增加 5 m。

降低的高度:$180 \times 6\%=10.8$ m。

总运距:$180+(10.8 \times 5)=234$ m。

(3)人工:$157.3-18+5.9 \times (234-40)/10=253.76$ 工日。

注:工程中所说的运距是指测量所得的水平距离,并不包括因坡度而增加的运距,因此在运输距离的计算中要尤其重视坡度问题。

四、上交资料

每人上交实训报告一份,见表 5-11。

表 5-11 实训报告

日期: 班级: 组别: 姓名: 学号:

实训任务	路基工程概算定额的运用	成绩	
实训目的	通过此次实训,使学生熟悉路基工程概算定额的全部内容、章节的说明和运用要点,掌握路基工程概算定额运用的基本方法和要求		
实训内容	某一级公路路基工程,全长 80 km,按设计断面计算的填缺为 178 660 000 m³,远运利用方 95 000 m³,平均填土高度为 7 m,宽填厚度为 0.25 m,路基平均占地宽 40 m,路基占地和取土坑均为耕地,土质为Ⅱ类土。采用 1 m³ 以内单斗挖掘机装土方,平均挖深 2.2 m,填前以 12 t 压路机压实耕地。试问:填前压实增加土方量为多少?路基宽填增加土方量为多少?总计计价土方量(压实方)为多少?挖掘机挖装借方作业的工、料、机消耗量为多少?(提示:确定①土质类型;②因宽填路基而增加的土方量;③因填前压实耕地增加的土方量)		

续表

实训总结	

实训十二　路面工程概算定额运用

一、实训目的与要求

(1)明确路面工程概算定额的内容。

(2)分析路面工程概算定额各章节的说明和运用要点。

(3)学会路面工程概算定额运用的基本方法和要求。

(4)会查用路面工程概算定额。

二、实训要点与注意事项

(1)各种类型路面、路槽、路肩、垫层、基层等,除沥青混合料路面、厂拌基层稳定土混合料运输、自卸汽车运输碾压水泥混凝土以 1 000 m^3 路面实体为计算单位外,其他均以 1 000 m^2 为计算单位。路面定额中的厚度均为压实厚度。

(2)自卸汽车运输稳定土混合料、沥青混合料和水泥混凝土定额,仅适用于平均运距在 15 km 以内的混合料运输,当平均运距超过 15 km 时,应按市场运价计算。当运距超过第一个定额运距单位时,其运距尾数不足一个增运定额运距单位的半数时不计,等于或超过半数时按一个增运定额运距单位计算。

(3)各类垫层的压实厚度在 15 cm 以内,填隙碎石一层的压实厚度在 12 cm 以内,各类稳定土基层和底基层压实厚度在 20 cm 以内,拖拉机、平地机、摊铺机和压路机的台班消耗量按定额数量计算。当超过上述压实厚度进行分层拌和、碾压时,拖拉机、平地机、摊铺机和压路机的台班消耗量按定额数量加倍计算,每 1 000 m^2 增加 1.5 工日。

(4)人工沿路翻拌和筛拌稳定土混合料定额中均已包括土的过筛工消耗,因此,土的预算价格中不应再计算过筛费用。

(5)路面基层和垫层定额中土的预算价格,按材料采集、加工和材料运输定额中的有关项目计算。

(6)各类稳定土基层定额中的碎石土、砂砾土系指天然碎石土和天然砂砾土。

(7)各类稳定土底基层采用稳定土基层定额时,每 1 000 m^2 路面减少 12~15 t 光轮压路机 0.18 台班。

（8）泥结碎石、级配碎石、级配砾石、天然砂砾、粒料改善土壤路面面层的压实厚度在 20 cm 以内，拖拉机、平地机和压路机的台班消耗按定额数量计算。当超过上述压实厚度进行分层拌和、碾压时，拖拉机、平地机、摊铺机和压路机的台班消耗按定额数量加倍计算，每 1 000 m^2 增加 1.5 工日。

（9）泥结碎石和级配碎石、级配砾石面层定额中，均未包括磨耗层和保护层，需要时应按磨耗层和保护层定额另行计算。

（10）沥青碎石混合料、沥青混凝土和沥青碎石玛蹄脂混合料路面定额中均已包括混合料拌和、运输、摊铺作业时的损耗因素，路面实体按路面设计面积乘以压实厚度计算。

（11）沥青表面处治路面、沥青贯入式路面和沥青上拌下贯式路面的下贯层、透层、黏层、封层定额中已计入热化、熬制沥青用的锅、灶等设备的费用，使用定额时不得另行计算。

（12）沥青路面定额中均未包括透层、黏层和封层，需要时可按有关定额另行计算。

（13）沥青路面定额中的乳化沥青和改性沥青均按外购成品料进行编制，如在现场自行配制，其配制费用计入材料预算价格中。

（14）当沥青玛蹄脂碎石混合料设计采用的纤维稳定剂的掺加比例与定额不同时，可按设计用量调整定额中纤维稳定剂的消耗量。

（15）沥青路面定额中，均未考虑为保证石料与沥青的黏附性而采用的抗剥离措施的费用，需要时，应根据石料的性质，按设计提出的抗剥离措施，计算其费用。

（16）在冬五区、冬六区采用层铺法进行沥青路面施工时，其沥青用量可按定额用量乘以下列系数：沥青表面处治 1.05，沥青贯入式基层或联结层 1.02，面层 1.028，沥青上拌下贯式下贯部分 1.043。

（17）过水路面定额系按双车道路面宽 7.5 m 进行编制的，当设计为单车道时，定额应乘以系数 0.8。当设计为混合式过水路面时，其中的涵洞可按涵洞工程相关定额计算，过水路面的工程量不扣除涵洞的宽度。

（18）整修和挖除旧路面按设计提出的需要整修的旧路面面积和需要挖除的旧路面体积计算。

（19）整修旧路面定额中，砂石路面均按整修厚度 6.5 cm 计算，沥青表处面层按整修厚度 2 cm 计算，沥青混凝土面层按整修厚度 4 cm 计算，路面基层的整修厚度均按 6.5 cm 计算。

（20）硬路肩工程项目，根据其不同设计层次结构，分别采用不同的路面定额项目进行计算。

（21）铺砌水泥混凝土预制块人行道、路缘石、沥青路面镶边和土硬路肩加固定额中，均已包括水泥混凝土预制块的预制，使用定额时不得另行计算。

三、实训范例

某水泥石灰砂砾稳定土路面基层工程，采用路拌法，拖拉机带铧犁拌和施工，定额标明的配比为 5∶5∶90，设计配比为 4.5∶6.5∶89，设计厚度为 18 cm。试确定水泥、石灰、砂砾的概算定额值。

解析　根据《概算定额》第 143 页第二章第一节说明第 2 条的规定，并查定额第 176 页表[2-1-6(Ⅱ)-13+14]，计算相关材料的概算定额值如下。

水泥：$[20.983+1.049\times(18-20)]\times4.5/5=17.00\ t$。

石灰：$[22.629+1.131\times(18-20)]\times6.5/5=26.48\ t$。

砂砾：$[241.62+12.08\times(18-20)]\times89/90=215.04\ m^3$。

注：在运用定额的过程中，经常会遇到设计文件中所要求的内容、规格与定额表中不相符的情况，在定额说明允许的情况下，可查用相应定额或基本定额予以替换。

四、上交资料

每人上交实训报告一份，见表 5-12。

表 5-12　实训报告

日期：　　　　　班级：　　　　　组别：　　　　　姓名：　　　　　学号：

实训任务	路面工程概算定额的运用	成绩	
实训目的	通过此次实训，使学生明确路面工程概算定额的内容，熟悉路面工程概算定额的说明和运用要点，掌握运用概算定额的基本方法和要求		
实训内容	某路面工程，石灰土砂砾基层，厂拌法拌和，设计配比为 5∶12∶83，设计厚度为 16 cm。试确定石灰、土、砂砾的概算定额值。（提示：混合料配合比抽换时，只需换算设计比例发生变化的材料，与定额比例相同的材料不需另行抽换）		
实训总结			

实训十三　隧道工程概算定额运用

一、实训目的与要求

(1)明确隧道工程概算定额的内容。

(2)分析隧道工程概算定额章节的说明和运用要点。

(3)学会隧道工程概算定额运用的基本方法和要求。

(4)会查用隧道工程概算定额。

二、实训要点与注意事项

(1)洞内出渣运输定额已综合洞门外500 m运距。当洞门外运距超过此运距时,可按照路基工程自卸汽车运输土石方的增运定额加计增运部分的费用。

(2)隧道工程定额未包括混凝土和预制块的运输,需要时应按有关定额另行计算。

(3)洞内工程项目如需采用其他章节的有关定额,所采用定额的人工工日、机械台班数量、小型机具使用费应乘以系数1.26。

(4)本定额隧道长度均指隧道进出口(含与隧道相连的明洞)洞门端墙墙面之间的距离,即两端端墙面与路面的交线同路线中线交点间的距离。双线隧道按上、下行隧道长度的平均值计算。

(5)洞身开挖工程量按设计断面数量(成洞断面加衬砌断面)计算,包含洞身和所有附属洞室的数量,定额中已考虑超挖因素,不得将超挖数量计入工程量。

(6)现浇混凝土衬砌中浇筑运输的工程数量均按设计断面衬砌数量计算,包含洞身和所有附属洞室的衬砌数量。定额中已综合因超挖和预留变形需回填的混凝土数量,不得将上述因素的工程量计入计价工程量中。

(7)防水板、明洞防水层的工程数量按设计敷设面积计算。

(8)止水带(条)、盲沟、透水管的工程数量,均按设计数量计算。

(9)拱顶压浆的工程数量按设计数量计算,设计时可按每延米0.25 m^3综合考虑。

(10)喷射混凝土的工程量按设计厚度乘以喷射面积计算,喷射面积按设计外轮廓线计算。

(11)砂浆锚杆工程量为锚杆、垫板、螺母等材料质量之和;中空注浆锚杆、自进式锚杆的工程量按锚杆设计长度计算。

(12)格栅钢架、型钢钢架工程数量按钢架的设计质量计算;连接钢筋单独计算。

(13)管棚、小导管的工程量按设计钢管长度计算,当管径与定额不同时,可调整定额中钢管的消耗量。

（14）横向塑料排水管按铺设长度计算，纵向弹簧管按隧道纵向每侧铺设长度之和计算，环向盲沟按隧道横断面敷设长度计算。

（15）斜井、竖井项目定额中已综合了出渣、通风、管线路。

（16）斜井相关定额项目系按斜井长度 1 500 m 以内综合编制。

（17）斜井支护按正洞相关定额计算。

（18）工程量计算规则如下。

①开挖工程量按设计断面数量（成洞断面加衬砌断面）计算，定额中已考虑超挖因素，不得将超挖数量计入工程量。

②现浇混凝土衬砌工程数量均按设计断面衬砌数量计算。

③喷射混凝土工程量按设计厚度乘以喷射面积计算，喷射面积按设计外轮廓线计算。

④锚杆工程量为锚杆、垫板、螺母等材料质量之和。

（19）格栅钢架和型钢钢架均按永久性支护编制，如作为临时支护使用，应按规定计取回收。

（20）喷射混凝土定额分气密性混凝土和钢纤维混凝土，定额中已综合考虑混凝土的回弹量。气密性混凝土考虑了气密性费用，气密剂掺量按水泥用量的 7%掺入；钢纤维混凝土中钢纤维掺入量按喷射混凝土质量的 3%掺入。当设计采用的气密剂、钢纤维掺入量与本定额不同或采用其他材料时，可进行抽换。

三、实训范例

某隧道工程，围岩为Ⅳ级，隧道长 6 000 m，采用机械开挖、自卸汽车运输施工，洞内路面需做砂砾垫层，厚度为 15 cm，人工铺料。试确定开挖隧道的人工、硝铵炸药、机械台班和洞内路面垫层的工、料、机的定额用量。

解析　（1）隧道正洞开挖。根据《概算定额》第 291 页第三章章说明第 9 条的（2）的规定，隧道洞内工程项目如采用其他章节的有关项目，所采用的定额的人工工日、机械台班数量、小型机具使用费应乘以系数 1.26。查定额表 305 页[3-1-3-28+34]，计算如下。

人工：（44.7+1.9）× 1.26=58.72 工日。

硝铵炸药：77 kg。

1.0 m^3 以内履带式液压单斗挖掘机：0.02 × 1.26=0.03 台班。

3 m^3 以内轮胎式装载机：0.19 × 1.26=0.24 台班。

气腿式风动凿岩机：4.35 × 1.26=5.48 台班。

3 t 以内载货汽车：（0.25+0.01）× 1.26=0.33 台班。

20 t 以内自卸汽车：（1.18+0.09）× 1.26=1.60 台班。

10 m 以内高空作业车：0.01 × 1.26=0.01 台班。

ϕ 100 mm 以内潜水泵：0.16 × 1.26=0.20 台班。

20 m^3/min 以内电动空压机：(1.46+0.02) × 1.26=1.86 台班。

110 kW 以内轴流式通风机：(1.58+0.15) × 1.26=2.18 台班。

小型机具使用费：(179.2+1.3) × 1.26=227.43 元。

(2)洞内路面垫层。查《概算定额》第 145 页表[2-1-1-2]可得定额值如下。

人工：18.7 工日。

水：19 m^3。

砂砾：191.25 m^3。

12~15 t 光轮压路机：0.16 台班。

18~21 t 光轮压路机：0.31 台班。

注：在应用定额过程中，不同章节的内容经常是交叉使用的。因此，在实训中，要注意查找定额工作的全面、细致。

四、上交资料

每人上交实训报告一份，见表 5-13。

表 5-13　实训报告

日期：　　　　班级：　　　　组别：　　　　姓名：　　　　学号：

实训任务	隧道工程概算定额的运用	成绩	
实训目的	通过此次实训，使学生明确隧道工程概算定额的内容，熟悉隧道工程概算定额章节的说明和运用要点，能正确查用隧道工程概算定额		
实训内容	某隧道工程，长度为 800 m，围岩Ⅱ级，正洞机械开挖自卸汽车运输，工程量为 13 000 m^3。现浇混凝土衬砌，其中模架 110 m^3，仰拱 625 m^3，仰拱回填 47 m^3，连拱隧道中隔墙 133 m^3，钢筋 345 t，求工、料、机消耗量。(提示：分别计算混凝土的浇筑和运输两个问题)		
实训总结			

实训十四 桥涵工程概算定额运用

一、实训目的与要求

(1)认知桥涵工程概算定额的内容。

(2)熟识桥涵工程概算定额章节的说明和运用要点。

(3)学会桥涵工程概算定额运用的基本方法和要求。

(4)会查用桥涵工程概算定额。

二、实训要点与注意事项

(1)定额按常用的结构分为石盖板涵、石(混凝土)拱涵、钢筋混凝土圆管涵、钢筋混凝土盖板涵、钢筋混凝土箱涵、波纹管涵六类,并适用于同类型的通道工程。如为其他类型,可参照有关定额进行编制。

(2)各类涵洞定额中均不包括涵洞顶上和台背填土、涵上路面等工程内容,这部分工程量应包括在路基、路面工程数量中。

(3)定额中涵洞洞口按一般标准洞口计算,遇有特殊洞口时,可根据圬工实体数量,套用相应定额计算。

(4)定额中圆管涵的管径为外径。

(5)涵洞扩大定额按每道单孔和取定涵长计算,当涵长与定额中涵长不同时,可用每增减 1 m 定额进行调整;当为双孔时,可按调整好的单孔定额乘以双孔系数(表 5-14)调整。

表 5-14 双孔系数

结构类型	石盖板涵	钢筋混凝土圆管涵	石拱涵	钢筋混凝土盖板涵
双孔系数	1.6	1.8	1.5	1.6

(6)钢板桩围堰按一般常用的打桩机械在工作平台上打桩编制。定额中已包括工作平台、其他打桩附属设施和钢板桩的运输,使用定额时不得另行计算。

(7)开挖基坑定额中,干处挖基指无地面水和地下水位以上部分的土壤,湿处挖基指施工水位以下部分的土壤。

(8)开挖基坑定额不包含排水,使用定额时按相关定额另行计算。

(9)围堰、筑岛高度为平均施工水深加 50 cm 进行计算。围堰长度按围堰中心长度计算。筑岛工程量按筑岛体积计算。

（10）钢板桩围堰的工程量按设计需要的钢板桩质量计算。

（11）套箱围堰的工程量为套箱金属结构的质量，套箱整体下沉时悬吊平台的钢结构和套箱内支撑的钢结构均已综合在定额中，不得作为套箱工程量进行计算。

（12）开挖基坑的工程量应根据设计图纸、地质情况、施工规范确定基坑边坡后，按基坑容积计算。定额中已综合了集水井、排水沟、基坑回填、夯实等内容，使用定额时不得将上述项目计入工程量内。

（13）天然地基上的基础的工程量按基础、支撑梁、河床铺砌、隔水墙工程量的总和计算。

（14）沉井制作的工程量：重力式沉井为设计图纸井壁和隔墙混凝土数量；钢丝网水泥薄壁沉井为刃脚和骨架钢材的质量，但不包括铁丝网的质量；钢壳沉井的工程量为钢材的设计总质量。

（15）锚定系统定额的工程量指锚定的数量，按施工组织设计的需要量计算。

（16）沉井下沉定额的工程量按沉井刃脚外边缘所包围的面积乘以沉井刃脚下沉入土深度计算。沉井下沉按土石所在的不同深度分别采用不同的下沉深度的定额。定额中的下沉深度指沉井顶面到作业面的高度。定额中已综合溢流（翻砂）的数量，不得另加工程量。

（17）沉井填塞的工程量：实心的为封底、填心、封顶的工程最总和；空心的为封底、封顶的工程量总和。

（18）地下连续墙导墙的工程量按设计需要设置的导墙的混凝土体积计算；成槽和墙体混凝土的工程量按地下连续墙设计长度、厚度和深度的乘积计算；锁口管吊拔和清底置换的工程量按地下连续墙的设计槽段数（指槽壁单元槽段）计算；内衬的工程量按设计需要的内衬的混凝土体积计算。

（19）人工挖孔的工程量按护筒（护壁）外缘所包围的面积乘以设计孔深计算。

（20）灌注桩成孔工程量按设计入土深度计算。定额中的孔深指护筒顶至桩底（设计高程）的深度。造孔定额中同一孔内的不同土质，不论其所在的深度如何，均采用总孔深定额。

（21）灌注桩混凝土的工程量按设计桩径断面积乘以设计桩长计算，不得将扩孔因素和凿除桩头数量计入工程量内。

（22）灌注桩工作平台水深 5 m 以内时工程量按施工组织设计需要的面积计算，水深 5 m 以上时工程量分别按施工组织设计的下部结构质量和上部结构面积计算。

（23）墩台的工程量为墩台身、墩台帽、支座垫石、拱座、盖梁、系梁、侧墙、翼墙、耳墙、墙背、填平层、腹拱圈、桥台第二层以下的帽石（有人行道时为第一层以下的帽石）的工程量之和。

（24）索塔的工程量：塔墩固结的为基础顶面或承台顶面以上至塔顶的全部工程量之和；塔墩分离的为桥面顶以上至塔顶的全部工程量之和；桥面顶以下部分的工程量按墩台定额计算。

（25）索塔锚固套筒定额中已综合加劲钢板和钢筋的数量，其工程量以锚固套筒钢管的质量计算。

（26）索塔钢锚箱的工程量为钢锚箱钢板、剪力钉、定位件的质量之和。

（27）梁、板桥上部构造的工程量包括梁、板、横隔板、箱梁 0 号块、合龙段、桥面连续结构的工程量和安装时的现浇混凝土的工程量。

（28）斜拉桥混凝土箱梁锚固套筒定额中已综合了加劲钢板和钢筋的数量，其工程量以混凝土箱梁中锚固套筒钢管的质量计算。

（29）钢格栅的工程量以钢格栅和反力架的质量之和计算。

（30）主索鞍的质量包括承板、鞍体、安装板、挡块、槽盖、拉杆、隔板、锚梁、锌质填块的质量；散索鞍的质量包括底板、底座、承扳、鞍体、压紧梁、隔板、拉杆、锌质填块的质量。

（31）牵引系统长度为牵引系统所需的单侧长度，以 m 为单位计算。

（32）猫道系统长度为猫道系统的单侧长度，以 m 为单位计算。

（33）索夹质量包括索夹主体、螺母、螺杆、防水螺母、球面垫圈质量，以 t 为单位计算。

（34）紧缆的工程量为主缆长度扣除锚跨区、塔顶区无须紧缆的主缆长度后的单侧长度，以 m 为单位计算。

（35）钢箱梁的质量为钢箱梁（包括箱梁内横隔板）、桥面板（包括横肋）、横梁、钢锚箱质量之和。如为钢-混混合梁结构，其结合部的剪力钉质量也应计入钢箱梁质量内。

（36）钢管拱肋的工程量以设计质量计算，包括拱肋钢管、横撑、腹板、拱脚处外侧钢板、拱脚接头钢板、各种加劲块的质量，不包括支座和钢拱肋内的混凝土的质量。

（37）安装板式橡胶支座的工程量按支座的设计体积计算。至于锚栓、梁上的钢筋网、铁件等均已综合在定额内。

（38）桥梁支架定额单位的立面积为桥梁净跨径乘以高度，拱桥高度为起拱线以下至地面的高度，梁式桥高度为墩、台帽顶至地面的高度，这里的地面指支架地梁的底面。

（39）钢筋定额中光圆钢筋与带肋钢筋比例关系与设计图纸不同时，可据实调整。

（40）制作、张拉预应力钢筋，是按不同的锚头形式分别编制的，当每吨钢丝的根数有变化时，可根据定额进行抽换。定额中的锚具按套计，包括锚具的所有费用。定额中的束长为一次张拉的长度。

（41）预应力钢筋、钢绞线定额均已包括制束、穿束、张拉，波纹管制作、安装或胶管预留孔道、孔道压浆等的工、料、机消耗量。成品束钢绞线定额包括张拉、孔道压浆等的工、料、机消耗量。锚垫板、螺旋筋含在锚具单价中。使用定额时，上述项目不得另行计算。

（42）蒸汽养护室面积按有效面积计算，其工程量按每一养护室安置两片梁，其梁间距为 0.8 m，并按长度每端增加 1.5 m，宽度每边增加 1.0 m 考虑。定额中已将其附属工程和设备，按摊销量计入定额中，编制概算时不得另行计算。

三、实训范例

某预应力混凝土箱梁预制工程，设计规定采用波纹管成孔，钢筋为 550 根/10 t。试列出后张法制作、张拉预应力钢筋的概算定额。

解析 （1）根据《概算定额》第 779 页第五节说明第 2 条，当每吨钢筋根数与定额规定不符时，可根据定额进行抽换。

（2）查《概算定额》第 787 页表[4-5-2-（1+2×20）]（定额单位为 10 t 预应力钢筋），根据题示钢筋为 550 根/10 t，与定额所列 530 根/10 t 不符，故其计算如下。

人工：211.7+（550−530）×0.2=215.7 工日。

预应力粗钢筋：10.4 t。

波纹管钢带：0.983 t。

水：2 m^3。

32.5 级水泥：1.941 kg。

精轧螺纹钢锚具：1 121.6+（550−530）×2.1=1 163.6 kg。

其他材料费：245.4+（550−530）×0.5=255.4 元。

900 kN 以内预应力拉伸机：17.78+（550−530）×0.03=18.38 台班。

波纹管卷制机：7.86 台班。

50 kN 以内单筒慢动电动卷扬机：3.7 台班。

小型机具使用费：927.1+（550−530）×1.7=961.1 元。

注：由钢筋根数的抽换了解预应力钢筋制作、张拉的工艺。

四、上交资料

每人上交实训报告一份，见表 5-15。

表 5-15　实训报告

日期：　　　　班级：　　　　组别：　　　　姓名：　　　　学号：

实训任务	桥涵工程概算定额的运用	成绩	
实训目的	通过此次实训，使学生明确桥涵工程概算定额的内容，熟悉桥涵工程概算定额章节的说明和运用要点，学会通过查用桥涵工程概算定额来掌握桥涵工程概算定额运用的基本方法和要求		
实训内容	某桥预制构件厂预制等截面连续箱梁，梁长 15 m，宽 3 m，泵送混凝土，共 10 个底座。试计算预制等截面连续箱梁的人工、水泥用量和养生 10 片梁所需的蒸汽养生室建筑人工、水泥用量。（提示：①查取预制等截面连续箱梁的定额；②根据章节说明计算养生室面积，进而计算养生室建筑人工、水泥用量）		

续表

实训总结	

实训十五 交通工程及沿线设施概算定额运用

一、实训目的与要求

（1）熟悉交通工程及沿线设施工程概算定额的内容。

（2）掌握交通工程及沿线设施工程概算定额章节的说明和运用要点。

（3）学会交通工程及沿线设施工程概算定额运用的基本方法和要求。

二、实训要点与注意事项

（1）墙式护栏的工程量为墙体体积。

（2）钢筋混凝土防撞护栏中铸铁柱与钢管栏杆按柱与栏杆的总质量计算，预埋螺栓、螺母、垫圈等附件已综合在定额内，使用定额时，不得另行计算。

（3）波形钢板护栏中钢管柱、型钢柱按柱的成品质量计算；波形钢板按钢板、端头板（包括端部稳定的锚定板、夹具、挡板）与撑架的总质量计算，柱帽、固定螺栓、连接螺栓、钢丝绳、螺母、垫圈等附件已综合在定额内，使用定额时，不得另行计算。

（4）活动护栏工程量按护栏实际长度计算；缆索护栏按重量计算，钢管立柱综合了链接钢板，缆索综合了连接螺栓等，使用定额时，不得另行计算。

（5）中央分隔带开口护栏工程量按护栏实际长度计算；缆索护栏按重量计算，钢管立柱综合了链接钢板，缆索综合了连接螺栓等，使用定额时，不得另行计算。

（6）隔离栅的工程量为两端立柱中心间的距离。

（7）中间带与车道分离防撞设施定额中，路缘带的工程量为路缘带起讫点间的距离，定额综合了中央分隔带填土，使用定额时，不得另行计算；隔离墩、钢管栏杆、防眩网（板）的工程量为实际设置长度；车道分离块的工程量为实际设置长度。

（8）轮廓标若安装在波形护栏，应扣除定额中镀锌铁件的数量。

（9）路面标线按划线的净面积计算。

（10）收费岛涂刷反光标志漆和粘贴反光膜的数量，已综合在收费岛混凝土定额中，使用定额时，均不得另行计算。

（11）防撞栏杆的预埋钢套管的数量已综合在定额中，使用定额时，不得另行计算。

（12）防撞立柱的预埋钢套管和立柱填充水泥混凝土、立柱与预埋钢套管之间灌填水泥砂浆的数量，均已综合在定额中，使用定额时，不得另行计算。

（13）设备基础混凝土定额中综合了预埋钢筋、地脚螺母、底座法兰盘等的数量，使用定额时，不得另行计算。

（14）通信管道定额中不包括管道过桥时的托架和管箱等工程内容，应按相关定额另行计算；挖管沟本定额也未包括，应按"电缆敷设电缆沟"项目人工挖运土方定额计算。

（15）硅芯管敷设定额已综合标石的制作与埋放、人孔处的包封等，使用定额时，不得另行计算。

（16）镀锌钢管敷设定额中已综合接口处套管的切割、焊接、防锈处理等内容，使用定额时，不得另行计算。

（17）敷设管道和管道包封的工程量均按管道长度计算。

（18）干式变压器如果带有保护外罩，那么人工和机械乘以系数 1.2。

（19）变压器油是按设备自带考虑的，但施工中变压器油的过滤损耗和操作损耗已包括在定额中。变压器安装过程中放注油、油过滤所使用的油罐，已摊入油过滤定额中。

（20）高压成套配电柜中断路器安装定额系综合考虑的，不分容量大小，也不包括母线配制和设备干燥。

（21）控制设备安装未包括支架的制作和安装，需要时可按相关定额另行计算。

（22）送配电设备系统调试包括系统内的电缆试验、瓷瓶耐压等全套调试工作。供电桥回路中的断路器、母线分段断路器皆作为独立的供电系统计算，定额皆按一个系统一侧配一台断路器考虑，若两侧皆有断路器，则按两个系统计算。如果分配电箱内只有刀开关、熔断器等不含调试元件的供电回路，则不再作为调试系统计算。

（23）接地装置是按变配电系统接地、车间接地和设备接地等工业设施接地编制的。定额中未包括接地电阻率高的土质换土、土壤的化学处理和由此发生的接地电阻测试等费用，需要时应另行计算。接地装置换填土执行电缆沟挖填土相应子目。

（24）电缆敷设按单根延米计算（如一个架上敷设 3 根各长 100 m 的电缆，工程量应按 300 m 计算，以此类推）。电缆附加和预留的长度是电缆敷设长度的组成部分，应计入电缆工程量内。电缆进入建筑物预留长度按 2 m 计算。电缆进入沟内或吊架预留长度按 1.5 m 计算。电缆中间接头盒预留长度两端各按 2 m 计算。

（25）用于扩（改）建工程时，所有定额的人工工日乘以系数 1.35；所用定额的人工工日乘以系数 0.25。施工单位为配合认证单位验收测试而发生的费用，按本定额验证测试子目的工日、仪器仪表台班总用量乘以系数 0.3 计取。

三、实训范例

某公路沿线水平敷设铜芯电缆 3 800 m，电缆截面面积 110 mm^2，求该电缆预算定额值。

解析　由《概算定额》第 969 页表[5-6-2-2]可得定额值如下。

人工：76.8 × 3 800/1 000=291.84 工日。

8~12 号铁丝：4.5 × 3 800/1 000=17.1 kg。

镀锌螺栓：14.4 × 3 800/1 000=54.72 kg。

膨胀螺栓：140 × 3 800/1 000=532 套。

电缆：1 010 × 3 800/1 000=3 838 m。

其他材料费：890 × 3 800/1 000=3 382 元。

6 t 以内载货汽车：0.55 × 3 800/1 000=2.09 台班。

5 t 以内汽车式起重机：0.53 × 3 800/1 000=2.01 台班。

基价：47 983 × 3 800/1 000=182 335 元。

四、上交资料

每人上交实训报告一份，见表 5-16。

表 5-16　实训报告

日期：　　　　班级：　　　　组别：　　　　姓名：　　　　学号：

实训任务	交通工程及沿线设施概算定额的运用	成绩	
实训目的	通过此次实训，使学生了解交通工程及沿线设施概算定额的内容；熟悉交通工程及沿线设施概算定额章节的说明和运用要点；能正确查用交通工程及沿线设施概算定额		
实训内容	某一级公路全长 35 km，设预制混凝土百米桩，求人工、光圆钢筋、油漆用量。（提示：注意准确确定百米桩的块数）		

续表

实训总结	

实训十六　绿化及环境保护工程概算定额运用

一、实训目的与要求

(1)认知绿化及环境保护工程概算定额的内容。

(2)熟悉绿化及环境保护工程概算定额章节的说明和运用要点。

(3)掌握绿化及环境保护工程概算定额运用的基本方法和要求。

(4)会运用绿化及环境保护工程概算定额。

二、实训要点与注意事项

(1)绿化工程栽植子目中均已综合了挖树穴、底肥、一次浇水费用。

(2)环境保护工程声屏障的隔声、吸音板可以依据设计进行调整。

(3)死苗补植在栽植子目中已包含,使用定额时不得更改。盆栽植物均按脱盆的规格套用相应的定额子目。

(4)苗木和地被植物的场内运输已在定额中综合考虑,使用定额时,不得另行增加。

(5)绿化工程内容中,清理场地指工程完工后将树穴余泥杂物清除并归堆。当有余泥杂物需外运时,按路基土石方运输定额子目另行计算。

(6)栽植子目中均已综合了挖树穴工程量,底肥费用计入其他材料费中,浇水按一次计算,其余内容按相应定额计算,但不得重复计算。

(7)栽植子目按土可用的情况进行编制,若需要换土,则按有关定额子目进行计算。

(8)运苗木子目仅适用于自运苗木的运输。

(9)立柱安装定额中预埋件、H 型钢立柱等均按成品镀锌构件编制,刷防腐油漆等定额已综合,使用定额时,不应另行计算。

(10)板板安装定额不包括板材的制作与运输。另外,定额中板材是按定额表中所给出的结构形式和尺寸编制的;若板材各单元的组合或尺寸有变,可根据设计按实进行调整。

(11)定额中的声屏障按 1.4 m 弧形吸音板+1 m 夹胶玻璃隔声板+1.6 m 平直形吸音

板编制;若设计板材或尺寸有变,可依据设计调整。

三、实训范例

某公路进行绿化工程,需要栽植 75 cm 裸根灌木 4 600 株。试求其概算定额值。

解析　根据《概算定额》第 991 页表[6-1-2-II-9]查得,株高 80 cm 以内裸根灌木需要(每 100 株)的定额值如下。

人工:1.7 × 4 600/100=78.2 工日。

水:22 × 4 600/100=1 012 m^3。

灌木:105 × 4 600/100=4 830 株。

其他材料费:34.2 × 4 600/100=1 573.2 元。

4 000 L 以内洒水车:0.02 × 4 600/100=0.92 台班。

小型机具使用费:0.6 × 4 600/100=27.6 元。

四、上交资料

每人上交实训报告一份,见表 5-17。

表 5-17　实训报告

日期:　　　　班级:　　　　组别:　　　　姓名:　　　　学号:

实训任务	绿化及环境保护工程概算定额的运用	成绩	
实训目的	通过此次实训,使学生了解绿化及环境保护工程概算定额的内容,熟悉绿化及环境保护工程概算定额章节的说明和运用要点,掌握绿化及环境保护工程概算定额运用的基本方法和要求		
实训内容	某公路进行绿化工程,需要栽植 35 cm 裸根灌木 520 株, 45 cm 带土球灌木 600 株。试求其概算定额值。(提示:注意本题给定的裸根灌木长度值与带土球灌木长度值的区别)		
实训总结			

实训十七　临时工程概算定额运用

一、实训目的与要求

(1)认知临时工程概算定额的内容。

(2)熟悉临时工程概算定额各章节的说明和运用要点。

(3)掌握临时工程概算定额运用的基本方法和要求。

(4)会运用临时工程概算定额。

二、实训要点与注意事项

(1)本章定额包括汽车便道,临时便桥,临时码头,轨道铺设,架设输电、电信线路,人工夯打小圆木桩共6个项目。

(2)汽车便道按路基宽度为7.0 m和4.5 m分别编制,便道路面按宽度为6.0 m和3.5 m分别编制,路基宽度为4.5 m的定额中已包括错车道的设置。汽车便道如使用期内需要养护,按相应定额另行计算。

(3)临时汽车便桥按桥面净宽4 m、单孔跨径21 m编制。钢栈桥分上、下部进行编制,下部工程量按钢栈桥下部总质量计算,上部的工程量按钢栈桥桥面面积计算。

(4)临时便桥定额中的设备摊销费是按使用4个月编制的,若使用期不同,可予以调整。

(5)临时便桥定额中的钢管桩为使用1年的消耗量,若使用期不同,可予以调整。

(6)重力式砌石码头定额中不包括拆除的工程内容,需要时可按“桥涵工程”项目的“拆除旧建筑物”定额另行计算。

(7)浮箱码头定额中每100 m^2码头平面面积的浮箱质量为25.365 t(包括浮箱连接件),其设备摊销费按每吨每月140元和使用12个月编制,若浮箱实际质量和施工期不同,可予以调整。

(8)钢筋混凝土锚定额中已包括了栓锚钢丝绳和锚链的数量,使用定额时,不得另行计算。

(9)轨道铺设定额中轻轨(11 kg/m,15 kg/m)部分未考虑道咋,轨距为75 cm,枕距为80 cm,枕长为1.2 m;重轨(32 kg/m)定额在路基上已考虑道砟的周转实用,按实际用量的30%计。重轨定额按轨距为1.435 m,枕距为80 cm,枕长为2.5 m,岔枕长为3.35 m编制。

(10)轨道铺设定额中如需设置道岔,每处道岔工、料按相应轨道铺设增加,轨重11

kg/m、15 kg/m 的增加 16 m，轨重 32 kg/m 的增加 31 m，岔枕长 3.35 m。

（11）人工夯打小圆木桩的土质划分和桩入土深度的计算方法与打桩工程相同。圆木桩的体积，根据设计桩长和梢径（小头直径），按木材材积表计算。

（12）本章定额中临时便桥，输电、电信线路的木料、电线的材料消耗量均按一次使用量计列，使用定额时应按规定计算回收；其他各项定额分不同情况，按其周转次数摊入材料数量。

（13）架设输电线路定额中的设备摊销费为变压器的费用，按施工期 2 年计算，如施工期不同，可按比例调整。

三、实训范例

某工程施工需临时钢便桥 1 座，桥长 149 m，桩长 10 m 以内，试求其概算定额的工、料、机消耗量。

解析　由《概算定额》第 1 011 页第七章说明第 3 条可知，该便桥长 149 m，而定额是以单孔跨径 21 m 编制的，故该桥应设桥墩 149 ÷ 21 ≈ 7 座，而实际桥墩数量应为 7+1=8 座。

根据《概算定额》第 1 014 页表[7-1-2-1+2]可得定额值如下。

人工：28.7 × 149 ÷ 10+1.5 × 8=439.63 工日。

原木：0.171 × 149 ÷ 10+0.21 × 8=4.23 m^3。

锯材：5.165 × 149 ÷ 10+0.11 × 8=77.84 m^3。

型钢：0.09 × 8=0.72 t。

电焊条：1.4 × 8=11.2 kg。

钢管桩：0.152 × 8=1.216 t。

铁件：16.1 × 149 ÷ 10+13.3 × 8=346.3 kg。

其他材料费：372.8 × 149 ÷ 10+6.1 × 8=5 603.52 元。

设备摊销费：3 128.8 × 149 ÷ 10=46 619.12 元。

25 t 以内轮胎式起重机：0.09 × 8=0.72 台班。

50 kN 以内单筒慢动卷扬机：2.36 × 149 ÷ 10=35.16 台班。

300 kN 以内振动打拔桩锤：0.21 × 8=1.68 台班。

32 kV·A 以内交流电弧焊机：0.16 × 8=1.28 台班。

44 kW 以内内燃拖轮：0.08 × 8=0.64 台班。

80 t 以内工程驳船：0.51 × 8=4.08 台班。

小型机具使用费：5.6 × 149 ÷ 10+7.1 × 8=140.24 元。

四、上交资料

每人上交实训报告一份，见表 5-18。

表 5-18　实训报告

日期：　　　　班级：　　　　组别：　　　　姓名：　　　　学号：

实训任务	临时工程概算定额的运用	成绩	
实训目的	通过此次实训，使学生明确临时工程概算定额的内容，熟悉临时工程概算定额章节的说明和运用要点，学会临时工程概算定额运用的基本方法和要求		
实训内容	某工程进行临时轨道铺设 380 m，钢轨重 11 kg/m，设 2 处道岔，求实际工、料、机消耗量。（提示：注意参照定额表的备注说明）		
实训总结			

实训十八　机械台班费用定额运用

一、实训目的与要求

（1）明确机械台班费用定额的内容。

（2）分析机械台班费用定额的说明和运用要点。

（3）学会机械台班费用定额运用的基本方法和要求。

（4）会查机械台班费用定额。

二、实训要点与注意事项

（1）本定额是《公路工程建设项目投资估算编制办法》（JTG 3820—2018）、《公路工程建设项目概算预算编制办法》（JTG 3830—2018）、《公路工程估算指标》（JTG/T 3821—2018）、《公路工程概算定额》（JTG/T 3831—2018）、《公路工程预算定额》（JTG/T 3832—2018）的配套定额，是编制公路建设工程估算、概算、预算的依据。

（2）本定额内容包括：土石方工程机械，路面工程机械，混凝土及灰浆机械，水平运输机械，起重及垂直运输机械，打桩、钻孔机械，泵类机械，金属、木、石料加工机械，动力机械，工程船舶，工程检测仪器仪表，通风机，其他机械等，共计 13 类 972 个子目。

（3）本定额中各类机械（除潜水设备、变压器和配电设备外）每台（艘）班均按 8 h 计算，潜水设备每台班按 6 h 计算，变压器和配电设备每昼夜按 1 台班计算。

（4）本定额中折旧费、检修费、维护费、安拆辅助费为不变费用，编制机械台班单价时，除青海、新疆、西藏等边远地区外，均应直接采用。至于边远地区因机械使用年限差异、维修工资、配件材料等价差较大而需调整不变费用时，可根据具体情况，由各省级交通运输主管部门制定系数并执行。

（5）本定额中的人工费、动力燃料费、车船使用税为可变费用，编制机械台班单价时，人工和动力燃料消耗量应以本定额中的数值为准。人工单价、动力燃料单价按《公路工程建设项目概算预算编制办法》（JTG 3830—2018）的规定计算。工程船舶和潜水设备的工日单价，按当地有关部门规定计算。其他费用，如需缴纳，应根据各省、自治区、直辖市和国务院有关部门规定的标准，按机械的年工作台班计入台班费中。

（6）机械设备转移费不包括在本定额中。

（7）加油、油料过滤的损耗和变电设备与机械之间输电线路的电力损失，均已包括在本定额中。

（8）本定额中凡注明“×× 以内”者，均含“××”数本身。定额子目步距起点均由前项开始，如“30 以内”“60 以内”“80 以内”等，其中“60 以内”指“30 以外至 60 以内”，“80 以内”指“60 以外至 80 以内”。

（9）本定额的计量单位均执行国家法定计量单位。

（10）本定额按照公路工程中常用的施工机械的规格编制，规格与之相同或相似的，均应直接采用。本定额中未包括的机械项目，各省级交通运输主管部门可根据本定额的编制原则和方法编制补充定额。

三、实训范例

试确定 5 t 以内自卸汽车的机械台班单价。已知当地规定的人工工日单价为 160 元/工日，汽油单价为 7.6 元/kg。

解析　（1）查《公路工程机械台班费用定额》（JTG/T 3833—2018）第 40 页水平运输机械，5 t 以内自卸汽车的定额代号为 8007012。

（2）在代号 8007012 子目查得定额值并计算台班单价（不变费用为 120.53 元）如下。

人工：1 × 160=160 元。

汽油：41.91 × 7.6=318.516 元。

台班单价=不变费用+可变费用=120.53+（160+318.516）=599.046 元/台班。

四、上交资料

每人上交实训报告一份,见表 5-19。

表 5-19　实训报告

日期:　　　　班级:　　　　组别:　　　　姓名:　　　　学号:

实训任务	公路工程机械台班费用定额的运用	成绩	
实训目的	通过此次实训,使学生明确公路工程机械台班费用定额的内容,学会分析公路工程机械台班费用定额的说明和运用要点,并掌握公路工程机械台班费用定额运用的基本方法和要求		
实训内容	试确定蒸发量为 1 t/h 的工业锅炉的机械台班单价。已知工、料单价为:人工 160 元/工日,煤 0.48 元/kg,电 0.80 元/kW·h,水 0.65 元/ m³,木柴 0.70 元/kg。(提示:注意考虑可变费用的计算)		
实训总结			

第六部分　公路工程概预算造价文件编制实训

一、施工图预算实训项目

（一）项目概况

1. 原有桥梁概述

连城桥位于辽源市县道 X636 西支线上 K2+815 处，跨越东辽河，原桥为双幅桥，上行桥为石拱桥建于 1968 年，下行桥建于 1999 年。该段河道较顺直，断面较规则。桥梁两侧河堤较顺直，桥台两侧河堤挡墙。桥位处河流汇水面积为 1 518 km^2，用形态断面法计算设计流量 $Q_{1/100}$=2 335.6 m^3/s，设计水位为 272.331 m，桥面最低设计标高为 275.122 m。经计算原桥满足泄洪要求。

上行桥为 7-16.5 m 实腹式石拱桥，上行桥宽为 1.0 m（人行道）+7.0 m（行车道）+0.5 m（护栏）=8.5 m（全宽）。下部结构为重力式桥墩、桥台，扩大基础。1999 年增加下行桥时对桥面系改造。设计荷载为汽-15 级，挂-100。

2. 主要病害

上行桥的主要病害如下。

（1）2#主拱圈拱顶跨中有横向贯穿裂缝，且裂缝超限，还有 4 处孔洞。

（2）5、6、7#主拱圈与侧墙脱裂。

（3）6#拱圈砌石脱落 3 处。

（4）7#主拱圈拉裂砂浆脱落。

（5）桥墩受河水冲刷砂浆勾缝脱落，砌块松动。

（6）桥面铺装出现轻度车辙。

（7）人行道和护栏底座多处破损。

（8）栅栏式护栏不满足防撞要求。

3. 评定等级

根据吉林省交通规划设计院出的“连城桥（左幅）技术状况评定”报告，连城桥（上行）全桥技术状况评定该桥为 4 类桥。

（二）设计标准

1. 设计方案

拆除上行石砌拱桥，重新修建，桥梁上部结构采用 7-16.5 m 预应力混凝土简支空心板梁（后张），下部结构桥墩采用柱式墩、桩基础，桥台采用U台、扩大基础。桥梁宽度采用0.5 m（护栏）+1.3 m（人行道）+11 m（净）+0.75 m（护栏）=13.55 m（全宽）。桥梁全长136.5 m。

2. 设计要点

（1）设计计算采用平面杆系结构计算软件计算，桥面现浇层参与结构受力，荷载横向分配系数按铰接板法计算，并采用空间结构计算软件校核。

（2）设计参数如下。

①混凝土：重力密度 γ=26.0 kN/m³，弹性模量 E=3.45×104 MPa。

②预应力钢筋：弹性模量 E_p=1.95×105 MPa，松弛率 ρ=0.035，松弛系数 ξ=0.3。

③锚具：锚具变形、钢筋回缩按6 mm（一端）计算。

④竖向梯度温度效应：按《公路钢筋混凝土及预应力混凝土桥涵设计规范》（JTG 3362—2018）规定取值，取 T_1=14 ℃，T_2=5.5 ℃。

（3）一块板板端支点最大反力见表6-1。

表 6-1　板端支点最大反力

项目	恒载（kN）	恒+汽（kN）
边板反力	325	471
中板反力	268	411

（4）桥面横坡由盖梁坡度、支座垫石、支座顶钢板共同调整。

（5）在混凝土铺装前，应对主梁混凝土表面进行清扫后施工防水层。

（6）伸缩缝和桥面连续：本桥在0、7号桥台和2、5号桥墩处设置Z80型伸缩缝，1、3、4号桥墩处设置桥面连续，伸缩缝和桥面连续采用C50补偿收缩防水混凝土，其构造见设计图纸。

（7）泄水管采用铸铁管，泄水管铸铁部分除与混凝土的接触面外，其余部分均采用涂一遍底漆、两遍油漆的方法防腐。

（三）沿线自然地理概况

1. 自然地理概况

桥址区位于东辽河上游河床上，为低山丘陵区。区域内河流形状呈树叶形，河水流向为北东—南西向，河流两岸平坦宽阔，现状为城区，河床表层为卵砾石，平时河水水流较小，雨季洪水暴涨。

工程区域地处吉林省的中南部，属于北温带大陆性季风气候区，受大气环流影响，在冷暖气团的交替控制之下，四季气候变化十分明显。根据辽源气象站气象要素资料统计，多年平均降水量为661.6 mm，同时降水在时间和空间分布不均匀，最多月份的降雨量是最少月份的降雨量的29.7倍，6—9月份降雨量为490.3 mm，占全年降水量的74.1%；多年平均蒸发量 1 268.8 mm（ ϕ 20 cm），多年平均日照时数为 2 507.1 h，多年平均气温为 5.2 ℃，历年极端最低气温为-37.9 ℃，发生在 1990 年 1 月 4 日。多年平均风速为 2.9 m/s，历年最大风速为 24 m/s，发生在 1957 年 4 月 15 日，风向为 SW。

2. 工程地质

桥址区上覆第四系全新统冲积层（Q4al），主要为粉质黏土、粗砂等；下伏华力西晚期花岗岩（γ43），岩性主要为花岗岩和燕山早期安山岩。根据岩土体地质时代、地层成因、岩体风化程度、岩土物理力学特征等，桥址区地层自上而下依次如下。

（1）粉质黏土混砂砾：灰褐色，可塑偏软，干强度中等，韧性低，无摇震反应，切面无光泽，含 20%~30%砂砾，层厚 3.20~3.30 m。

（2）砾砂：黄褐色，饱和，稍密-中密，主要由长石、石英和少量岩屑组成，含少量砾石，层厚 3.20 m。

（3）卵石：黄褐色，为路基填筑土，稍湿，主要由粉质黏土、碎石、风化砂等组成，部分为圆砾，层厚 2.60~2.80 m。

（4）强风化花岗岩（γ43）：灰褐色，中细粒结构，块状构造，主要由长石、石英组成，岩心为碎石状-短柱状，复合片泥浆钻进，进尺缓慢，层厚 2.20~2.40 m。

（5）中风化花岗岩（γ43）：灰褐色，中细粒结构，块状构造，主要由长石、石英组成，金刚石泥浆钻进，进尺缓慢，层厚 2.20~2.40 m。

（6）全风化安山岩（J3d）：灰褐-深灰色，全风化碎石土-角砾土状，镶嵌结构，岩芯呈角砾状-碎石状，层厚 2.20~2.40 m。

（7）强风化安山岩（J3d）：深灰色，安山结构，块状构造，主要由长石、石英组成，复合片泥浆钻进，进尺缓慢，层厚 2.20~2.40 m。

（8）中风化安山岩（J3d）：深灰色，安山结构，块状构造，主要由长石、石英组成，层厚 2.20~2.40 m，最大揭露厚度为 12.60 m。

（四）桥涵主要材料

1. 混凝土

（1）预应力混凝土主梁：C50 混凝土。

（2）伸缩装置预留槽和桥面整体化混凝土：C50 补偿收缩防水混凝土。

（3）桥面铺装：4 cm 细粒式 AC-13 橡胶沥青混凝土+6 cm 中粒式 AC-20 橡胶沥青混凝土铺装，中间铺筑一层粘层油。

（4）护栏底座：C50 补偿收缩防水混凝土。

（5）台帽、挡块、耳背墙、墩身：采用 C40 混凝土。

（6）U 台台身、U 台侧墙、U 台扩大基础：采用 C30 混凝土。

（7）桩基础：采用 C30 水下混凝土。

混凝土所用材料应符合《通用硅酸盐水泥》（GB 175—2007）、《公路桥涵施工技术规范》（JTG/T 3650—2020）和《公路水泥混凝土路面施工技术细则》（JTG/TF 30—2014）的规定。

2. 钢材

(1)预应力钢筋采用 ϕ s15.20 钢绞线,公称面积为 139 mm^2,应符合《预应力混凝土用钢绞线》(GB/T 5224—2014)的规定。

(2)普通钢筋采用 HPB300 和 HRB400 钢筋。

钢筋应符合《钢筋混凝土用钢 第 1 部分:热轧光圆钢筋》(GB/T 1499.1—2017)和《钢筋混凝土用钢 第 2 部分:热轧带肋钢筋》(GB/T 1499.2—2018)的规定。

钢筋接头:当钢筋直径≥12 mm 时,采用焊接;当钢筋直径<12 mm 时,可采用绑扎。焊接、绑扎长度应严格执行《公路桥涵施工技术规范》(JTG/T 3650—2020)。

HRB400 钢筋要用牌号 J502,型号 E5003 钛钙型低合金钢焊条焊接。

3. 锚具与成孔管道

(1)锚具与夹具应符合国家标准《预应力筋用锚具、夹具和连接器》(GB/T 14370—2015)的规定。管道成孔采用塑料波纹管,应满足《预应力混凝土桥梁用塑料波纹管》(JT/T 529—2016)。为保障预应力能可靠地传递到混凝土中,锚具应做传力性能试验。

(2)锚下垫板材质为灰口铸铁,其强度不低于 HT200,厚度不小于 28 mm(如图所示)。

(3)为保证预应力能可靠地传递到混凝土构件中,锚具应做传力性能试验。

(4)锚下螺旋筋首圈和末圈做闭合焊接处理。

4. 防腐材料

本次设计中对伸缩缝顶缘、护栏底座迎车面和顶缘易接触冬季融雪剂的位置均做硅烷浸渍处理。

按照交通运输部《水运工程结构防腐蚀施工规范》(JTS/T 209—2020)执行。混凝土浇筑完毕采用硅烷浸渍的方式进行防腐蚀保护。推荐采用异丁烯三乙氧基硅烷单体作为硅烷浸渍材料,也可以采用其他材料,但效果不应低于推荐的异丁烯三乙氧基硅烷单体。

5. 支座和伸缩装置设计

(1)支座采用四氟滑板橡胶支座和圆形板式橡胶支座。按照交通运输部《公路桥梁板式橡胶支座》(JT/T 4—2019)标准设计。支座采用天然橡胶,支座橡胶体内钢板采用优质低合金高强度结构钢(Q345),在购买支座时,生产厂家应提供产品所用材料的材质、技术指标和成品整体力学性能与技术指标的抽样检验报告,检验结果应符合交通运输部颁发标准的要求和设计要求。

(2)本桥采用 Z80 型桥梁伸缩装置,应符合《公路桥梁伸缩装置通用技术条件》(JT/T 327—2016)和国家相关标准的规定。伸缩装置异型钢的钢牌号为 Q355NHE,应符合《耐候结构钢》(GB/T 4171—2008)的规定。橡胶带采用天然橡胶。其他材料均应符合相应标准、规范的规定。

在购买伸缩装置前，施工单位应提供伸缩装置的设计图，并与厂家签订协议，保证产品满足设计要求。生产厂家供货时应随产品提供产品所用材料的材质、技术指标和成品的整体力学性能与技术指标的抽样检验报告，检验结果应符合《公路桥梁伸缩装置通用技术条件》（JT/T 327—2016）的各项要求和国家相关标准的设计要求。

（3）伸缩装置预留槽采用C50补偿收缩防水混凝土，抗渗等级为W8，拌制防水混凝土时应选用优质引气型减水剂以提高其抗冻性。

6. 防水材料

铺装混凝土顶面推荐采用AMP-100二阶反应型防水黏结材料，也可以采用其他类型防水材料，但防水效果不应低于推荐的AMP-100二阶反应型防水黏结材料，并满足《路桥用水性沥青基防水涂料》（JT/T 535—2015）、国家发展和改革委员会《道桥用防水涂料》（JC/T 975—2005）的要求。

（五）设计标准与依据

1. 桥梁设计标准

荷载等级：公路-I级。

环境类别：Ⅱ类。

设计安全等级：一级。

设计洪水频率：1/100。

桥面宽度：0.5 m（护栏）+1.3 m（人行道）+11 m（净）+0.75 m（护栏）=13.55 m（全宽）。

设计使用年限：主体结构100年，可更换部件15年。

当地最大冻深：1.6 m。

设计基准期：100年。

根据国家地震局和建设部发布的《中国地震动参数区划图》（2015年），由吉林省抗震防灾办公室与吉林省建筑设计院编制的《吉林省地震动参数区划图》，路线所经地区地震基本烈度为Ⅵ度区（0.05 g）。本桥抗震设防类别采用B类，主要工程构造物抗震设防措施等级为6级。

2. 设计依据

（1）中华人民共和国颁《工程建设标准强制性条文》（公路工程部分）。

（2）中华人民共和国交通运输部部颁《公路工程技术标准》（JTG B01—2014）。

（3）中华人民共和国交通运输部部颁《公路桥涵设计通用规范》（JTG D60—2015）。

（4）中华人民共和国交通运输部部颁《公路圬工桥涵设计规范》（JTG D61—2005）。

（5）中华人民共和国交通运输部部颁《公路钢筋混凝土及预应力混凝土桥涵设计规范》（JTG 3362—2018）。

（6）中华人民共和国交通运输部颁《公路桥涵地基与基础设计规范》（JTG 3363—2019）。

（7）中华人民共和国交通运输部颁《公路桥涵施工技术规范》（JTG/T 3650—2020）。

（8）中华人民共和国交通运输部颁《公路勘测规范》（JTG C10—2007）。

（9）中华人民共和国交通运输部颁《公路工程水文勘测设计规范》（JTG C30—2015）。

（10）中华人民共和国交通运输部颁《公路桥梁抗震设计规范》（JTG/T 2231-01—2020）。

（11）中华人民共和国交通运输部颁《公路工程抗震规范》（JTG B02—2013）。

（12）中华人民共和国交通运输部颁《公路交通安全设施设计规范》（JTG D81—2017）。

（13）中华人民共和国交通运输部颁《公路交通安全设施设计细则》（JTG/T D81—2017）。

（14）中华人民共和国交通运输部颁《公路桥梁伸缩装置通用技术条件》（JT/T 327—2016）。

（15）中华人民共和国交通运输部颁《公路桥梁板式橡胶支座》（JT/T 4—2019）。

（16）中华人民共和国交通运输部颁《公路路线设计规范》（JTG D20—2017）。

（17）中华人民共和国交通运输部颁《公路路基设计规范》（JTG D30—2015）。

（18）中华人民共和国交通运输部颁《公路排水设计规范》（JTG/T D33—2012）。

（19）中华人民共和国交通运输部颁《公路沥青路面设计规范》（JTG D50—2017）。

（20）中华人民共和国交通运输部颁《公路沥青路面施工技术规范》（JTG F40—2004）。

（21）中华人民共和国交通运输部颁《公路沥青路面养护技术规范》（JTG 5142—2019）。

（22）中华人民共和国交通运输部颁《公路路面基层施工技术细则》（JTG/T F20—2015）。

（23）中华人民共和国交通运输部颁《公路交通标志和标线设置规范》（JTG D82—2009）。

（24）中华人民共和国交通运输部颁《公路养护安全作业规程》（JTG H30—2015）。

（25）中华人民共和国国家发展和改革委员会颁《道桥用防水涂料》（JC/T 975—2005）。

（26）中华人民共和国交通运输部颁《公路工程混凝土结构耐久性设计规范》（JTG/T 3310—2019）。

（27）国家和交通运输部现行的其他规范、规程、办法。

二、实训项目施工图预算的编制步骤

本项目施工图预算的编制按以下步骤进行：

(1)熟悉设计图纸和资料;
(2)分析外业调查资料和施工方案;
(3)列项;
(4)计算工程量;
(5)初编 21-2 表;
(6)编制 22 表;
(7)编制 24 表;
(8)编制 09 表;
(9)编制 04 表和 04-1 表;
(10)详细编制 21-2 表;
(11)编制 06 表;
(12)编制 03 表;
(13)编制 07 表;
(14)编制 08 表;
(15)编制 01 表;
(16)编制 02 表;
(17)编写“编制说明”;
(18)复核、印刷、装订、报批。

实训一　初步编制分项工程概(预)算表(21-2 表)

一、实训目的与要求

(1)明确 21-2 表的编制范围、分项编号和工程名称。
(2)掌握 21-2 表各栏目数值的计算方法和含义。
(3)明确初编 21-2 表所需填列的内容。

二、实训方法与步骤

(1)将编制范围、分项编号、工程名称、单位填于表头上侧位置。其中分项编号、工程名称、单位应按《公路工程建设项目概算预算编制办法》(JTG 3830—2018)中概预算项目表的相关内容填写。

(2)将划分好的工程项目填列于 21-2 表上部,按项目名称在预算定额中找到相应的预算定额表,将定额表号、定额单位和定额表中相应的工程细目填列于 21-2 表中,并将该项目的工程数量填入表中相应位置。

(3)表最左侧的代号为工、料、机代号，根据本工程细目由现行《公路工程预算定额》(JTG/T 3832—2018)相应的定额表查得。

(4)工、料、机名称栏与单位栏是将相应预算定额表中所列本工程细目所需的工、料、机名称与单位抄录下来。

(5)定额栏为预算定额表中所列具体定额消耗量，直接抄录。

(6)数量栏即为表上部工程量。

(7)定额基价为相应预算定额表中最下方代号为9999001的基价栏中的数值。

(8)21-2表初编完毕后，将表头右上角的“第 × 页，共 × 页”填充完整。

(9)其他栏目暂时无法计算，待详细编制21-2表时补充完整。

三、注意事项

(1)21-2表分项时不要漏列、错列，注意将费率相同的各“细目”填列于一张表中，便于小计。

(2)正确引用定额值，注意章、节说明和表下小注。特别是在每次编制之前都要查询是否有新的定额或文件下达。

(3)正确计算工程量。在设计文件中，设计人员提供的工程量与定额用的工程量含义与单位有时不同，注意转换。

(4)21-2表中工程数量是用该项目的工程量除以定额单位得来，是一个没有单位的数值。

(5)要加强复核工作。每个表格均应由“编制”与“复核”两人完成，切勿单人自编自核。(以下各表同此)

四、实训范例

将实训项目中A项工程概(预)算表(21-2)中临时便桥(21-2表中第6页)，共2页，(表6-2)作为实训范例。(注：该项目21-2表共132页)

表 6-2　分项工程概(预)算表

建设项目名称:县道 X636 西支线连城桥(上行)危桥改造工程

分项编号:1010201　　工程名称:临时便桥　　单位:m/座　　数量:　　单价:　　第 6 页共 132 页　　21-2 表

代号	工程项目			临时便桥			临时便桥						合计	
	工程细目			简易汽车钢便桥			汽车便桥墩(桩长 10 m 以内)							
	定额单位			10 m			1 座							
	工程数量			4.000			1.000							
	定额表号			7~1~2~1			7~1~2~2							
	工、料、机名称	单位	单价(元)	定额	数量	金额(元)	定额	数量	金额(元)	定额	数量	金额(元)	数量	金额(元)
1001001	人工	工日		27.600	4.000		1.400	1.000						
2003004	型钢(工字钢,角钢)	t					0.090	1.000						
2003021	钢管桩(直径 219~2 440 mm,壁厚 5~20 mm)	t					0.152	1.000						
2009011	电焊条结[422(502、506、507)3.2/4.0/5.0]	kg					1.400	1.000						
2009028	铁件	kg		16.100	4.000		13.300	1.000						
4003001	原木混合规格	m^3		0.171	4.000		0.210	1.000						
4003002	锯材中板(δ=19~35 mm,中方混合规格)	m^3		5.165	4.000		0.110	1.000						
7801001	其他材料费	元		372.800	4.000		6.100	1.000						
7901001	设备摊销费	元		3 128.800	4.000									
8009021	提升质量 25t 以内轮胎式起重机(QLY25)	台班					0.090	1.000						
8009081	牵引力 50 kN 以内单筒慢动电动卷扬机(JJM-5)	台班		2.287	4.000									

续表

代号	工程项目			临时便桥			临时便桥						合计	
	工程细目			简易汽车钢便桥			汽车便桥墩（桩长 10 m 以内）							
	定额单位			10 m			1 座							
	工程数量			4.000			1.000							
	定额表号			7~1~2~1			7~1~2~2							
	工、料、机名称	单位	单价（元）	定额	数量	金额（元）	定额	数量	金额（元）	定额	数量	金额（元）	数量	金额（元）
8011012	激振力 300 kN 以内振动打拔桩锤（DZ30）	台班					0.200	1.000						
8015028	容量 32 kV·A 以内交流电弧焊机（BX1-330）	台班					0.150	1.000						
8019001	功率 44 kW 以内内燃拖轮	台班					0.080	1.000						
8019020	装载质量 80 t 以内工程驳船	台班					0.490	1.000						
8099001	小型机具使用费	元		5.400	4.000		6.900	1.000						
9999001	定额基价	元		14 897.066	4.000		2 052.487	1.000						
	直接费	元												
	措施费 I	元												
	措施费 II	元												
	企业管理费	元												
	规费	元												
	利润	元												
	税金	元												
	金额合计	元												

编制：　　　　　　　　　　复核：

五、上交资料

每人上交实训报告一份，见表 6-3。

表 6-3　实训报告

日期：　　　　　班级：　　　　　组别：　　　　　姓名：　　　　　学号：

实训任务	**初步编制分项工程概(预)算表(21-2 表)**	成绩	
实训目的	通过此次实训，让学生知道初编 21-2 表所需填列的内容，明确 21-2 表各栏目数值的计算方法和含义		
实训内容	(1)表 1 中的工程项目已经将定额所列的工、料、机的数值抄录好，请计算‘数量”栏目数值并填入表 1 中。		

表 1　填制分项工程概(预)算表(1)

序号	工程项目			架设输电线路		
	工程细目			架设输电线路		
	定额单位			100 m		
	工程数量			5.000		
	定额表号			7~1~5~1 改		
	工料机名称	单位	单价(元)	定额	数量	金额(元)
1001001	人工	工日		4.500		
2001021	8~12 号铁丝(镀锌铁丝)	kg		4.200		
2003004	型钢(工字钢，角钢)	t		0.015		
2003005	钢板(A3，δ=5~40 mm)	t		0.050		
2009028	铁件	kg		11.500		
5511002	钢筋混凝土电杆(7 m)	根		3.000		
7001009	聚乙烯绝缘电力电缆(规格 120/20)	m		315.000		
7801001	其他材料费	元		157.800		
7901001	设备摊销费	元		310.525		
9999001	定额基价	元		6 455.507		

(2)如何计算 21-2 表表头内的工程数量值?

续表

实训内容

（3）根据表2中所列的工程项目等，计算初编21-2表时可以填列的内容并填入表2内。

表2　填制分项工程预算表（2）

序号	工程项目			路面垫层			推土机推土石方		
	工程细目			机械铺料压实厚度为15 cm砂砾			135 kW以内推土机推松土		
	定额单位			1 000 m^2			1 000 m^3 天然密实方		
	工程数量			4.000			10.000		
	定额表号			2-1-1-12			1-1-12-14		
	工料机名称	单位	单价（元）	定额	数量	金额（元）	定额	数量	金额（元）

（4）初编21-2表时，有哪些内容是可以填列的，哪些内容还不能填列，为什么？

（5）编制21-2表时，如何进行分项？

实训总结

实训二　编制材料预算单价计算表(22表)

一、实训目的与要求

(1)掌握材料运杂费的构成和单位运费的计算。

(2)明确材料预算单价的构成。

(3)明确表中所列材料种类的来源。

(4)掌握场外运输损耗和采购及保管费的费率取用。

二、实训方法与步骤

(1)将概(预)算21-2表中全部涉及材料的代号、规格名称、单位抄录至22表相应位置。

(2)根据各种材料的产地收集材料的原价并填入表中原价栏(可按各省、自治区、直辖市工程造价主管部门发布的最新材料价格信息填写)。

(3)材料供应地点、运输方式比重及运距在施工组织设计中找到相关资料填入表中,毛重系数或单位毛重在《公路基本建设项目概算预算编制办法》(以下简称《编制办法》)10页表3.1.2-1材料毛重系数及单位毛质量表中查找,将运杂费构成说明或计算方法填入表中,并将计算结果填在单位运费栏中。

(4)原价运费合计为材料原价加单位运费。

(5)场外运输损耗的费率在《编制办法》10页表3.1.2-2材料场外运输操作损耗率表中查找,场外运输损耗费用由原价运费合计乘以场外运输损耗费率计算得出。

(6)采购及保管费费率按《编制办法》10页中所列情况根据材料种类不同而取值,采购及保管费用以材料原价加上运杂费,再加上场外运输损耗的合计为基数,乘以采购保管费率计算得到。

(7)材料预算单价为材料原价加上单位运杂费,再加上场外运输损耗和采购及保管费。

三、注意事项

(1)材料预算单价将用于21-2表中各种材料费用的计算,所以首先要保证在21-2表中涉及的所有的材料名称全部列出,而且按照材料代号由小到大的顺序排列,否则在复编21-2表时将会有材料找不到单价。

（2）要特别注意材料预算单价计算的准确性，如计算失误将影响到整个工程造价的准确性。

（3）要进行材料产地和相关资料的调查，确定材料的原价。

（4）运杂费由供应地点、运输方式、运距、运输的比重等条件综合定出，要核对其计算式的正确性。

（5）要注意场外运输损耗和采购及保管费的计算基数是不同的，并且并不是所有的材料都有场外运输损耗和采购及保管费，对于不涉及这两项费用的材料，该栏目为空白。

四、实训范例

将实训项目中材料预算单价计算表（22 表）第 1 页（表 6-4）作为实训范例。（注：该项目 22 表共 6 页）

表 6-4　材料预算单价计算表

建设项目名称：县道 X636 西支线连城桥（上行）危桥改造工程

编制范围：县道 X636 西支线连城桥（上行）危桥改造工程　　　　第 1 页共 6 页　　　　22 表

代号	规格名称	单位	原价（元）	运杂费					原价运费合计（元）	场外运输损耗		采购及保管费		预算单价（元）
				供应地点	运输方式、比重及运距（km）	毛质量系数或单位毛质量	运杂费构成说明或计算式	单位运费（元）		费率（%）	金额（元）	费率（%）	金额（元）	
5505025	花岗岩	m^3	1 067.960	吉林天岗—工地	汽车、1.0、155.0	1.000 000	（0.48×155.0+2.02×1.0）×1×1	76.420	1 144.38×			2.060	23.574	1 167.950
6007021	矩形标志牌	个	344.830		汽车、1.0、0.0				344.83×					344.830
6007020	圆形标志牌	个	129.310		汽车、1.0、0.0				129.31×					129.310
6007022	路拦	片	517.240		汽车、1.0、0.0				517.24×					517.240
6007023	锥形交通标志	个	56.030		汽车、1.0、0.0				56.03×					56.030
6003010	GQF-Z80 型伸缩缝	m	1 769.910	辽源市—工地	汽车、1.0、10.0	1.000 000	（0.48×10.0+2.02×1.0+1.38）×1×1	8.200	1 778.11×			2.060	36.629	1 814.740
5009008	热熔涂料	kg	3.020	辽源市—工地	汽车、1.0、10.0	0.001 000	（0.67×10.0+2.02×1.0+1.38）×1×0.001	0.010	3.03×			2.060	0.062	3.090
6007003	反光玻璃珠	kg	2.540	辽源市—工地	汽车、1.0、10.0	0.001 000	（0.67×10.0+2.02×1.0+1.38）×1×0.001	0.010	2.55×			2.060	0.053	2.600
5509001	32.5 级水泥	t	370.690	辽源金刚水泥厂—工地	汽车、1.0、25.0	1.010 000	（0.48×25.0+2.02×1.0+0.45）×1×1.01	14.610	385.30×	1.000	3.853	2.060	8.017	397.170

续表

代号	规格名称	单位	原价(元)	运杂费					原价运费合计(元)	场外运输损耗		采购及保管费		预算单价(元)
				供应地点	运输方式、比重及运距(km)	毛质量系数或单位毛质量	运杂费构成说明或计算式	单位运费(元)		费率(%)	金额(元)	费率(%)	金额(元)	
3003002	汽油	kg	8.080	当地—工地	汽车、1.0、10.0	0.001 170	(0.67×10.0+1.38)×1×0.001 17	0.010	8.09			3.260	0.264	8.350
3003002	汽油	kg	8.080	当地—工地	汽车、1.0、10.0	0.001 000	(0.67×10.0+1.38)×1×0.001	0.010	8.09			3.260	0.264	8.350
5503005	中(粗)砂	m^3	70.000	辽宁省西丰县振兴砂场—工地	汽车、1.0、50.0	1.500 000	(0.45×50.0+2.02×1.0)×1×1.5	36.780	106.78	2.500	2.670	2.670	2.922	112.370
2006	三横梁	t	5 946.910	辽源市—工地	汽车、1.0、10.0	1.000 000	(0.48×10.0+2.02×1.0+1.38)×1×1	8.200	5 955.11			2.060	122.675	6 077.790
2001001	HPB300钢筋	t	3 405.170	辽源市—工地	汽车、1.0、10.0	1.000 000	(0.48×10.0+2.02×1.0+1.38)×1×1	8.200	3 413.37			0.750	25.600	3 438.970
2001002	HRB400钢筋	t	3 357.760	辽源市—工地	汽车、1.0、10.0	1.000 000	(0.48×10.0+2.02×1.0+1.38)×1×1	8.200	3 365.96			0.750	25.245	3 391.200
2001008	钢绞线	t	4 603.450	辽源市—工地	汽车、1.0、10.0	1.000 000	(0.48×10.0+2.02×1.0+1.38)×1×1	8.200	4 611.65			0.750	34.587	4 646.240
2001019	钢丝绳	t	6 206.900	辽源市—工地	汽车、1.0、10.0	1.000 000	(0.48×10.0+2.02×1.0+1.38)×1×1	8.200	6 215.10			0.750	46.613	6 261.710
2001021	8~12 号铁丝	kg	3.620	辽源市—工地	汽车、1.0、10.0	0.001 000	(0.48×10.0+2.02×1.0+1.38)×1×0.001	0.010	3.63			2.060	0.075	3.700

编制：　　　　复核：

五、上交资料

每人上交实训报告一份，见表 6-5。

表 6-5　实训报告

日期：　　　　班级：　　　　组别：　　　　姓名：　　　　学号：

实训任务	编制材料预算单价计算表（22 表）	成绩	
实训目的	通过此次实训，使学生熟悉材料运杂费的构成和单位运费的计算，掌握材料预算单价的构成和计算，能正确查用材料场外运输损耗和采购及保管费率		
实训内容	（1）材料预算单价包括哪几部分费用？ （2）如何计算场外运输损耗？		

续表

实训内容

（3）计算表1空白栏目处的数值。

表1　填制材料预算单价计算表

序号	规格名称	单位	原价（元）	运杂费	原价运费合计（元）	场外运输损耗		采购及保管费		预算单价（元）
				单位运费（元）		费率（%）	金额（元）	费率（%）	金额（元）	
5503009	天然级配	m^3	70.000	25.260		1.000		2.06		
5501003	黏土	m^3	14.560	12.920		3.000		2.06		
5505005	片石	m^3	70.000	25.790				2.06		
5501009	粉煤灰	m^3	20.843	18.970		3.000		2.06		
5503013	矿粉	t	182.564	20.400		3.000		2.06		
5505012	碎石（2 cm）	m^3	80.000	21.260		1.000		2.06		
5505013	碎石（4 cm）	m^3	80.000	21.260		1.000		2.06		
5505014	碎石（6 cm）	m^3	80.000	21.260		1.000		2.06		
5505015	碎石（8 cm）	m^3	80.000	21.260		1.000		2.06		
5505016	碎石	m^3	80.000	21.260		1.000		2.06		

（4）如何计算采购及保管费率？

实训总结

实训三　编制机械台班单价计算表(24 表)

一、实训目的与要求

(1)掌握机械台班单价的构成。

(2)明确可变费用的构成和计算方法。

(3)掌握不变费用的计算。

二、实训方法与步骤

(1)将 21-2 表中涉及的所有机械种类的机械代号和规格名称抄录至 24 表中代号栏和机械名称栏。

(2)在机械台班费用定额中按各种机械的代号可以找到该机械的台班费用定额,机械的台班费用定额包括不变费用和可变费用两大部分。

(3)将机械的不变费用定额数值直接抄录到表中不变费用的定额栏,如施工所在地属于需调整的地区,找到该地区的调整系数并填入表中调整系数栏内,然后用定额数值乘以调整系数得出调整值并填入表中调整值栏内,如该地区不属于需调整的地区,则令调整系数为 1,即调整值等于定额数值。

(4)将机械台班费用定额中机械的可变费用各栏的定额数值填入 24 表中可变费用的定额栏中,可变费用中人工和动力燃料的单价由材料预算单价计算表(22 表)查出并填入 24 表中相应位置,人工和动力燃料的金额由该项定额数值乘以该项单价得出。

(5)可变费用的合计栏由可变费用各项金额累加得出。

(6)机械台班单价栏由不变费用的调整值与可变费用合计后得出。

三、注意事项

(1)机械台班单价将用于 21-2 表中各种机械费用的计算,首先要保证在 21-2 表中涉及的所有机械名称都要列出,此时应注意机械的种类和规格名称的填列按照代号由小到大的顺序排列。

(2)要特别注意机械台班单价计算的准确性,如计算失误将影响到整个造价的准确性。

(3)不变费用的调整系数要根据工程所在地确定,在机械台班费用定额中可以找到。

(4)注意这里用到的是机械台班费用定额中各项人工和动力燃料的消耗量(即定额数值),由各项消耗量乘以工程所在地各项单价得出该种机械的台班单价,而不是使用台班费用定额中直接给出的台班单价。

四、实训范例

将实训项目中机械台班单价计算表（24 表）第 1 页（表 6-6）作为实训范例。（注：该项目 24 表共 5 页）

表 6-6 机械台班单价计算表

建设项目名称:县道 X636 西支线连城桥(上行)危桥改造工程

编制范围:县道 X636 西支线连城桥(上行)危桥改造工程 第 1 页共 6 页 24 表

序号	代号	机械名称	台班单价(元)	不变费用(元)		可变费用(元)																	合计
				调整系数		机械工		重油		汽油		柴油		煤		电		水		木柴		车船税	
				1.0		105.49 元/工日		2.77 元/kg		8.35 元/kg		6.98 元/kg		元/t		0.82 元/kW·h		元/m³		元/kg			
				定额	调整值	定额	费用	定额	费用	定额	费用	定额	费用	定额	费用	定额	费用	定额	费用	定额	费用		
1	8003070	含热熔釜标线车(BJ-130)、油抹器动力等热熔标线设备	743.95	152.630	152.63	2.000	210.98			45.430	379.34											1.00	591.32
2	8007021	1.5 t 双排座客货汽车	340.92	68.430	68.43	1.000	105.49			20.000	167.00												272.49
3	8007003	4 t 以内载货汽车	451.50	58.290	58.29	1.000	105.49			34.280	286.24											1.48	393.21
4	8001002	功率 75 kW 以内履带式推土机	857.34	262.670	262.67	2.000	210.98					54.970	383.69										594.67
5	8001006	功率 135 kW 以内履带式推土机	1 558.64	658.460	658.46	2.000	210.98					98.060	684.46									4.74	900.18
6	8001030	斗容量 2.0 m³ 履带式单斗挖掘机	1 457.36	604.710	604.71	2.000	210.98					91.930	641.67										852.65
7	8001035	斗容量 1.0 m³ 履带式单斗挖掘机	1 020.86	358.340	358.34	2.000	210.98					64.690	451.54										662.52
8	8001037	斗容量 2.0 m³ 履带式单斗挖掘机	1 597.66	745.010	745.01	2.000	210.98					91.930	641.67										852.65

续表

序号	代号	机械名称	台班单价(元)	不变费用(元)		可变费用(元)																车船税	合计
				调整系数		机械工		重油		汽油		柴油		煤		电		水		木柴			
				1.0		105.49 元/工日		2.77 元/kg		8.35 元/kg		6.98 元/kg		元/t		0.82 元/kW·h		元/m^3		元/kg			
				定额	调整值	定额	费用	定额	费用	定额	费用	定额	费用	定额	费用	定额	费用	定额	费用	定额	费用		
9	8001045	斗容量 1.0 m^3 轮胎式装载机	563.52	114.160	114.16	1.000	105.49					49.030	342.23									1.64	449.36
10	8001047	斗容量 2.0 m^3 轮胎式装载机	945.23	188.380	188.38	1.000	105.49					92.860	648.16									3.20	756.85
11	8001049	斗容量 3.0 m^3 轮胎式装载机	1 200.16	286.790	286.79	1.000	105.49					115.150	803.75									4.13	913.37
12	8001058	功率 120 kW 以内平地机	1 153.47	365.130	365.13	2.000	210.98					82.130	573.27									4.09	788.34
13	8001078	机械自身质量 6~8 t 光轮压路机	351.40	111.890	111.89	1.000	105.49					19.200	134.02										239.51
14	8001080	机械自身质量 10~12 t 光轮压路机	496.49	156.470	156.47	1.000	105.49					33.600	234.53										340.02

编制：　　　　复核：

五、上交资料

每人上交实训报告一份,见表 6-7。

表 6-7　实训报告

日期：　　　班级：　　　组别：　　　姓名：　　　学号：

<table>
<tr><td>实训任务</td><td>编制机械台班单价计算表(24 表)</td><td>成绩</td><td></td></tr>
<tr><td>实训目的</td><td colspan="3">通过此次实训,使学生掌握机械台班单价的构成,知道不变费用和可变费用的构成和计算方法</td></tr>
<tr><td>实训内容</td><td colspan="3">(1)机械台班单价包括哪几部分费用?
(2)如何计算机械台班单价中的可变费用?
(3)何谓不变费用,调整系数如何应用? 如何计算不变费用?</td></tr>
</table>

续表

（4）在表 1 的空白处计算并填入数值。

表 1　填制机械台班单价计算表

代号	机械规格名称	台班单价（元）	不变费用（元）		可变费用（元）						合计
			调整系数		机械工		汽油		柴油		
			1.0		105.49 元/工日		8.35 元/kg		6.98 元/kg		
			定额	调整值	定额	费用	定额	费用	定额	费用	
8007009	15 t 以内载货汽车										
8007012	5 t 以内自卸汽车										
8007016	12 t 以内自卸汽车										
8007024	20 t 以内平板拖车组										
8007040	4 000 L 以内洒水汽车										
8007041	6 000 L 以内洒水汽车										
8007046	1.0 t 以内机动翻斗车										
8007054	9 kW 手扶式拖拉机										
8009002	15 t 以内履带式起重机										
8009018	8 t 以内轮胎式起重机										

（5）如何计算机械台班单价？

实训总结

实训四　编制人工、材料、施工机械台班单价汇总表（09表）

一、实训目的与要求

（1）了解编制人工、材料、施工机械台班单价汇总表的目的。

（2）明确人工、材料、施工机械名称的来源。

二、实训方法与步骤

（1）将人工和机械工填入第一横行的名称栏，将单位、代号、单价填入相应位置。若各省交通运输厅已给出人工工日单价，则可直接采用。

（2）从09表第三行开始，将材料预算单价计算表（22表）中所列出的所有材料的名称填入，单位、代号、预算单价从22表中直接抄录。

（3）将机械台班单价计算表（24表）中所列出的所有机械的名称填入材料后面，单位、代号、预算单价从24表直接抄录。若采用各省交通运输厅编制的机械台班单价可直接填入本表。

（4）代号栏按《公路工程预算定额》（JTG/T 3832—2018）附录四、《公路工程机械台班费用定额》（JTG/T 3833—2018）代号填列。

三、注意事项

（1）本表是将前面计算好的22表和24表做一个单价的汇总，方便后面详细编制21-2表时单价的录入，所以只需将前面两表的计算结果转入，并不需要进行计算，在人工、材料、施工机械台班单价转入的过程中注意不要漏项。

（2）本表必须按项目所发生的人工、材料、施工机械的代号由小到大填列。

四、实训范例

将实训项目中人工、材料、施工机械台班单价汇总表（09表）第1页（表6-8）作为实训范例（该项目09表共5页）。

五、上交资料

每人上交实训报告一份，见表6-9。

表 6-8 人工、材料、施工机械台班单价汇总表

建设项目名称：县道 X636 西支线连城桥(上行)危桥改造工程

编制范围：县道 X636 西支线连城桥(上行)危桥改造工程

第 1 页共 5 页 09 表

序号	名称	单位	代号	预算单价(元)	备注	序号	名称	单位	代号	预算单价(元)	备注
1	人工	工日	1001001	105.49		18	钢绞线(普通,无松弛)	t	2001008	4 646.24	
2	机械工	工日	1051001	105.49		19	钢丝绳(股丝 6~7×19,绳径 7.1~9 mm;股丝 6×37,绳径 14.1~15.5 mm)	t	2001019	6 261.71	
3	花岗岩	m^3	5505025	1 167.95		20	8~12 号铁丝(镀锌铁丝)	kg	2001021	3.70	
4	矩形标志牌	个	6007021	344.83		21	20~22 号铁丝(镀锌铁丝)	kg	2001022	3.97	
5	圆形标志牌	个	6007020	129.31		22	铁丝编织网(镀锌铁丝,包括加强钢丝、花篮螺钉)	m^2	2001026	18.94	
6	路拦	片	6007022	517.24		23	型钢(工字钢,角钢)	t	2003004	3 625.71	
7	锥形交通标	个	6007023	56.03		24	钢板(A3,δ5~40 mm)	t	2003005	3 708.21	
8	GQF-Z80 型伸缩缝	m	6003010	1 814.74		25	钢管(无缝钢管)	t	2003008	4 594.12	
9	热熔涂料	kg	5009008	3.09		26	钢管立柱	t	2003015	6 261.71	
10	反光玻璃珠	kg	6007003	2.60		27	钢板桩(混合规格)	t	2003020	5 914.30	
11	32.5 级水泥	t	5509001	397.17		28	钢管桩(直径 219~2 440 mm,壁厚 5~20 mm)	t	2003021	5 914.30	
12	汽油 92 号	kg	3003002	8.35		29	钢护筒	t	2003022	6 088.00	
13	中(粗)砂	m^3	5503005	112.37		30	钢模板(各类定型大块钢模板)	t	2003025	5 914.30	
14	其他材料费	元	7801001	1.00		31	组合钢模板	t	2003026	5 653.74	
15	三横梁	t	2006	6 077.79		32	安全爬梯	t	2003028	8 119.08	
16	HPB300 钢筋	t	2001001	3 438.97		33	铸铁	kg	2003040	3.80	
17	HRB400 钢筋	t	2001002	3 391.20		34	铁皮 26 号(镀锌铁皮)	m^2	2003044	18.51	
						35	钢钎(ϕ = 22~25 mm,32 mm)	kg	2009002	5.55	

编制： 复核：

表 6-9　实训报告

日期：　　　　　班级：　　　　　组别：　　　　　姓名：　　　　　学号：

实训任务	编制人工、材料、机械台班单价汇总表(09 表)	成绩	
实训目的	通过此次实训，使学生知道人工、材料、施工机械台班单价的来源，明确编制人工、材料、施工机械台班单价汇总表的目的		
实训内容	(1)人工单价从何而来？ (2)材料的种类名称和单价从何而来？ (3)机械台班的种类名称和单价从何而来？		
实训总结			

实训五　编制综合费率计算表(04 表)

一、实训目的与要求

(1)明确措施费的构成。

(2)掌握措施费各项费率的取用。

(3)明确企业管理费和规费的构成。

(4)掌握企业管理费和规费各项费率的取用。

二、实训方法与步骤

(1)将措施费、企业管理费、规费的工程类别填入表中,共10项,具体可见《公路工程建设项目概算预算编制办法》(JTG 3830—2018)(以下简称《编制办法》)第11~12页。

(2)冬季施工增加费费率首先根据工程地点按《编制办法》附录D查取气温区划,然后根据工程类别查《编制办法》第12~13页表3.1.6-1取用。

(3)雨季施工增加费费率首先根据工程地点按《编制办法》附录E查取雨量区和雨季期月数,然后根据工程类别查《编制办法》第13~14页表3.1.6-2取用。

(4)夜间施工增加费费率根据工程类别按《编制办法》第14页表3.1.6-3取用。

(5)高原地区施工增加费费率根据施工所在地的海拔高度和工程类别查《编制办法》第14页表3.1.6-4取用。

(6)风沙地区施工增加费费率首先根据工程地点按《编制办法》附录F查取风沙地区区划,然后根据工程类别查《编制办法》第15页表3.1.6-5取用。

(7)沿海地区施工增加费费率根据工程类别查《编制办法》15页表3.1.6-6取用。

(8)行车干扰工程施工增加费费率根据施工期间平均每昼夜双向行车次数(机动车、非机动车合计)和工程类别查《编制办法》第15~16页表3.1.6-7取用。

(9)施工辅助费费率根据工程类别查《编制办法》第16页表3.1.6-8取用。

(10)工地转移费费率根据工地转移的距离和工程类别查《编制办法》第17页表3.1.6-9取用。

(11)综合费率Ⅰ为冬季施工增加费费率、雨季施工增加费费率、夜间施工增加费费率、高原地区施工增加费费率、风沙地区施工增加费费率、沿海地区施工增加费费率、行车干扰工程施工增加费费率、工地转移费费率之和。综合费率Ⅱ为施工辅助费费率。

(12)基本费用费率根据工程类别查《编制办法》第18页表3.1.7-1取用。

(13)主副食运费补贴费率根据综合里程和工程类别查《编制办法》第18~19页表3.1.7-2取用。

(14)职工探亲路费费率根据工程类别查《编制办法》第19页表3.1.7-3取用。企业管理费综合费率为基本费用费率、主副食运费补贴费率、职工探亲路费费率、职工取暖补贴费率、财务费用的费率之和。

(15)职工取暖补贴费费率根据工程所在地的冬季气温区(见《编制办法》附录D)和工程类别查《编制办法》第19页表3.1.7-4取用。

(16)财务费用费率根据工程类别查《编制办法》第19~20页表3.1.7-5取用。企业管理费综合费率为基本费用费率、主副食运费补贴费率、职工探亲路费费率、职工取暖补贴费率、财务费用的费率之和。

(17)规费中的综合费率为养老保险费费率、失业保险费费率、医疗保险费费率、工伤保险费费率、住房公积金费率之和。

三、注意事项

（1）措施费、企业管理费、规费各项费用的费率根据工程所在地取用，并不是每项费率一定有数值，如该项费率无数值，说明不需计算该项费用，在表中相应的费率位置为空白。

（2）规费中的养老保险费、失业保险费、医疗保险费、工伤保险费、住房公积金的费率按国家或工程所在地的法律、法规、规章、规程、规定的标准取用。

四、实训范例

将实训项目中综合费率计算表（04 表）第 1 页（表 6-10）作为实训范例（该项目 04 表共 1 页）。

表 6-10 综合费率计算表

建设项目名称：××× 危桥改造工程

编制范围：××× 危桥改造工程

第 1 页 共 1 页 04 表

序号	工程类别	措施费(%)											企业管理费(%)						规费(%)					
		冬季施工增加费	雨季施工增加费	夜间施工增加费	高原地区施工增加费	风沙地区施工增加费	沿海地区施工增加费	行车干扰施工增加费	施工辅助费	工地转移费	综合费率		基本费用	主副食运费补贴	职工探亲路费	职工取暖补贴	财务费用	综合费率	养老保险费	失业保险费	医疗保险费	工伤保险费	住房公积金	综合费率
											Ⅰ	Ⅱ												
01	土方	6.09	0.25						0.52		6.34	0.52	2.75	0.13	0.19	0.44	0.27	3.78	16.00	0.70	6.70	1.00	8.00	32.40
02	石方	1.25	0.21						0.47		1.46	0.47	2.79	0.12	0.20	0.37	0.26	3.75	16.00	0.70	6.70	1.00	8.00	32.40
03	运输	1.17	0.25						0.15		1.41	0.15	1.37	0.13	0.13	0.44	0.26	2.34	16.00	0.70	6.70	1.00	8.00	32.40
04	路面	3.27	0.23						0.82		3.50	0.82	2.43	0.09	0.16	0.30	0.40	3.38	16.00	0.70	6.70	1.00	8.00	32.40
05	隧道	1.52							1.20		1.52	1.20	3.57	0.10	0.27	0.32	0.51	4.77	16.00	0.70	6.70	1.00	8.00	32.40
06	构造物Ⅰ	3.53	0.16						1.20		3.69	1.20	3.59	0.12	0.27	0.39	0.47	4.84	16.00	0.70	6.70	1.00	8.00	32.40
06-1	构造物Ⅰ(绿化)		0.16						1.20		0.16	1.20	3.59	0.12	0.27	0.39	0.47	4.84	16.00	0.70	6.70	1.00	8.00	32.40
07	构造物Ⅱ	4.69	0.18	0.90					1.54		5.77	1.54	4.73	0.14	0.35	0.48	0.55	6.24	16.00	0.70	6.70	1.00	8.00	32.40
08	构造物Ⅲ(一般)	8.68	0.37	1.70					2.73		10.75	2.73	5.98	0.25	0.55	0.85	1.09	8.72	16.00	0.70	6.70	1.00	8.00	32.40

续表

序号	工程类别	措施费(%)											企业管理费(%)						规费(%)					
		冬季施工增加费	雨季施工增加费	夜间施工增加费	高原地区施工增加费	风沙地区施工增加费	沿海地区施工增加费	行车干扰施工增加费	施工辅助费	工地转移费	综合费率		基本费用	主副食运费补贴	职工探亲路费	职工取暖补贴	财务费用	综合费率	养老保险费	失业保险费	医疗保险费	工伤保险费	住房公积金	综合费率
											Ⅰ	Ⅱ												
08-1	构造物Ⅲ(室内)	8.68		1.70					2.73		10.38	2.73	5.98	0.25	0.55	0.85	1.09	8.72	16.00	0.70	6.70	1.00	8.00	32.40
08-2	构造物Ⅲ(桥梁)	8.68	0.37	1.70					2.73		10.75	2.73	5.98	0.25	0.55	0.85	1.09	8.72	16.00	0.70	6.70	1.00	8.00	32.40
08-3	构造物Ⅲ(设备安装)	8.68							2.73		8.68	2.73	5.98	0.25	0.55	0.85	1.09	8.72	16.00	0.70	6.70	1.00	8.00	32.40
09	技术复杂大桥	5.48	0.25	0.93					1.68		6.66	1.68	4.14	0.12	0.21	0.41	0.64	5.51	16.00	0.70	6.70	1.00	8.00	32.40
10	钢材及钢结构(一般)	0.38		0.87					0.56		1.26	0.56	2.24	0.11	0.16	0.29	0.65	3.47	16.00	0.70	6.70	1.00	8.00	32.40
10-1	钢材及钢结构(桥梁)	0.38		0.87					0.56		1.26	0.56	2.24	0.11	0.16	0.29	0.65	3.47	16.00	0.70	6.70	1.00	8.00	32.40
10-2	钢材及钢结构(金属标志牌等)	0.38							0.56		0.38	0.56	2.24	0.11	0.16	0.29	0.65	3.47	16.00	0.70	6.70	1.00	8.00	32.40

编制：　　　　　　　　复核：

五、上交资料

每人上交实训报告一份,见表 6-11。

表 6-11 实训报告

日期: 班级: 组别: 姓名: 学号:

实训任务	编制综合费率计算表(04 表)	成绩	
实训目的	通过此次实训,使学生知道措施费、企业管理费、规费的构成,掌握措施费、企业管理费、规费各项费率的取用		
实训内容	(1)措施费包括哪些费用?综合费率Ⅰ、Ⅱ如何进行计算? (2)企业管理费、规费包括哪些费用? (3)什么是辅助生产间接费?如何计算辅助生产高原地区施工增加费?		

续表

（4）根据表 1 的数值计算措施费综合费率Ⅰ、Ⅱ并填入表中。

表 1　填入综合费率Ⅰ、Ⅱ

序号	工程类别	措施费费率（%）										
		冬季施工增加费	雨季施工增加费	夜间施工增加费	高原地区施工增加费	风沙地区施工增加费	沿海地区施工增加费	行车干扰施工增加费	施工辅助费	工地转移费	综合费率	
											Ⅰ	Ⅱ
01	土方	4.288	0.385					4.775	0.521			
02	石方	0.859	0.349					4.035	0.470			
03	运输	0.832	0.391					4.641	0.154			
04	路面	2.449	0.366					4.046	0.818			
05	隧道	1.175							1.195			
06	构造物Ⅰ	2.607	0.262					2.693	1.201			
07	构造物Ⅱ	3.452	0.282					2.915	1.537			
08	构造物Ⅲ	6.403	0.565					2.745	2.729			
09	技术复杂大桥	4.057	0.363	0.928					1.677			
10	钢材及钢结构	0.301		0.874					0.564			

（5）如何计算企业管理费综合费率？

实训总结

实训六　详细编制分项工程概(预)算表(21-2表)

一、实训目的与要求

(1)明确详细编制21-2表时需要计算的内容。

(2)掌握21-2表各栏目数值的计算方法和含义。

二、实训方法与步骤

(1)21-2表中所列各人工、材料、机械的单价由09表转入,用各项单价乘以定额和数量得出各项金额。

(2)表最右侧合计的数量栏由横向各数量值累加得出,合计的金额栏由横向各金额值累加得出。

(3)直接费为相应各个项目的人工、材料、机械的金额栏竖向累加得出。

(4)措施费综合费用Ⅰ为相应各个项目的定额人工费与定额施工机械使用费之和乘以措施费综合费率Ⅰ(措施费综合费率Ⅰ由04表转来);措施费综合费用Ⅱ为相应项目的定额直接费乘以措施费综合费率Ⅱ(措施费综合费率Ⅱ由04表转来)。

(5)企业管理费按相应项目的定额直接费之和乘以企业管理费综合费率计算(企业管理费综合费率由04表转来)。

(6)规费按相应项目的人工费之和乘以规费综合费率计算(规费综合费率由04表转来)。

(7)利润按相应项目的定额直接费、措施费、企业管理费之和的7.42%计算。税金按相应项目的直接费、设备购置费、措施费、企业管理费、规费、利润之和的10%计算。

(8)金额合计为直接费、措施费、企业管理费、规费、利润与税金之和。

三、注意事项

(1)直接费的计算结果直接填在各项目的金额栏中,定额栏和数量栏为空。

(2)措施费费率是根据本项目的工程类别取用,如21-2表第8页,根据工程项目为架设输电线路,细目为架设输电线路,在04表工程类别为构造物Ⅰ中找到相应费率,并分别将费率填入措施费Ⅰ、Ⅱ对应的数量栏中,再将相应的计算基数填入对应定额栏、将计算结果填入金额栏。注意措施费Ⅰ的计算基数是各类工程的定额人工费与定额施工机械使用费之和、措施费Ⅱ的计算基数是各类工程的定额直接费。

（3）企业管理费的综合费率在04表中按各项目的工程类别取用并填入对应的数量栏中，然后将计算基数填入对应的定额栏中，最后将计算结果填入金额栏内。

（4）规费的综合费率在04表中按各项目的工程类别取用并填入对应的数量栏中，然后将计算基数填入对应的定额栏中，最后将计算结果填入金额栏内。

（5）21-2表下半部分的各项费用需计算最下侧和最右侧合计金额，合计数量不需计算，该栏数值为空。

四、实训范例

将实训项目中21-2预算表中取其中临时供电设施（本项目分项工程预算表21-2表的第8页）和拌和站（本项目分项工程预算表21-2表的第11页）共2页（表6-12和表6-13）作为范例。（该项目21-2表共132页）

表 6-12　分项工程预算表

建设项目名称：县道 X636 西支线连城桥（上行）危桥改造工程

分项编号：10104　　工程名称：临时供电设施　　单位：总额　　数量：1.0　　单价：43 836.11　　第 8 页共 132 页　　21-2 表

代号	工程项目			架设输电线路									合计	
	工程细目			架设输电线路										
	定额单位			100 m										
	工程数量			5.000										
	定额表号			7~1~5~1 改										
	工、料、机名称	单位	单价（元）	定额	数量	金额（元）	定额	数量	金额（元）	定额	数量	金额（元）	数量	金额（元）
1001001	人工	工日	105.49	4.500	5.000	2 373.53							22.500	2 373.53
2001021	8~12 号铁丝（镀锌铁丝）	kg	3.70	4.200	5.000	77.70							21.000	77.70
2003004	型钢（工字钢，角钢）	t	3 625.71	0.015	5.000	271.93							0.075	271.93
2003005	钢板（A3，δ=5~40 mm）	t	3 708.21	0.050	5.000	927.05							0.250	927.05
2009028	铁件	kg	3.97	11.500	5.000	228.28							57.500	228.28
5511002	钢筋混凝土电杆（7 m）	根	290.51	3.000	5.000	4 357.65							15.000	4 357.65
7001009	聚乙烯绝缘电力电缆（规格 120/20）	m	15.42	315.000	5.000	24 286.50							1 575.000	24 286.50
7801001	其他材料费	元	1.00	157.800	5.000	789.00							789.000	789.00
7901001	设备摊销费	元	1.00	310.525	5.000	1 552.63							1 552.625	1 552.63
9999001	定额基价	元	1.00	6 455.507	5.000	32 277.53							6 456.000	32 277.53

续表

代号	工程项目			架设输电线路									合计	
	工程细目			架设输电线路										
	定额单位			100 m										
	工程数量			5.000										
	定额表号			7~1~5~1 改										
	工、料、机名称	单位	单价（元）	定额	数量	金额（元）	定额	数量	金额（元）	定额	数量	金额（元）	数量	金额(元）
	直接费	元				34 864.26								34 864.26
	措施费 I	元		2 391.300	3.691%	88.26								88.26
	措施费 Ⅱ	元		32 277.533	1.201%	387.65								387.65
	企业管理费	元		32 277.533	4.837%	1 561.26								1 561.26
	规费	元		2 373.525	32.4%	769.02								769.02
	利润	元		34 314.717	7.42%	2 546.15								2 546.15
	税金	元		40 216.611	9.0%	3 619.50								3 619.50
	金额合计	元				43 836.11								43 836.11

编制：　　　　　　　　复核：

表 6-13　分项工程预算表

建设项目名称：县道 X636 西支线连城桥（上行）危桥改造工程

分项编号：10107　　工程名称：拌和站　　单位：座　　数量：1.0　　单价：121 979.05　　第 11 页共 132 页　　21-2 表

代号	工程项目			混凝土拌和及运输									合计	
	工程细目			25 m³/h 以内混凝土搅拌站（楼）安拆										
	定额单位			1 座										
	工程数量			1.000										
	定额表号			4~11~11~8										
	工、料、机名称	单位	单价（元）	定额	数量	金额（元）	定额	数量	金额（元）	定额	数量	金额（元）	数量	金额（元）
1001001	人工	工日	105.49	342.400	1.000	36 119.78							342.400	36 119.78
2003004	型钢（工字钢，角钢）	t	3 625.71	0.035	1.000	126.90							0.035	126.90
2003026	组合钢模板	t	5 653.74	0.075	1.000	424.03							0.075	424.03
2009028	铁件	kg	3.97	28.940	1.000	114.89							28.940	114.89
3005004	水	m³	0.39	217.000	1.000	84.63							217.000	84.63
4003002	锯材中板（δ=19~35 mm）	m³	1 397.17	0.010	1.000	13.97							0.010	13.97
5503005	中（粗）砂（混凝土、砂浆用堆方）	m³	111.67	51.170	1.000	5 714.15							51.170	5 714.15
5505013	碎石（4 cm）（最大粒径 4 cm 堆方）	m³	94.65	25.860	1.000	2 447.65							25.860	2 447.65
5507003	青（红）砖（240 mm × 115 mm × 53 mm）	千块	328.59	73.520	1.000	24 157.94							73.520	24 157.94
5509001	32.5 级水泥	t	397.17	19.276	1.000	7 655.85							19.276	7 655.85

续表

代号	工程项目			混凝土拌和及运输									合计	
	工程细目			25 m³/h 以内混凝土搅拌站（楼）安拆										
	定额单位			1 座										
	工程数量			1.000										
	定额表号			4~11~11~8										
	工、料、机名称	单位	单价（元）	定额	数量	金额（元）	定额	数量	金额（元）	定额	数量	金额（元）	数量	金额（元）
7801001	其他材料费	元	1.00	81.900	1.000	81.90							81.900	81.90
8005002	出料容量 250 L 以内强制式混凝土搅拌机（JD250）	台班	175.44	2.580	1.000	452.64							2.580	452.64
8007003	装载质量 4 t 以内载货汽车（CA10B）	台班	472.85	3.800	1.000	1 796.83							3.800	1 796.83
8009027	提升质量 12 t 以内汽车式起重机（QY12）	台班	837.35	0.800	1.000	669.88							0.800	669.88
8009029	提升质量 20 t 以内汽车式起重机（QY20）	台班	1 196.62	3.050	1.000	3 649.69							3.050	3 649.69
8099001	小型机具使用费	元	1.00	23.100	1.000	23.10							23.100	23.10
9999001	定额基价	元	1.00	85 719.578	1.000	85 719.58							85 720.000	85 719.58
	直接费	元				83 533.82								83 533.82

续表

代号	工程项目			混凝土拌和及运输									合计	
	工程细目			25 m³/h 以内混凝土搅拌站(楼)安拆										
	定额单位			1 座										
	工程数量			1.000										
	定额表号			4~11~11~8										
	工、料、机名称	单位	单价（元）	定额	数量	金额(元)	定额	数量	金额（元）	定额	数量	金额（元）	数量	金额(元)
	措施费 Ⅰ	元		43 023.817	5.773%	2 483.76								2 483.77
	措施费 Ⅱ	元		85 719.578	1.537%	1 317.51								1 317.51
	企业管理费	元		85 719.578	6.24%	5 348.90								5 348.90
	规费	元		37 605.074	32.4%	12 184.04								12 184.04
	利润	元		94 869.757	7.42%	7 039.34								7 039.34
	税金	元		111 907.378	9.0%	10 071.66								10 071.66
	金额合计	元				121 979.05								121 979.05

编制：　　　　复核：

五、上交资料

每人上交实训报告一份,见表 6-14。

表 6-14　实训报告

日期:　　　　班级:　　　　组别:　　　　姓名:　　　　学号:

实训任务	详细编制分项工程概(预)算表(21-2 表)	成绩	
实训目的	通过此次实训,使学生能明确详细编制 21-2 表的步骤和编制时需注意的问题,同时应掌握 21-2 表各栏目数值的具体计算方法		
实训内容	(1)措施费Ⅰ、Ⅱ如何进行计算,费率如何取用? (2)企业管理费、规费如何计算? (3)利润、税金如何计算?如何计算定额直接费?		

续表

实训内容

（4）表1为已经初步编制的21-2表，现将工、料、机的单价在表中给出，请将表中未完成的部分完成。

表1　填制21-2表

代号	工程项目			路面垫层						合计	
	工程细目			路面垫层机械铺砂砾（压实厚度20 cm）							
	定额单位			1000 m^2							
	工程数量			0.523							
	定额表号			2~1~1~12改							
	工、料、机名称	单位	单价（元）	定额	数量	金额（元）				数量	金额（元）
1001001	人工	工日	105.49	0.500	0.523	27.59					
5503007	砂砾（堆方）	m^3	115.09	255.000	0.523	15 348.98					
8001058	功率120 kW以内平地机（F155）	台班	1 153.47	0.220	0.523	132.72					
8001081	机械自身质量12~15 t光轮压路机（3Y-12/15）	台班	567.90	0.230	0.523	68.31					
8001083	机械自身质量18~21 t光轮压路机（3Y-18/21）	台班	724.91	0.330	0.523	125.11					
8007043	容量10 000 L以内洒水汽车（YGJ5170GSSJN）	台班	1 082.64	0.240	0.523	135.89					
9999001	定额基价	元	1.00	12 846.329	0.523	6 718.63					
	直接费	元				15 838.60					
	措施费 Ⅰ	元	503.821	3.503%	17.65	862.004					
	措施费 Ⅱ	元	6 718.630	0.818%	54.96	862.004					
	企业管理费	元		6 718.630	3.38%	227.09					
	规费	元		95.997	32.4%	31.10					
	利润	元		7 018.329	7.42%	520.76					
	税金	元		16 690.156	9.0%	1 502.11					
	金额合计	元				18 192.27					

实训总结

实训七　编制专项费用计算表(06表)

一、实训目的与要求

(1)知道专项费用的构成。

(2)熟悉施工场地建设费的内容和计算方法。

(3)掌握安全生产费的内容和计算方法。

(4)会填写06表中的说明及计算式栏。

二、实训方法与步骤

(1)本表应根据施工组织设计和外业调查资料(包括协议书)、有关政策性文件的规定编制。

(2)06表应按《公路工程建设项目概算预算编制办法》(JTG 3830—2018)规定的项目专项费用项目填写。

(3)在06表的说明及计算式栏内填写需要说明的内容和计算式。

(4)施工场地建设费计费基数为定额直接费、定额设备购置费的40%、措施费、企业管理费、规费、利润、税金之和。

(5)施工场地建设费以施工场地计费基数,按相应的费率以累进方法计算。

(6)安全生产费计费基数为直接费、设备购置费、措施费、企业管理费、规费、利润、税金、施工场地建设费之和。

三、注意事项

(1)对于山岭重丘的土石方工程的施工场地建设费需要单独计算。

(2)施工场地内的场地硬化、各种临时便道已包含在费率中,不单独计算。

(3)施工场地的厂房、加工棚等已含在费率中,不单独计算。

(4)编制概预算时,施工场地建设费单独计列,分项工程费中不再计取。

(5)编制概预算时,安全生产费单独计列,分项工程费中不再计取。

(6)安全生产费费率按不少于1.5%计取。

四、实训范例

将实训项目中专项费用计算表(06表)第1页(表6-15)作为实训范例。(该项目06表共1页)

表 6-15　专项费用计算表

建设项目名称：县道 X636 西支线连城桥（上行）危桥改造工程

编制范围：县道 X636 西支线连城桥（上行）危桥改造工程　　　　第 1 页共 1 页　　06 表

序号	工程或费用名称	说明及计算式	金额（元）	备注
11001	施工场地建设费	（部颁 2018 施工场地建设费）	455 213	455 212.97
11002	安全生产费	建安工程费 ×1.5%	154 040	10 423 356.56×1.5%

编制：　　　　　　　　　　　　　　复核：

五、上交资料

每人上交实训报告一份，见表 6-16。

表 6-16　实训报告

日期：　　　　班级：　　　　组别：　　　　姓名：　　　　学号：

实训任务	编制专项费用计算表(06 表)	成绩	
实训目的	通过此次实训,使学生知道专项费用的组成,熟悉施工场地建设费和安全生产费的内容和计算方法,能正确填写 06 表中的说明及计算式		
实训内容	(1)施工场地建设费如何进行计算,费率如何取用? (2)安全生产费包括哪些内容? (3)安全生产费如何进行计算,费率如何取用? (4)某工程建设项目的人工费为 1 380 000 元、定额人工费为 1 225 680 元、材料费为 26 000 000 元、定额材料费为 15 800 000 元、机械使用费为 2 500 000 元、定额机械使用费为 1 900 000 元、定额设备购置费为 1 200 000 元、措施费为 156 751 元、企业管理费为 886 250 元、规费为 155 640 元、利润为 866 450 元、税金为 788 900 元,试求该工程项目的专项费用。		
实训总结			

实训八　编制建筑安装工程费计算表(03表)

一、实训目的与要求

(1)明确建筑安装工程费的组成。

(2)掌握各项费用的计算方法及数据来源。

二、实训方法与步骤

(1)03表中分项编号、工程名称、单位栏按《编制办法》概预算项目表(附录B)的分项编号、工程或费用名称、单位填列,工程量由设计文件和施工组织设计得来。

(2)03表中的定额直接费根据21-2表中的人工消耗量、材料消耗量、机械台班消耗量分别乘以相应的人工基价、材料基价、机械台班基价相加得到,其中,人工基价、材料基价由《公路工程预算定额》定额人工、材料、设备单价表(附录四)查取;机械台班基价由《公路工程机械台班费用定额》(JTG/T 3833—2018)定额基价查取。

(3)03表中定额设备购置费、设备购置费由设备费计算表(05表)根据具体的设备购置清单计算得到。

(4)人工费、材料费、施工机械使用费栏由21-2表计算得来,如本项目03表第14行架设输电线路的人工费由本项目21-2表第8页(实训六中分项工程预算表第8页)最右侧第1横行人工的金额合计得来;材料费为本项目21-2表第8页(实训六中分项工程预算表第8页)中2~9横行八种材料(包括其他材料费、设备摊销费)的金额合计累加得来;机械使用费无。03表中直接费合计栏为人工费、材料费、施工机械使用费三栏合计得到。

(5)03表中措施费由21-2表计算得来,方法同上。

(6)03表中企业管理费由21-2表计算得来,方法同上。

(7)03表中规费由21-2表计算得来,方法同上。

(8)03表中利润由21-2表计算得来,方法同上。

(9)03表中税金由21-2表计算得来,方法同上。

(10)03表中建筑安装工程费合计栏数值由直接费、设备购置费、措施费、企业管理费、规费、利润、税金、专项费用相加后得到。

(11)03表中建筑安装工程费单价为建筑安装工程费金额合计栏数值除以工程量栏数值得到。

表 6-17　建筑安装工程费计算表

建设项目名称：县道 X636 西支线连城桥（上行）危桥改造工程

编制范围：县道 X636 西支线连城桥（上行）危桥改造工程　　　　第 1 页共 18 页　　03 表

序号	分项编号	工程名称	单位	工程量	定额直接费（元）	定额设备购置费（元）	直接费（元）				设备购置费	措施费	企业管理费	规费	利润（元）	税金（元）	金额合计（元）	
							人工费	材料费	施工机械使用费	合计					费率 7.42%	税率 9.0%	合计	单价
1	1010101	临时便道（修建、拆除与维护）	km	0.200	467 590		7 910	154 996	341 058	503 964		9 608	10 533	17 568	36 190	52 008	629 870	3 149 350.17
2	1-1-9-9	斗容量 2.0 m^3 以内挖掘机挖装硬土	1 000 m^3 天然密实方	7.875	20 224		2 824		16 871	19 695		1 387	764	1 706	1 660	2 269	27 482	3 489.83
3	1-1-11-7	装载质量 12 t 以内自卸汽车运土 13 km	1 000 m^3 天然密实方	7.875	154 000				149 591	149 591		2 415	3 610	6 255	11 874	15 637	189 381	24 048.44
4	1	土底钱	m^3	7 875.000	76 466			76 466		76 466					5 674	7 393	89 533	11.37
5	1-1-18-10	三、四级公路填方路基，自身质量 10~12 t 光轮压路机碾压土方	1 000 m^3 压实方	7.875	26 824		1 745		24 300	26 045		1 840	1 013	2 110	2 202	2 989	36 200	4 596.77
6	2-1-1-12	路面垫层机械铺砂砾（压实厚度 50 cm）	1 000 m^2	1.050	33 313		138	77 038	1 923	79 100		347	1 126	136	2 581	7 496	90 786	86 463.12
7	7-1-1-8	汽车便道养护路基宽 4.5 m	1 km·月	1.200	1 458		190	1 492	474	2 155		43	71	108	117	224	2 716	2 263.73
8	1-1-9-9	斗容量 2.0 m^3 以内挖掘机挖装硬土	1 000 m^3 天然密实方	8.400	21 573		3 013		17 995	21 008		1 480	815	1 820	1 771	2 420	29 315	3 489.83

续表

序号	分项编号	工程名称	单位	工程量	定额直接费（元）	定额设备购置费（元）	直接费(元)				设备购置费	措施费	企业管理费	规费	利润（元）	税金（元）	金额合计(元)	
							人工费	材料费	施工机械使用费	合计					费率 7.42%	税率 9.0%	合计	单价
9	1-1-11-7	装载质量 12 t 以内自卸汽车运土 10 km	1 000 m^3 天然密实方	8.400	133 732				129 903	129 903		2 097	3 135	5 432	10 311	13 579	164 457	19 578.16
10	1010201	临时便桥	m/座	40.000	61 641		11 794	45 406	1 936	59 135		1 251	2 982	4 167	4 888	6 518	78 941	1 973.52
11	7-1-2-1	简易汽车钢便桥	10 m	4.000	59 588		11 646	43 767	1 576	56 988		1 208	2 882	4 086	4 725	6 290	76 179	19 044.78
12	7-1-2-2	汽车便桥墩(桩长 10 m 以内)	1 座	1.000	2 052		148	1 639	360	2 147		44	99	81	163	228	2 762	2 761.86
13	10104	临时供电设施	总额	1.000	32 278		2 374	32 491		34 864		476	1 561	769	2 546	3 619	43 836	43 836.11
14	7-1-5-1	架设输电线路	100 m	5.000	32 278		2 374	32 491		34 864		476	1 561	769	2 546	3 619	43 836	8 767.22
15	10106	临时安全设施	套	10.000	126 954		316	127 084	808	128 208		262	914	184	1 175	1 660	132 403	13 240.26
16	借吉 15 普养营改增 7-2-1	施工标志牌	10 套	1.000	6 808		253	6 379	603	7 236		133	425	143	547	763	9 246	9 245.79

编制：　　　　　　　　复核：

三、注意事项

（1）要将21-2表中所有的工程项目名称都抄录过来，避免漏项。

（2）在计算直接费中的人工费、材料费、施工机械使用费时，均由21-2表转来，注意有些工程名称下的21-2中的人工费、材料费、施工机械使用费可能不止一页，要将这一工程名称涉及的所有表中的人工费、材料费、施工机械使用费数值相累加。

四、实训范例

将本实训项目中建筑安装工程费计算表03表第1页（见表6-16）作为实训范例。（该项目03表共18页）

五、上交资料

每人上交实训报告一份，见表6-18。

表6-18　实训报告

日期：　　　　班级：　　　　组别：　　　　姓名：　　　　学号：

实训任务	编制建筑安装工程费计算表（03表）	成绩	
实训目的	通过此次实训，使学生掌握建筑安装工程费的组成，熟悉各项费用的计算方法和数据来源		
实训内容	（1）定额直接费和直接工程费的区别？ （2）建筑安装工程费在03表中如何进行计算？ （3）03表中利润、税金如何计算？		

续表

（4）表 1 为建筑安装工程费 03 表的一部分，请将表中未完成的部分完成。

表 1 填制建筑安装工程费（03 表）

序号	工程名称	单位	工程量	定额直接费（元）	直接费（元）				措施费	企业管理费	规费	利润（元）	税金（元）	金额合计（元）	
					人工费	材料费	施工机械使用费	合计	费率 3.5%	费率 3.38%	费率 32.4%	费率 7.42%	税率 9.0%	合计	单价
65	路面垫层机械铺砂砾（压实厚度 20 cm）	1 000 m^2	0.523	6 719	28	15 349	462								
66	粘层	m^2	400.000	779		593	7								
67	石油沥青层黏层	1 000 m^2	0.400	779		593	7								
68	透层	m^2	441.000	1 545	9	1 252	52								
69	乳化沥青半刚性基层透层	1 000 m^2	0.441	1 545	9	1 252	52								
70	封层	m^2	441.000	2 098	126	1 582	108								
71	乳化沥青下封层（层铺法）	1 000 m^2	0.441	2 098	126	1 582	108								
72	培路肩（81 cm）	m^2	86.000	1 759	1 506		237								
73	培路肩	100 m^3	0.697	1 759	1 506		237								
74	人行道及路缘石	m	128.000	6 032	2 604	8 150	232								
75	花岗岩	10 m^3	0.428	1 827	1 300	5 118	0								
76	涵管基础混凝土垫层	10 m^3 实体	0.645	1 798	347	1 749									
77	涵管基础混凝土垫层	10 m^3 实体	0.043	112	23	107									
78	桥面人行道铺装水泥砂浆	10 m^3 实体	0.129	870	538	390									
79	平铺砖人行道	1 000 m^2	0.043	1 188	396	786									
80	运输能力 6 m^3 以内搅拌运输车运混凝土 13 km	100 m^3	0.070	236			232								
81	实体式	m^3	321.460	126 468	18 651	99 290	22 475								
82	实体式墩台混凝土基础（梁板式上部构造）	10 m^3 实体	32.146	111 351	18 651	99 290	7 632								

实训总结

实训九　编制土地使用及拆迁补偿费计算表（07表）

一、实训目的与要求

（1）知道土地使用及拆迁补偿费费用的构成。

（2）熟悉永久占地费和临时占地费的内容和计算方法。

（3）掌握拆迁补偿费和水土保持补偿费的内容和计算方法。

（4）会填写07表中的说明及计算式栏。

二、实训方法与步骤

（1）本表应根据施工组织设计和外业调查资料（包括协议书）、有关政策性文件的规定编制。

（2）07表应按具体发生的土地使用项目、临时占地项目、拆迁补偿项目、水土保持项目填写。

（3）在07表的说明及计算式栏内填写需要说明的内容和计算式。

（4）土地使用费应根据设计文件确定的建设工程用地和临时用地面积、实际发生的费用项目，按国家有关规定和工程所在地的省（自治区、直辖市）颁布的有关规定和标准计算。

（5）森林植被恢复费应根据审批单位批准的建设工程占用林地的类型和面积，按国家有关规定和工程所在地的省（自治区、直辖市）颁布的有关规定和标准计算。

（6）失地农民养老保险费按项目所在地省级人民政府的相关规定进行计算。

（7）拆迁补偿费应根据设计文件确定的建设工程用地和临时用地附着物的情况、实际发生的费用项目，按国家有关规定和工程所在地的省（自治区、直辖市）颁布的有关规定和标准计算。

（8）水土保持补偿费根据国家相关法律、法规规定缴纳。

三、注意事项

（1）当与原有的电力电信设施、管线、水利工程、铁路和铁路设施互相干扰时，应与有关部门联系，商定合理的解决方案和补偿金额，也可由这些部门按规定编制费用以确定土地补偿金额。

（2）07表应按相应规定填写单位、数量、单价和金额。

(3)07 表说明及计算式栏中应明确标准和计算式。

(4)子项下面有分项的,可以按顺序依次编号。

(5)需要说明和具体计算的费用项目,依次在说明及计算式栏内填写或计算。

四、实训范例

将实训项目中土地使用及拆迁补偿费计算表(07 表)第 1 页(表 6-19)作为实训范例。(该项目 07 表共 1 页)

表 6-19　土地使用及拆迁补偿费计算表

建设项目名称:县道 X636 西支线连城桥(上行)危桥改造工程

编制范围:县道 X636 西支线连城桥(上行)危桥改造工程　　第 1 页共 1 页　　07 表

序号	费用名称	单位	数量	单价(元)	金额(元)	说明及计算式	备注
201	土地使用费	亩	4.800	5 167.00	24 801.60		
202	拆迁补偿费	公路公里	0.272	5 367 647.06	1 460 000.00		
203	其他补偿费	公路公里	0.272	1 286 764.71	350 000.00		

编制:　　　　复核:

五、上交资料

每人上交实训报告一份,见表 6-20。

表 6-20　实训报告

日期：　　　　班级：　　　　组别：　　　　姓名：　　　　学号：

实训任务	编制土地使用及拆迁补偿费计算表(07表)	成绩	
实训目的	通过此次实训,使学生知道土地使用及拆迁补偿费费用的构成,熟悉永久占地费、临时占地费、拆迁补偿费、水土保持补偿费的内容和计算方法		
实训内容	(1)土地使用及拆迁补偿费包括哪些费用? (2)永久占地费包括哪几项费用? (3)什么是拆迁补偿费?如何计算?		
实训总结			

实训十　编制工程建设其他费计算表(08表)

一、实训目的与要求

(1)明确工程建设其他费的组成。

(2)熟悉工程建设其他费的内容和计算方法。

(3)掌握预备费和建设期贷款利息的计算方法。

二、实训方法与步骤

(1)工程建设其他费共9项,按具体发生的费用项目填写,需要说明和具体计算的费用项目依次在相应说明及计算式栏内填写或具体计算。

(2)建设项目管理费包括建设单位(业主)管理费、建设项目信息化费、工程监理费、设计文件审查费、竣(交)工验收试验检测费,按《编制办法》规定的计算基数、费率、方法或有关规定列式计算。

(3)研究试验费应根据设计需要进行研究试验的项目分别填写项目名称、金额,或列式计算或进行说明。

(4)建设项目前期工作费按《编制办法》规定的计算基数、费率、方法计算。

(5)专项评价(估)费依据委托合同,或参照类似工程已发生的费用进行计列。

(6)联合试运转费以定额建筑安装工程费为基数,按0.04%费率计算。

(7)生产准备费中的工器具购置费计算方法同设备购置费。

(8)生产准备费中的办公和生活用家具购置费按《编制办法》办公和生活用家具购置费标准表表3.3.7的规定计算。

(9)生产准备费中的生产人员培训费按设计定员和3 000元/人的标准计算。

(10)生产准备费中的应急保通设备购置费由设计单位列出计划购置清单,计算方法同设备购置费。

(11)工程保通管理费应按设计需要进行列支。涉水项目施工期通航安全保障费用计算方法按《编制办法》附录G执行。

(12)工程保险费以建筑安装工程费(不含设备费)为基数,按0.4%费率计算。

(13)其他相关费用按国务院行政主管部门和省级人民政府规定的其他与公路建设相关费用进行计算。

(14)基本预备费以建筑安装工程费、土地使用及拆迁补偿费、工程建设其他费之和为基数,按《编制办法》规定的费率计算。

(15)价差预备费以建筑安装工程费用总额为基数,按设计文件编制年始至建设项目工程交工年终的年数和年工程造价增长率计算。

(16)建设期贷款利息应根据不同的资金来源分年度投资计算所需支付的利息。

三、注意事项

(1)工程建设其他费按需要进行计算,没有发生的费用不需计算。

(2)建设单位(业主)管理费不包括应计入材料与设备预算价格的建设单位采购及保管材料与设备所需的费用。代建费用在建设单位(业主)管理费中开支;审计费为建设单位（业主）内部审计所发生的费用，施工单位所发生的审计费包含在建安费的企业管理费中。

（3）建设单位若委托有资质的单位承担试验检测、计量支付费用监理等，其费用应在工程监理费中计列。

（4）计算设计文件审查费时，建设项目若有地质勘察监理、设计咨询（或称设计监理、设计双院制），其费用在此项目内计算开支。

（5）在计算竣（交）工验收试验检测费时，道路工程按主线路基长度计算；桥梁工程以主线桥梁、分离式立交、匝道桥的长度之和进行计算；隧道按单洞长度计算。

（6）工程保通管理费仅为保通管理方面的费用，其他保通措施需要根据保通工程方案另行计算，例如保通便道、保通安全设施则需要根据设计方案单独计算。

（7）工程保险费指工地范围内发生的保险，材料和设备运输保险不在其中，施工企业的办公、生活、施工机械、员工的人身意外险在企业管理费中支出。设备的保险在设备单价中计列。

（8）按地方规定计算有关费用时，要注意各地规定中的细则要求。

四、实训范例

将实训项目中工程建设其他费计算表 08 表第 1 页（表 6-21）作为范例。（该项目 08 表共 1 页）

表 6-21　工程建设其他费计算表

建设项目名称：县道 X636 西支线连城桥（上行）危桥改造工程
编制范围：县道 X636 西支线连城桥（上行）危桥改造工程

第 1 页共 1 页　　08 表

序号	费用名称及项目	说明及计算式	金额（元）	备注
301	建设项目管理费		768 804	
30101	建设单位（业主）管理费	{部颁 2018 建设单位（业主）管理费}	435 477	435 477.03
30102	建设项目信息化费	{部颁 2018 建设项目信息化费}	52 825	52 825
30103	工程监理费	{部颁 2018 工程监理费}	271 327	271 327.24
30104	设计文件审查费	{部颁 2018 设计文件审查费}	7 749	7 748.67
30105	竣（交）工验收试验检测费	0.25（公路公里）×5 750	1 426	
303	建设项目前期工作费		522 007	
1	勘察、设计费、钻探费	465 000	465 000	465 000
2	清单和清单预算编制费	57 007	57 007	57 007
304	专项评价（估）费		155 000	
30401	环境影响评价费	35 000	35 000	35 000
30402	水土保持评估费	20 000	20 000	20 000
30408	行洪论证（评估）费	100 000	100 000	100 000
308	工程保险费	（建安工程费-设备费）×0.4%	41 693	（10 423 356.56-0）×0.4%

编制：　　　　复核：

五、上交资料

每人上交实训报告一份,见表 6-22。

表 6-22　实训报告

日期：　　　　班级：　　　　组别：　　　　姓名：　　　　学号：

实训任务	编制工程建设其他费计算表(08 表)	成绩	
实训目的	通过此次实训,使学生明确工程建设其他费的组成,熟悉工程建设其他费的内容和计算方法		
实训内容	(1)工程建设其他费用包括哪些费用? (2)建设项目管理费包括哪几项费用?各项费用如何计算? (3)什么是建设项目前期工作费?该项费用都包括哪些内容?		
实训总结			

实训十一　编制总概预算表(01表)

一、实训目的与要求

(1)明确总概预算表中一个单项或单位工程费用的组成。

(2)掌握各项费用的数据来源。

(3)掌握概预算费用构成和各项费用比例。

二、实训方法与步骤

(1)本表分项编号、工程或费用名称、单位等栏应按《编制办法》中概预算项目表(附录B)的编号和内容填写。

(2)数量栏、金额栏由03表、06表、07表、08表转来。计算第一部分建筑安装工程费时,需要将建筑安装工程费计算表(03表)、专项费用计算表(06表)中的数据转来;计算第二部分土地使用及拆迁补偿费时,需要将土地使用及拆迁补偿费计算表(07表)中的数据转来;计算第三部分工程建设其他费用时,需要将工程建设其他费计算表(08表)中的数据转来。

(3)技术经济指标栏用各项目金额除以相应数量计算。

(4)各项费用比例栏用各项目金额除以公路基本造价计算。

三、注意事项

(1)本表可反映一个单项或单位工程的各项目费用组成,如一个建设项目分成若干单项工程编制概预算时,可用总概预算汇总表01-1表汇总全部建设项目概预算金额。

(2)要将概预算项目表(见《编制办法》附录B)所列工程或费用名称中本工程涉及的项目列出,不涉及的项目不列。

(3)在01表最后,要计算第一、二、三、四部分费用合计,之后再列出预备费用和建设期贷款利息,最后累计得出公路基本造价。

四、实训范例

将实训项目中总预算表。表第1页(表6-23)作为实训范例。(该项目01表共5页)

表 6-23　总预算表

建设项目名称:县道 X636 西支线连城桥(上行)危桥改造工程
编制范围:县道 X636 西支线连城桥(上行)危桥改造工程

第 1 页共 页　　01 表

分项编号	工程或费用名称	单位	数量	金额(元)	技术经济指标	各项费用比例(%)	备注
1	第一部分　建筑安装工程费	公路公里	0.248	10 423 357	42 029 663.55	73.62	建设项目路线总长度(主线长度)
101	临时工程	公路公里	0.248	1 037 029	4 181 567.74	7.32	
10101	临时道路	km	0.2	629 870	3 149 350.15	4.45	
1010101	临时便道(修建、拆除与维护)	km	0.2	629 870	3 149 350.15	4.45	
10102	临时便桥、便涵	m/座	40 / 1	78 941	1 973.52 / 8 940.98	0.56	
1010201	临时便桥	m/座	40 / 1	78 941	1 973.52 / 8 940.98	0.56	
10104	临时供电设施	总额	1	43 836	43 836.11	0.31	
10106	临时安全设施	套	10	132 403	13 240.26	0.94	
10107	拌和站	座	1	121 979	121 979.05	0.86	
10108	电机井	口	1	30 000	30 000.00	0.21	
102	路基工程	km	0.248	587 211	2 367 788.19	4.15	
LJ01	场地清理	km	0.248	1 007	4 061.21	0.01	
LJ0101	清理与掘除	棵	30	1 007	33.57	0.01	
LJ010102	伐树、挖根	棵	30	1 007	33.57	0.01	
LJ02	路基挖方	m^3	495	10 202	20.61	0.07	

续表

分项编号	工程或费用名称	单位	数量	金额(元)	技术经济指标	各项费用比例(%)	备注
LJ0201	挖土方	m^3	495	10 202	20.61	0.07	
LJ020101	挖路基土方	m^3	495	1 717	3.47	0.01	
LJ020102	废方	m^3	433.4	8 485	19.58	0.06	
LJ07	路基防护与加固工程	km	0.12	576 002	4 800 016.67	4.07	
LJ0705	挡土墙	m^3/m	1 485 / 60	531 399	357.84 / 8 856.66	3.75	
LJ070501	浆砌片石挡土墙	m^3/m	1 485 / 60	531 399	357.84 / 8 856.66	3.75	
LJ0706	防撞墙	m^3/m	30.93 / 60	44 603	1 442.05 / 743.38	0.32	
103	路面工程	km	0.137	150 068	1 095 384.38	1.06	
LM01	沥青混凝土路面	m^2	400	136 234	340.58	0.96	

编制：　　　　复核：

五、上交资料

每人上交实训报告一份，见表 6-24。

表 6-24　实训报告

日期：　　　　班级：　　　　组别：　　　　姓名：　　　　学号：

实训任务	编制总概预算表（01 表）	成绩	
实训目的	通过此次实训，使学生明确总概预算表中单项或单位工程费用的组成，知道各项费用的数据来源，掌握概预算费用构成和各项费用比例		
实训内容	（1）工程总概预算包括哪些费用？ （2）技术经济指标和各项费用比例如何计算？ （3）各项目金额从何而来？		

续表

实训内容	（4）表 1 为总概预算表 01 表的一部分，请计算技术经济指标和各项费用比例。

表 1　填制总概预算表

分项编号	工程或费用名称	单位	数量	金额（元）	技术经济指标	各项费用比例（%）	备注
JA07	防眩、防撞设施	个	6	2 810			
JA0703	防撞桶	个	6	2 810			
108	绿化及环境保护工程	公路公里	0.248	7 627			
10801	主线绿化及环境保护	公路公里	0.248	7 627			
LH02	场地绿化及环保	m^2	210	3 676			
LH0201	撒播草种	m^2	210	3 676			
LH03	种植乔木	株	30	3 951			
110	专项费用	元	1	609 253			
11001	施工场地建设费	元	1	455 213			
11002	安全生产费	元	1	154 040			
2	第二部分　土地征用及拆迁补偿费	公路公里	0.248	1 834 802			
201	土地使用费	亩	4.8	24 802			
202	拆迁补偿费	公路公里	0.272	1 460 000			
203	其他补偿费	公路公里	0.272	350 000			
3	第三部分　工程建设其他费	公路公里	0.248	1 487 504			
301	建设项目管理费	公路公里	0.248	768 804			
30101	建设单位（业主）管理费	公路公里	0.248	435 477			
30102	建设项目信息化费	公路公里	0.248	52 825			
30103	工程监理费	公路公里	0.248	271 327			
30104	设计文件审查费	公路公里	0.248	7 749			
30105	竣（交）工验收试验检测费	公路公里	0.248	1 426			
303	建设项目前期工作费	公路公里	0.248	522 007			
304	专项评价（估）费	公路公里	0.248	155 000			
30401	环境影响评价费	元	1	35 000			
30402	水土保持评估费	元	1	20 000			
30408	行洪论证（评估）费	元	1	100 000			
308	工程保险费	公路公里	0.248	41 693			
4	第四部分　预备费	公路公里	0.248	412 370			
401	基本预备费	元		412 370			
5	第一至四部分合计	公路公里	0.248	14 158 032	57 088 840.32	100.00	
7	公路基本造价	公路公里	0.248	14 158 032	57 088 840.32	100.00	

续表

实训总结	

实训十二　编制人工、主要材料、施工机械台班数量汇总表(02表)

一、实训目的与要求

(1)明确人工、主要材料、施工机械台班数量汇总表如何进行分项统计。

(2)掌握场外运输损耗的计算方式。

(3)明确各人工、主要材料、施工机械的规格名称来源。

二、实训方法与步骤

(1)将21-2表中所用到的人工、材料、施工机械的规格名称和单位抄录过来。

(2)将21-2表中已划分好的工程项目填入02表上部的分项统计各栏。

(3)人工、各种材料、各种施工机械台班的数量按不同工程项目的21-2表进行统计,只需将21-2表中该项目人工、材料、施工机械的最右侧合计数量栏分别累加即可。

(4)场外运输损耗率见《编制办法》第10页表3.1.2-2,根据材料的不同进行损耗率的取用,场外运输损耗数量由各分项统计数量的和乘以该材料的损耗率。

(5)总数量栏为各分项统计数量的和加上场外运输损耗数量。

三、注意事项

(1)本表可反映一个单项或单位工程的人工、主要材料、施工机械台班数量汇总,如一个建设项目分成若干单项工程编制概预算时,可用总概预算人工、主要材料、施工机械台班数量汇总表02-1表进行汇总。

(2)本表各栏数据由人工、材料、施工机械台班单价汇总表09表,分项工程概(预)算表21-2表,辅助生产人工、材料、施工机械台班单位数量表25表经分析计算后统计而来。

(3)在抄录人工、主要材料、施工机械种类时注意不要漏项。

表 6-25 人工、主要材料、施工机械台班数量汇总表

建设项目名称：县道 X636 西支线连城桥（上行）危桥改造工程

编制范围：县道 X636 西支线连城桥（上行）危桥改造工程

第 1 页共 9 页　　02 表

代号	规格名称	单位	单价（元）	总数量	分项统计										场外运输损耗	
					临时工程	路基工程	路面工程	桥梁涵洞工程	交叉工程	交通工程及沿线设施	绿化及环境保护工程	专项费用	辅助生产	其他	%	数量
1	人工	工日	105.49	9.046	3.000					6.046						
2	机械工	工日	105.49	4.255	2.370					1.885						
100101	人工	工日	105.49	14 212.494	551.685	1 556.470	52.106	12 017.295	13.212	11.551	10.175					
1051001	机械工	工日	105.49	2 028.891	463.207	60.632	7.382	1 494.981	1.261	0.235	1.193					
226	花岗岩	m^3	1 167.95	4.323			4.323									
387	矩形标志牌	个	344.83	8.000	8.000											
388	圆形标志牌	个	129.31	12.000	12.000											
389	路拦	片	517.24	4.000	4.000											
390	锥形交通标	个	56.03	150.000	150.000											
541	GQF-Z80 型伸缩缝	m	1 814.74	54.200				54.200								
738	热熔涂料	kg	3.09	556.000						556.000						

续表

代号	规格名称	单位	单价（元）	总数量	分项统计										场外运输损耗	
					临时工程	路基工程	路面工程	桥梁涵洞工程	交叉工程	交通工程及沿线设施	绿化及环境保护工程	专项费用	辅助生产	其他	%	数量
739	反光玻璃珠	kg	2.60	43.864						43.864						
832	32.5 级水泥	t	397.17	0.079			0.078								1.000	0.001
862	汽油（92 号）	kg	8.35	47.400	47.400											
862	汽油	kg	8.35	49.535						49.535						
899	中（粗）砂	m^3	112.37	0.327			0.319								2.500	0.008
996	其他材料费	元	1.00	230.224						230.224						
2006	三横梁	t	6 077.79	15.932				15.932								
2001001	HPB300 钢筋	t	3 438.97	37.922		0.174		37.720		0.028						
2001002	HRB400 钢筋	t	3 391.20	320.071		2.887		317.066		0.117						
2001008	钢绞线（普通，无松弛）	t	4 646.24	26.150				26.150								

编制：　　　　复核：

（4）场外运输损耗是针对有运输损耗的材料，对于无运输损耗的材料则不需进行计算。

四、实训范例

将实训项目中人工、主要材料、施工机械台班数量汇总表02表第1页（表6-25）作为实训范例。（该项目02表共9页）

五、上交资料

每人上交实训报告一份，见表6-26。

表6-26　实训报告

日期：　　　　班级：　　　　组别：　　　　姓名：　　　　学号：

实训任务	编制人工、主要材料、施工机械台班数量汇总表（02表）	成绩	
实训目的	通过此次实训，使学生明确各人工、主要材料、施工机械的规格名称来源，知道此表如何进行分项统计，掌握场外运输损耗的计算方式		
实训内容	（1）人工、主要材料、施工机械台班数量如何按分项进行汇总？ （2）如何计算场外运输损耗？ （3）如何计算人工、主要材料、施工机械台班总数量？		

续表

实训内容

（4）根据表 1 中给出的各分项工程的主要材料用量及场外运输损耗率，计算各种材料的场外运输损耗数量及总数量。

表 1　填制场外运输损耗数量及总数量

代号	规格名称	单位	单价（元）	总数量								场外运输损耗	
					临时工程	路基工程	路面工程	桥梁涵洞工程	交叉工程	交通工程及沿线设施	绿化及环境保护工程	%	数量
5001052	塑料编织袋（袋装砂井用）	个	0.88					59 306.500					
5003003	压浆料	t	1 752.98					11.542					
5009002	油漆	kg	10.56										
5009005	桥面防水涂料（聚合物渗透水性桥面防水涂料）	kg	5.42					2 604.210					
5009012	油毛毡（400 g，0.915 m×21.95 m）	m^2	2.22					16.214					
5501002	土（路面用堆方）	m^3	23.79				5.680	17.421				3.000	
5501003	黏土（堆方）	m^3	28.89			26.730		298.209				3.000	
5501007	种植土	m^3	9.91								14.994		
5503003	熟石灰	t	291.82				0.607	1.860					
5503005	中（粗）砂（混凝土、砂浆用堆方）	m^3	111.67		51.170	581.782	4.792	1 825.959	6.265	3.481		2.500	
5503007	砂砾（堆方）	m^3	115.09		669.375		133.365	2 753.315	17.024	1.441		1.000	
5503009	天然级配（堆方）	m^3	115.09		12.960							1.000	
5503015	路面用石屑	m^3	94.65				4.723					1.000	
5505005	片石（码方）	m^3	84.31			512.325		692.816					
5505012	碎石（2 cm）（最大粒径 2 cm 堆方）	m^3	94.65					18.387				1.000	
5505013	碎石（4 cm）（最大粒径 4 cm 堆方）	m^3	94.65		25.860	31.875	5.833	2 993.233	11.304	6.357		1.000	
5505015	碎石（8 cm）（最大粒径 8 cm 堆方）	m^3	94.65			16.335						1.000	
5505016	碎石（未筛分碎石统料堆方）	m^3	94.65					0.462				1.000	
5507003	青（红）砖（240 mm×115 mm×53 mm）	千块	328.59		73.520		1.441					3.000	

续表

实训总结	

第七部分　公路工程造价软件应用实训

实训一　纵横公路造价管理软件应用

一、实训目的与要求

（1）通过软件操作，能全面培养学生的识图能力、做预算报表分析能力。

（2）通过实训，能加深对该软件的基本理论、基本知识、基本方法的掌握与运用。

（3）软件操作过程中，使学生逐渐形成怎样理解图纸、如何计算工程量的观念。

（4）能用纵横公路造价管理软件编制造价文件。

二、实训要点与注意事项

（一）实训要点

1. 新建建设项目与造价文件

不管是编制整个项目的造价还是编制其中某个标段的造价，均需新建建设项目文件。一个建设项目文件，可以包含一个或多个项目分段文件和与之配套的费率、单价、定额等文件，通过这些文件组合计算，最终可以得到项目工程的造价。

2. 确定费率文件

费率文件主要是指公路工程的措施费、企业管理费、规费等费用的费率。各省（市、区）结合当地实际情况，对部颁编制办法做了相应的补充规定。根据项目所在地具体工程情况选择不同的费率标准（详见《公路工程建设项目概算预算编制办法》（JTG 3830—2018）和各省补充规定）。

3. 建立概预算项目表

建立造价文件的项目组成结构，一般按部颁标准项目表进行划分，根据工程项目的规模不同，项目表的划分可粗可细。

4. 选定额，输入工程量

在相应的定额章节中找到需要套用的定额后直接选择即可。根据已建立完成的项目选择不同的施工工艺和施工方法，并根据设计文件或工程图纸进行工程量输入。

5. 定额调整

当定额的工作内容和计算分项的工作内容不完全一致时，要对定额进行必要的调整。

6. 补充定额的调用与编制

补充定额是指《公路工程预算定额》(或概算定额、估算指标)内没有包含的定额,如为新工艺、新材料做的补充定额,使用时在软件中可直接调用。

7. 计算第二、三、四部分费用

第二、三、四部分费用系指土地使用及拆迁补偿费、工程建设其他费用、预备费,主要通过基数计算和数量单价的方式确定费用。

8. 工、料、机预算单价

工、料、机预算单价包括人工单价、材料单价、机械单价。对项目套用定额时,定额内含工、料、机消耗量,这时录入工、料、机预算单价,即可计算出造价。

9. 报表输出

通过报表设置,可根据不同需要对报表的纸张、页面、报表格式进行设置,按照不同需要输出不同格式的报表,完成报表的编排工作。

10. 数据交换

可以把整个建设项目的项目文件、单价文件和费率文件等统一压缩在一个.sbp 文件里,通过“文件”→“导出”操作,可进行数据交换。

一个建设项目下可能包括多个编制范围或标段。如需对同一项目下的不同范围或不同标段分别编制造价,则可通过新建多个造价文件完成。

(二)注意事项

1. 实训准备阶段

(1)实训指导教师应指导学生读懂工程图纸,让学生明确实训的目的、要求、操作标准。

(2)学生要固定机位、人手一份工程图纸或资料。

2. 实训操作阶段

每次实训都应在实训指导教师的具体指导下进行,学生应认真完成各次实训任务。实训的具体操作如下。

(1)纵横报价:指导老师直接上机教学。

(2)纵横计量支付:指导老师直接上机演示。(了解)

(3)纵横工程算量:指导老师直接上机演示。(了解)

3. 总结阶段

学生操作完毕后,实训指导教师和学生应当及时进行总结,总结工作如下。

(1)学生撰写实训总结报告(主要谈实训的收获)。

(2)实训指导老师对整个实训做总评。

(3)实训指导老师评定学生实训成绩。

三、实训范例

某公路建设项目路基填筑工程,采用 8 t 自卸汽车运输土方 3 km。用纵横公路造价管理软件进行定额调整。

主定额：1-1-11-3，8 t 以内自卸汽车运土第一个 1 km。

辅助定额：1-1-11-4，8 t 以内自卸汽车运土每增运 0.5 km × 4。

以本例进行操作讲解：8 t 自卸汽车运输土方，实际运距为 3 km，则输入实际值，无须关心应采用哪个辅助定额，应调整多少增量，系统会自动完成相关定额调整的内容。具体操作内容如下：

1. 打开定额调整窗口

用鼠标点击需调整的定额，再点击左侧“定额调整”图标，展开定额调整视图（展开/隐藏切换），如图 7-1 所示。

2. 输入运距实际值

在图 7-1 右侧的“实际值”这一栏中输入实际的数值，即运距为 3 km。

3. 查看调整结果

输入实际数值后点击“定额调整”图标，回到正常状态，则可在调整状态栏看到调整状态。

说明：

（1）对补充定额，可以自定义辅助定额；

（2）图 7-1 中的[a]表示自动改写定额名称；

（3）图 7-1 中的[b]表示自动进行辅助定额调整，显示调整状态。

所示界面：

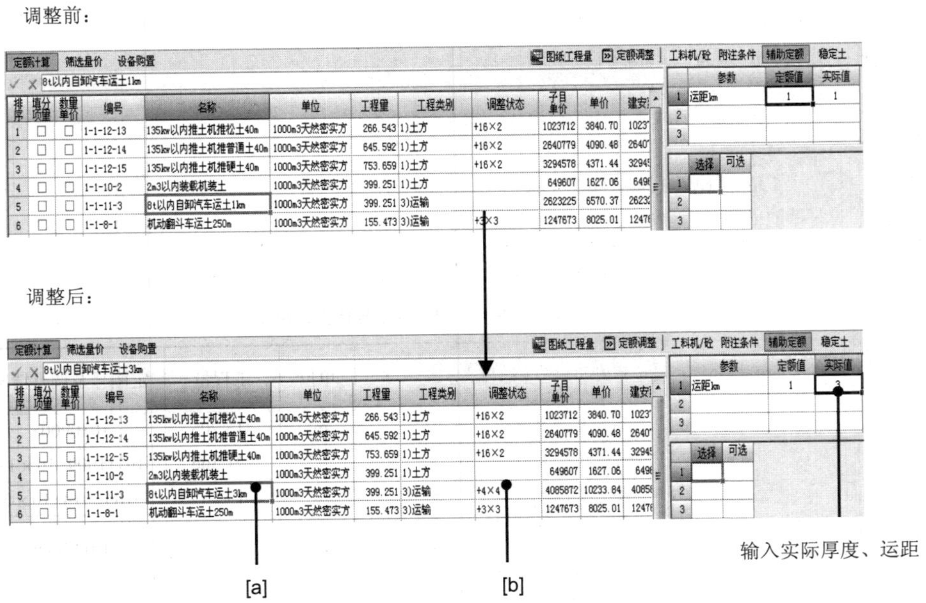

图 7-1　定额调整视图

对图 7-1 的说明：

(1)对补充定额,可以自定义辅助定额;

(2)图 7-1 中的[a]表示自动改写定额名称;

(3)图 7-1 中的[b]表示自动进行辅助定额调整,显示调整状态。

四、上交资料

每人上交实训报告一份,见表 7-1。

表 7-1　实训报告

日期:　　　　班级:　　　　组别:　　　　姓名:　　　　学号:

<table>
<tr><td>实训任务</td><td>用纵横公路造价管理软件编制土石方工程预算文件</td><td>成绩</td><td></td></tr>
<tr><td>实训目的</td><td colspan="3">通过此次实训,使学生掌握纵横公路造价管理软件的基本理论、基本知识和基本方法,学会如何看懂土石方工程图纸、如何计算土石方工程数量,会用纵横公路造价管理软件编制造价文件</td></tr>
<tr><td>实训内容</td><td colspan="3">
某一级公路全长 18.34 km,地处松原市境内,其路基填方总量(压实方)为 1 266 897 m^3,采用机械化施工,土已备在路基两侧,试根据以下条件用纵横公路造价管理软件计算土方施工的预算总价。
1. 费率属性
(1)工程所在地:吉林省。
(2)费率标准:部颁概预算费率标准(2018)。
(3)冬季施工气温区:冬五区。
(4)雨季施工雨量区和雨季期:Ⅰ区 2 个月。
(5)车船税标准:北京市标准。
(6)主副食运费补贴计算综合里程为:10 km。
(7)工地转移费按工地转移里程 100 km 计。
(8)高原、沿海、风沙地区和行车干扰施工增加费均不计。
2. 单价属性
按软件默认输入。
3. 工程属性
(1)线路长 18.34 km,养护月数 2 个月。
(2)公路等级:一级,新建。
(3)施工期一年,不计年工程造价增长费。
4. 工、料、机单价
(1)人工单价:106.28 元/工日。
(2)柴油单价:6.85 元/kg。
5. 土石方工程建安工程项目及数量表
土石方工程建安工程项目及数量见表 1。
表 1　土石方工程建安工程项目及数量
<table>
<tr><th>工程项目(项目表)</th><th>工程细目(定额细目表)</th><th>单位</th><th>工程量</th><th>定额号及调整情况</th></tr>
<tr><td rowspan="7">借土方填筑</td><td>2 m^3 以内挖掘机挖装普通土</td><td>m^3</td><td>215 705</td><td>10109008</td></tr>
<tr><td>15 t 以内自卸汽车运输土方 8 km</td><td>m^3</td><td>221 366</td><td>10111009+10 × 14</td></tr>
<tr><td>135 kW 以内推土机推普通土 50 m</td><td>m^3</td><td>719 285</td><td>10112014+16 × 3</td></tr>
<tr><td>10 m^3 以内拖式铲运机铲普通土第 1 个 100 m</td><td>m^3</td><td>359 642</td><td>10113006</td></tr>
<tr><td>2 m^3 以内装载机装土方</td><td>m^3</td><td>143 857</td><td>10110002</td></tr>
<tr><td>4 000 L 以内洒水车洒水运距为 6 km</td><td>m^3</td><td>147 577</td><td>10122001+2 × 10</td></tr>
<tr><td>高速、一级路 20 t 振动压路机碾压</td><td>m^3</td><td>1 266 897</td><td>10118005</td></tr>
</table>
</td></tr>
</table>

续表

	6. 问题 假定第二、三部分费用均不考虑，试用纵横公路造价管理软件计算该工程土石方工程项目的建筑安装工程费用
实训总结	

实训二　同望 WECOST 工程造价管理软件应用

一、实训目的与要求

(1)通过软件操作，全面培养学生的识图能力、做预算报表分析能力。

(2)通过实训，提高学生对该软件基本操作的掌握与运用。

(3)在软件操作过程中，逐渐建立学生对图纸认知、工程量计算等的知识框架。

(4)能够比较熟练地运用同望 WECOST 工程造价管理软件编制造价文件。

二、实训要点与注意事项

(一)实训要点

1. 新建设项目文件

一个建设项目文件，可以包含一个或多个单项工程文件和与之配套的单价、费率、定额文件，通过这些文件组合计算，最终可以得到项目工程的造价。单项工程文件，是指路线文件、独立桥梁文件、路线标文件、独立桥梁标文件 4 种文件中的某一具体的工程文件。

2. 准备定额、费率、单价文件

1)准备定额文件

在新建建设项目时，已选择了建设项目类型(如施工图预算)，则在打开建设项目后，在“视窗/定额”中就已经有了“部颁预算定额”文件。如果在施工图预算中需要用到概算定额等情况，可通过“导入文件”来实现。

2)准备费率文件

通过新建费率文件或调用已有的费率文件，可以准备一个与工程文件相匹配的费率文件，以便在编制造价时调用。

3)准备单价文件

(1)制定车船税。

(2)新建单价文件。

(3)调用单价文件。

3. 建立单项工程文件

根据所要编制的建设项目中的各分部分项工程新建各自的有关文件。创建单项工程文件的项目表之前,必须先新建一个单项工程文件。

(1)建立文件。

(2)确定工程属性。

4. 建立项目表

建立项目表即划分该造价文件的项目组成结构,一般按部颁标准项目表进行划分,根据工程项目的规模不同,项目表可按照需求划分。具体内容包括:

(1)标准增加项、目、节。

(2)非标准增加项、目、节。

5. 输入工程量

当完成项目表的编制后,点击"项目文件/填写公路公里(桥梁米)数量"菜单,系统会给单位为"公路公里"的所有分项填写路线(桥梁)长度。同时,应根据已建立完成的项目选择不同的施工工艺和施工方法,并根据设计文件或工程图纸进行工程量输入。

6. 定额录入、调整与取费

(1)定额录入。

(2)确定取费类别。

(3)定额调整。

7. 计算第二、三部分费用

(1)选取、增加费用项目。

(2)输入计算项目。

(3)输入计算式。

8. 工、料、机分析与单价计算

(1)工、料、机分析。

(2)输入单价。

(3)材料单价计算。

(4)机械台班单价计算。

(5)预算价计算。

9. 造价计算

利用同望工程造价管理软件生成所需造价。

(1)计算。

（2）汇总。

10. 审核并输出报表

系统提供了编制汇总报表和三种审核汇总报表格式，可根据需要审核和输出不同格式的报表，完成报表的审核编排工作。

报表的输出主要包括页面设置、打印预览、输出方式的选择等工作。

一个建设项目下可能包括多个编制范围或标段。如需对同一项目下的不同范围或不同标段分别编制造价，则可通过新建多个造价文件完成。

（二）注意事项

1. 实训准备阶段

（1）实训指导教师应指导学生读懂工程图纸，让学生明确实训的目的、要求、操作标准。

（2）学生要固定机位、人手一份工程图纸或资料。

2. 实训操作阶段

每次实训都应在实训指导教师的具体指导下进行，学生应认真完成各次实训任务。实训的具体操作如下。

（1）同望 WECOST 报价：指导老师直接上机教学。

（2）同望 WECOST 计量支付：指导老师直接上机演示。（了解）

（3）同望 WECOST 网络计划：指导老师直接上机演示。（了解）

3. 总结阶段

学生操作完毕后，实训指导教师和学生应当及时进行总结，总结工作如下。

（1）学生撰写实训总结报告（主要谈实训的收获）。

（2）实训指导老师对整个实训做总评。

（3）实训指导老师评定学生实训成绩。

三、实训范例

范例一　某桥梁工程，位于吉林省长春市内，临时汽车便道长 3.6 km，路基宽 4.5 m，路面宽 3.5 m，钢便桥 1 座，2 个墩，桥长 260 m，桩长 8 m。

主定额：7-1-1-3，汽车便道路基宽 4.5 m（平原微丘区）。

辅助定额：7-1-1-6，汽车便道 3.5 m 宽天然砂砾路面（压实厚度 15 cm）。

主定额：7-1-2-1，简易汽车钢便桥。

辅助定额：7-1-2-2，汽车便桥墩（桩长 10 m 以内）。

具体操作内容如下。

1. 选套定额

在该工程下选择要增加的位置，单击鼠标右键，选择“增加”→“定额”，新增一条空记录，点击该空记录“编号”右侧的按钮，弹出“选择定额”对话框，从定额的下拉框中选择需要的定额库。

进入定额库中找到所需选套的定额，选中需要增加的定额，再单击鼠标右键，选择“添加选中行”即可将所需定额添加到预算书中。

2. 查看调整结果

可在预算书和工料机备注栏中看到增加后的状态。

说明：也可以在预算书空白处单击鼠标右键，选择“选择”→“定额”，如图 7-2 所示，之后步骤同本例。

◎70101003	定额	汽车便道路基宽 4.5m（平原微丘区）	km
◎70101006	定额	汽车便道 3.5m 宽天然砂砾路面（压实厚度 15cm）	km
◎70102001	定额	简易汽车钢便桥	10m
◎70102002	定额	汽车便桥墩（桩长 10m 以内）	座

图 7-2　选择“定额”命令

范例二　某沥青混合料路面基层摊铺工程，基层为厚 22 cm 水泥稳定水泥砂，设计混合配比为 9.5：82：8.5，采用 20 t 以内自卸汽车运输，运距为 5 km。

主定额：2-1-7-1，压实厚度 20 cm、配合比为 10：83：7 的厂拌基层水泥砂。

辅助定额：2-1-7-2，压实厚度每增减 1 cm、配合比为 10：83：7 的厂拌基层水泥砂。

主定额：2-1-8-9，20 t 以内自卸汽车运输厂拌基层稳定土混合料第一个 1 km。

辅助定额：2-1-8-10，20 t 以内自卸汽车运输厂拌基层稳定土混合料每增运 0.5 km。

具体操作如下。

1. 选套定额

同范例一，将所需定额添加到预算书中。

2. 调整定额

基层实际厚度、配合比、实际运距均与定额不同，需要调整。

首先，选中水泥砂土定额，单击右下侧“配比调整”图标

，直接在“调整为”一栏中将要调整的配合比例输入，按【Enter】键确认，系统会自动生成最后单材的配合比例（配合比之和为 100%），同时自动修改定额名称。

然后，选中辅助运输定额，先单击“标准调整”图标

，勾选定额系数，输入 8，按【Enter】键确认。

3. 查看调整结果

输入实际数据后按【Enter】键，则可在预算书和工、料、机备注栏中看到调整后的状态。

说明。

（1）对补充定额，可以自定义辅助定额。

（2）调整过的定额，在其编号后系统自动加上“换”字，表示调整过的定额，如图 7-3 和图 7-4 所示。

◎20107001	定额	压实厚度 20cm、配合比为 10∶83∶7 的厂拌基层水泥砂	$1000m^2$
◎20107002	定额	压实厚度每增减 1cm、配合比为 10∶83∶7 的厂拌基层水泥砂	$1000m^2$
◎20108009	定额	20t 以内自卸汽车运输厂拌基层稳定土混合料第一个 1km	$1000m^3$
◎20108010	定额	20t 以内自卸汽车运输厂拌基层稳定土混合料每增运 0.5km	$1000m^3$

图 7-3　定额调整前视图

◎20107001 换	定额	压实厚度 22cm、配合比为 9.5∶82∶8.5 的厂拌基层水泥砂	$1000m^2$
◎20107002	定额	压实厚度每增减 1cm、配合比为 9.5∶82∶8.5 的厂拌基层水泥砂	$1000m^2$
◎20108009 换	定额	20t 以内自卸汽车运输厂拌基层稳定土混合料第一个 1km	$1000m^3$
◎20108010	定额	20t 以内自卸汽车运输厂拌基层稳定土混合料每增运 0.5km	$1000m^3$

图 7-4　定额调整后视图

四、上交资料

每人上交实训报告一份，见表 7-2 和表 7-3。

表 7-2　实训报告（1）

日期：　　班级：　　组别：　　姓名：　　学号：

实训任务	用同望工程造价管理软件编制路面工程预算文件	成绩	
实训目的	通过此次实训，使学生掌握同望工程造价管理软件的基本操作过程和操作方法，学会如何通过路面工程图纸计算和填写路面工程数量，会用同望工程造价管理软件编制路面工程造价文件		
实训内容	某二级公路全长 8.6 km，位于河北省，主要设计资料如下。试根据以下条件用同望工程造价管理软件计算土方施工的预算总价。 **1. 主要设计资料** （1）路基宽 12 m，上铺石灰稳定土基层厚 20 cm（机械沿路拌和）；路面为水泥混凝土路面宽 9.0 m，厚 25 cm，路肩为土路肩，宽 1.5 m。 （2）该路段以机械施工为主，工期一年（不计物价上涨费），工地转移距离为 100 km，主副食综合里程为 15 km。 （3）本路段永久占用农田 4.85 亩，补偿费按 20 000 元/亩计算。 （4）汽车临时便道 4 km，路基宽 7.0 m，无路面。 （5）临时输电线路（三线橡皮线）800 m，支线 600 m。 **2. 费率属性** （1）工程所在地：河北省。 （2）费率标准：部颁 2018 概预算费率标准。 （3）冬季施工气温区：冬一区Ⅱ。 （4）雨季施工雨量区和雨季期：Ⅱ区 2 个月。		

续表

实训内容

（5）主副食运费补贴计算综合里程为 25 km。

（6）工地转移费按工地转移里程为 100 km 计。

（7）高原、风沙、沿海地区和行车干扰施工增加费均不计。

3. 工程属性

（1）税率：9%。

（2）公路等级：二级，新建。

（3）施工期一年，不计年工程造价增长费。

4. 工料机单价

（1）人工单价：105.49 元/工日。

（2）柴油单价：6.98 元/kg。

5. 水泥混凝土路面工程建安工程项目及数量表

水泥混凝土路面工程建安工程项目及数量见表 1。

表 1　水泥混凝土路面工程建安工程项目及数量表

工程项目	工程细目（定额细目表）	单位	工程量	定额号及调整情况
水泥混凝土路面	滑模式摊铺机铺筑路面厚 25 cm	m^2	77 400	2-2-17-5 换，实际厚度为 25 cm
	6 m^3 以内混凝土搅拌运输车运输 3 km	m^3	19 350	4-11-11-24 换，实际运距为 3 km
	滑膜式摊铺机铺筑路面拉杆及传力杆	t	26	2-2-17-14
	60 m^3/h 以内混凝土搅拌站拌和	m^3	19 350	4-11-11-15
	60 m^3/h 以内混凝土搅拌站安拆	座	1	4-11-11-10

6. 问题 1

假定第二、三部分费用均不考虑，试用纵横公路造价管理软件计算该工程土石方工程项目的建筑安装工程费用。

表 2　临时工程建安工程项目及数量表

工程项目	工程细目（定额细目表）	单位	工程量	定额号及调整情况
临时工程	汽车便道路基宽 7 m（平原微丘区）	km	4	7-1-1-1
	架设输电线路	m	1 400	7-1-5-1

7. 问题 2

试根据以上已知条件用同望工程造价管理软件计算该工程项目所列出项目的第一部分建安工程费用和第三部分工程建设其他费用。

实训总结

表 7-3　实训报告(2)

日期：　　　班级：　　　组别：　　　姓名：　　　学号：

<table>
<tr><td>实训任务</td><td>用同望工程造价管理软件编制钢筋混凝土拱涵工程预算文件</td><td>成绩</td><td></td></tr>
<tr><td>实训目的</td><td colspan="3">通过此次实训，使学生掌握如何利用同望工程造价管理软件填列钢筋混凝土拱涵的工程细目和工程数量，会用同望工程造价管理软件编制钢筋混凝土拱涵造价文件</td></tr>
<tr><td>实训内容</td><td colspan="3">
江苏省某新建二级公路，有一座钢筋混凝土拱涵，标准跨径为 4 m，涵高 2.5 m，洞口为八字墙，涵洞长度为 28 m，拱部的断面为半圆形，路基宽度为 12 m。其施工图设计主要工程量见表 1。
表 1　施工图设计主要工程量表
<table>
<tr><th>序号</th><th>项目</th><th>单位</th><th>工程量</th></tr>
<tr><td rowspan="8">钢筋混凝土拱涵</td><td>挖基坑 3 m 内土方(干处)</td><td>m³</td><td>2 090</td></tr>
<tr><td>挖基坑石方</td><td>m³</td><td>2 267</td></tr>
<tr><td>M5 浆砌片石基础</td><td>m³</td><td>420</td></tr>
<tr><td>M7.5 浆砌片石台、墙</td><td>m³</td><td>650</td></tr>
<tr><td>M7.5 浆砌片石涵底和洞口铺砌</td><td>m³</td><td>78</td></tr>
<tr><td>M7.5 浆砌片石截水墙</td><td>m³</td><td>80</td></tr>
<tr><td>混凝土帽石</td><td>m³</td><td>2.86</td></tr>
<tr><td>C20 钢筋混凝土拱肋</td><td>m³</td><td>90</td></tr>
</table>
1. 费率属性
(1)工程所在地：江苏省。
(2)费率标准：部颁 2018 概预算费率标准。
(3)冬季施工气温区：准二区。
(4)雨季施工雨量区和雨季期：Ⅱ区 4 个月。
(5)车船税采用北京市标准。
(6)主副食运费补贴计算综合里程为 18 km。
(7)工地转移费按工地转移里程 90 km 计。
(8)高原、沿海、风沙地区、行车干扰施工增加费均不计。
2. 工程属性
(1)税率：9%。
(2)公路等级：二级，新建。
(3)施工期一年，不计年工程造价增长费。
3. 工、料、机单价
(1)人工单价：105.49 元/工日。
(2)柴油单价：6.80 元/kg。
4. 拱涵工程建安工程项目及数量表
拱涵工程建安工程项目及数量见表 2。
表 2　拱涵工程建安工程项目及数量表
<table>
<tr><th>工程项目</th><th>工程细目(定额细目表)</th><th>单位</th><th>工程量</th><th>定额号及调整情况</th></tr>
<tr><td rowspan="9">钢筋混凝土拱涵</td><td>人工挖基坑 3 m 内土方(干处)</td><td>m³</td><td>2 090</td><td>4-1-1-1</td></tr>
<tr><td>人工挖基坑石方</td><td>m³</td><td>2 267</td><td>4-1-1-7</td></tr>
<tr><td>M5 浆砌片石基础、护底、截水墙</td><td>m³</td><td>420</td><td>4-5-2-1</td></tr>
<tr><td>M7.5 浆砌片石实体式台、墙</td><td>m³</td><td>650</td><td>4-5-2-4</td></tr>
<tr><td>M5 浆砌片石基础、护底、截水墙</td><td>m³</td><td>78</td><td>4-5-2-1</td></tr>
<tr><td>M5 浆砌片石基础、护底、截水墙</td><td>m³</td><td>80</td><td>4-5-2-1</td></tr>
<tr><td>浆砌混凝土预制块帽石、缘石</td><td>m³</td><td>2.86</td><td>4-5-5-5</td></tr>
<tr><td>预制主拱圈 C20 混凝土</td><td>m³</td><td>90</td><td>4-7-23-1</td></tr>
<tr><td>预制主拱圈钢筋</td><td>m³</td><td>90</td><td>4-7-23-2</td></tr>
</table>
</td></tr>
</table>

续表

	5. 问题 假定第二、三部分费用均不考虑，试用同望造价管理系统软件计算该拱涵工程项目的建筑安装工程费用。
实训总结	

附录　施工图预算编制实例

一、工程内容

（一）项目概况

本工程是吉林省 ××× 二级路（连接路）建设项目，位于吉林省的西北部地区，起于吉林省白城市镇赉县镇赉镇，止于镇赉县与黑龙江省泰来县交界处。该公路是白城市公路网中一条主要公路，是镇赉县东部沿江经济区的重要纽带，也是黑龙江、吉林两省西部经济发展的重要运输通道。该二级路（连接路）全长 76.33 km，全线共分 6 个标段，本标段是 02 标，该段起止桩号为 K12+700—K21+204，路线长 8.504 km，主要包括临时工程、路基工程、桥涵工程、路面工程等内容。

（二）技术等级

（1）公路等级：二级公路。

（2）路基宽度：12 m。行车道（含硬路肩）标准横坡 1.5%，土路肩标准横坡 2.5%。

（3）计算荷载：桥涵构造物设计荷载采用公路-Ⅱ级，宽度与路基同宽。

（4）设计洪水频率：路基、大中桥、涵洞设计洪水频率为 1/100。

（5）地区地震基本烈度：Ⅵ级。

二、施工图预算文件说明

（一）编制依据

（1）《公路工程建设项目概算预算编制办法》（JTG 3830—2018）。

（2）《公路工程预算定额（上、下册）》（JTG/T 3832—2018）。

（3）《公路工程机械台班费用定额》（JTG/T 3833—2018）。

（4）《吉林省公路工程汽车运杂费计算标准》（交办公路〔2016〕66 号）。

（5）吉林省交通厅关于印发《吉林省<公路工程基本建设项目估算概算预算编制办法>补充规定》（吉交发〔2016〕33 号）。

（6）吉林省交通厅印发《关于调整吉林省公路工程人工费单价的通知》（吉交发〔2011〕32 号）。

（7）《吉林省交通运输厅关于发布 2020 年第三季度外购工程材料价格信息的通知》（吉交发〔2020〕64 号）。

（8）有关的技术经济政策、纪要、标准、规范。

（9）施工图所列工程量。

（二）费用标准

（1）人工费：按吉林省交通运输厅最新公布的人工工日单价计取。

（2）材料原价：按吉林省交通运输厅最新公布的外购工程材料价格信息提供的价格计算，汽柴油价格和电价按发改委公布的最新价格计算。

（3）吉林省交通运输厅最新公布的外购工程材料价格信息中没有的材料，采用调查价格。

（4）材料运杂费：汽车运杂费按平原区线路标准计算。

（5）综合费率。

①主副食运费补贴综合里程：3 km。

②规费费率按吉林省最新发布的规费费率计算。

③施工队伍工地转移距离（白城市至工地）：382 km。

（6）其他费用。

价差预备费：本工程不计。

（7）施工图预算采用同望 WECOST 10.3.0 公路工程造价系统编制。

（三）其他未尽事宜

执行《公路工程建设项目概算预算编制办法》（JTG 3830—2018）和施工图设计预算。

三、施工图预算实例表格

由于篇幅所限，本施工图预算实例的封面和目录省略。21-2 表仅以临时工程、路基工程、路面工程、涵洞工程为例计算。施工图预算实例见附表 1~附表 49。

附表 1　总预算表（1）

建设项目名称：××× 连接路建设项目

编制范围：××× 连接路建设项目　　　　第 1 页共 3 页　　　　01 表

分项编号	工程或费用名称	单位	数量	金额（元）	技术经济指标	各项费用比例（%）	备注
1	第一部分　建筑安装工程费	公路公里	5.855	9 744 908.77	1 664 373.83	62.37	
101	临时工程	公路公里	5.855	566 417.58	96 740.83	3.63	
10101	临时道路	km	0.21	161 360.7	768 384.28	1.03	
1010101	临时便道（修建、拆除与维护）	km	0.21	161 360.7	768 384.28	1.03	
10102	临时便桥、便涵	m/座	210 / 21	13 397.46	63.8 / 637.97	0.09	
1010202	临时涵洞	m/座	210 / 21	13 397.46	63.8 / 637.97	0.09	
10106	临时安全设施	套	4	16 066.2	4 016.55	0.10	
10107	拌和站	座	2	295 091.54	147 545.77	1.89	

续表

分项编号	工程或费用名称	单位	数量	金额（元）	技术经济指标	各项费用比例（%）	备注
10108	机井	口	1	30 000	30 000	0.19	
10109	电力线	m	500	50 501.68	101	0.32	
102	路基工程	km	5.855	1 000 446.59	170 870.47	6.40	
LJ01	场地清理	km	5.855	109 133.31	18 639.34	0.70	
LJ0101	清理与掘除	km	1.52	79 123.39	52 054.86	0.51	
LJ010101	清除表土	m^3	1 189.2	10 136.66	8.52	0.06	
LJ010102	伐树、挖根	棵	2 201	68 986.73	31.34	0.44	
LJ0102	挖除旧路面	m^3	1 118.964	30 009.93	26.82	0.19	
LJ010201	挖除水泥混凝土路面	m^3	259.86	20 219.41	77.81	0.13	
LJ010203	挖除碎（砾）石路面	m^3	702.24	9 790.52	13.94	0.06	
LJ02	路基挖方	m^3	13 729	63 238.98	4.61	0.40	
LJ0201	挖土方	m^3	13 729	63 238.98	4.61	0.40	
LJ03	路基填方	m^3	21 873	299 227.2	13.68	1.92	
LJ0301	利用土方填筑	m^3	13 730	55 645.09	4.05	0.36	
LJ0302	借土方填筑	m^3	8 144	243 582.11	29.91	1.56	
LJ05	特殊路基处理	km	2.229	351 291.74	157 600.6	2.25	
LJ0501	软土地区路基处理	km	1.439	338 157.05	234 994.47	2.16	
LJ050102	垫层	m^3	2 174	338 157.05	155.55	2.16	
LJ05010201	换填山皮石	m^3	2 174	338 157.05	155.55	2.16	
LJ0503	新旧路基衔接处理	km	0.79	13 134.69	16 626.19	0.08	
LJ06	排水工程	km	5.937	177 555.36	29 906.58	1.14	
LJ0601	边沟	m^3/m	4 274.64 / 5 937	177 555.36	41.54 / 29.91	1.14	
LJ060104	土质边沟	m^3/m	4 274.64 / 5 937	177 555.36	41.54 / 29.91	1.14	
103	路面工程	km	5.855	6 273 570.43	1 071 489.4	40.15	
LM01	沥青混凝土路面	m^2	18 104	2 319 599.5	128.13	14.85	
LM0101	路面垫层	m^2	7 943	226 767.3	28.55	1.45	
LM010102	山皮石垫层	m^2	7 943	226 767.3	28.55	1.45	
LM01010201	厚 20 cm	m^2	7 943	226 767.3	28.55	1.45	
LM0103	路面基层	m^2	22 717	1 037 096.41	45.65	6.64	
LM020302	5∶95 水泥稳定砂砾基层	m^2	15 566	712 473.98	45.77	4.56	
LM02030201	厚 20 cm	m^2	15 566	712 473.98	45.77	4.56	
LM010305	山皮石帮宽	m^2	5 694	162 559.86	28.55	1.04	

编制：　　　　　　　　　　　　　　　　　　　　　　复核：

附表 2　总预算表(2)

建设项目名称：××× 连接路建设项目

编制范围：××× 连接路建设项目

第 2 页共 3 页　　01 表

分项编号	工程或费用名称	单位	数量	金额(元)	技术经济指标	各项费用比例(%)	备注
LM01030501	厚 20 cm	m^2	5 694	162 559.86	28.55	1.04	
LM010306	水泥混凝土基层	m^2	1 457	162 062.57	111.23	1.04	
LM01030601	厚 20 cm	m^2	1 457	162 062.57	111.23	1.04	
LM0105	沥青混凝土面层	m^2	18 104	981 654.42	54.22	6.28	
LM010501	AC-16 中粒式沥青混凝土面层	m^2	18 104	981 654.42	54.22	6.28	
LM01050101	厚 5 cm	m^2	18 104	981 654.42	54.22	6.28	
LM0106	粘层	m^2	5 350	9 005.67	1.68	0.06	
LM0107	透层	m^2	15 566	59 719.16	3.84	0.38	
LM0108	钢筋	t	0.939 9	5 356.54	5 699.05	0.03	
LM02	水泥混凝土路面	m^2	20 983	3 829 390.01	182.5	24.51	
LM0201	路面垫层	m^2	24 733	706 110.49	28.55	4.52	
LM020102	山皮石垫层	m^2	24 733	706 110.49	28.55	4.52	
LM02010201	厚 20 cm	m^2	24 733	706 110.49	28.55	4.52	
LM0203	路面基层	m^2	22 858	1 046 237.32	45.77	6.70	
LM020302	5：95 水泥稳定砂砾基层	m^2	22 858	1 046 237.32	45.77	6.70	
LM0205	水泥混凝土面层	m^2	20 983	2 077 042.2	98.99	13.29	
LM020501	水泥混凝土	m^2	20 983	2 010 404.94	95.81	12.87	
LM02050101	厚 20 cm	m^2	20 983	2 010 404.94	95.81	12.87	
LM020502	钢筋	t	12.662 3	66 637.26	5 262.65	0.43	
LM04	路槽、路肩及中央分隔带	m^2	3 125	124 319.75	39.78	0.80	
LM0402	路肩	km	5.855	124 319.75	21 233.09	0.80	
LM040201	培路肩	m^3	1 912.4	124 319.75	65.01	0.80	
LM06	旧路面处理	m^2	0.068	261.18	3 840.85	0.00	
LM0601	水泥混凝土路面病害处理	m^2		261.18		0.00	
LM060102	灌缝	m	68	261.18	3.84	0.00	
104	桥梁涵洞工程	km	0.200 7	1 398 881	6 970 009.95	8.95	
10401	涵洞工程	m/道	200.7 / 21	1 398 881	6 970.01 / 66 613.38	8.95	
HD01	管涵(1-1 m)	m/道	184.7 / 19	1 037 807.32	5 618.88 / 54 621.44	6.64	
HD02	盖板涵	m/道	16 / 2	361 073.68	22 567.11 / 180 536.84	2.31	

续表

分项编号	工程或费用名称	单位	数量	金额(元)	技术经济指标	各项费用比例(%)	备注
107	交通工程及沿线设施	公路公里	5.855	351 579.74	60 047.78	2.25	
10701	交通安全设施	公路公里	5.855	351 579.74	60 047.78	2.25	
JA01	护栏	m	638	238 806.83	374.31	1.53	
JA0105	钢护栏	m	638	238 806.83	374.31	1.53	
JA010501	波形钢板护栏(B级)	m	638	238 806.83	374.31	1.53	
JA03	标志牌	块	27	85 420.78	3 163.73	0.55	
JA0301	铝合金标志牌	块	25	85 420.78	3 416.83	0.55	
JA030101	单柱式铝合金标志牌	块	25	77 123.44	3 084.94	0.49	
JA030107	凸面镜	块	2	8 297.34	4 148.67	0.05	
JA04	标线	m^2	679.88	25 603.93	37.66	0.16	

编制：　　　　　　　　　　　　　　　　　　　　　复核：

附表 3　总预算表(3)

建设项目名称：××× 连接路建设项目

编制范围：××× 连接路建设项目　　　　　　　　第 3 页共 3 页　　01 表

分项编号	工程或费用名称	单位	数量	金额(元)	技术经济指标	各项费用比例(%)	备注
JA0401	路面标线	m^2	679.88	25 603.93	37.66	0.16	
JA040101	热熔标线	m^2/m	679.88 / 5 855	25 603.93	37.66 / 4.37	0.16	
JA05	里程碑、百米桩、界碑	块	6	1 455.83	242.64	0.01	
JA0503	花岗岩里程碑	块	6	1 455.83	242.64	0.01	
JA06	轮廓标	个	54	292.37	5.41	0.00	
JA0603	栏式轮廓标	个	54	292.37	5.41	0.00	
110	专项费用	元		154 013.43		0.99	
11001	施工场地建设费	处	1	10 000	10 000	0.06	
1100102	场地租赁	处	1	10 000	10 000	0.06	
11002	安全生产费	元		144 013.43		0.92	
2	第二部分　土地使用及拆迁补偿费	公路公里	5.855	3 549 160.42	606 175.99	22.72	
201	土地使用费	公顷	6.120 7	2 782 870.42	454 665.38	17.81	
20101	永久征用土地	公顷	5.932	2 770 361.6	467 019.82	17.73	
20102	临时用地	公顷	0.188 7	12 508.82	66 289.45	0.08	
202	拆迁补偿费	公路公里	5.855	48 000	8 198.12	0.31	
203	其他补偿费	公路公里	5.855	718 290	122 679.76	4.60	

续表

分项编号	工程或费用名称	单位	数量	金额(元)	技术经济指标	各项费用比例(%)	备注
3	第三部分　工程建设其他费	公路公里	5.855	1 874 761.44	320 198.37	12.00	
301	建设项目管理费	公路公里	5.855	633 869.4	108 261.21	4.06	
30101	建设单位(业主)管理费	公路公里	5.855	366 233.37	62 550.53	2.34	
30103	工程监理费	公路公里	5.855	227 629.18	38 877.74	1.46	
30104	设计文件审查费	公路公里	5.855	6 340.6	1 082.94	0.04	
30105	竣(交)工验收试验检测费	公路公里	5.855	33 666.25	5 750	0.22	
303	建设项目前期工作费	公路公里	5.855	948 296.54	161 963.54	6.07	
30301	勘察费	公路公里	5.855	411 021	70 200	2.63	
30302	设计费	公路公里	5.855	401 551	68 582.58	2.57	
30303	可研编制费	公路公里	5.855	84 000	14 346.71	0.54	
30304	清单及清单预算编制费	公路公里	5.855	51 724.54	8 834.25	0.33	
304	专项评价(估)费	公路公里	5.855	253 615.86	43 316.12	1.62	
30401	环境影响评价费	公路公里	5.855	18 840.16	3 217.79	0.12	
30402	水土保持评估费	公路公里	5.855	138 377.7	23 634.11	0.89	
30403	使用林地可行性研究报告编制费	公路公里	5.855	96 398	16 464.22	0.62	
308	工程保险费	公路公里	5.855	38 979.64	6 657.5	0.25	
4	第四部分　预备费	公路公里	5.855	455 064.92	77 722.45	2.91	
401	基本预备费	元		455 064.92		2.91	
402	价差预备费	元					
5	第一至四部分合计	公路公里	5.855	15 623 895.55	2 668 470.63	100.00	
6	公路基本造价	公路公里	5.855	15 623 895.55	2 668 470.63	100.00	

编制：　　　　　　　　　　　　　　　　　　　　复核：

附表 4 人工、主要材料、施工机械台班数量汇总表(1)

建设项目名称：× × × 连接路建设项目

编制范围：× × × 连接路建设项目

第 1 页共 4 页 02 表

代号	规格名称	单位	单价（元）	总数量	分项统计										场外运输损耗	
					临时工程	路基工程	路面工程	桥梁涵洞工程	交通工程及沿线设施					辅助生产	%	数量
1	人工	工日	105.49	2.912	1.96	0.952										
2	机械工	工日	105.49	1.437	1.308	0.129										
1001001	人工	工日	105.49	7 100.363	724.658	1 185.855	2 460.549	2 136.226	593.076							
1051001	机械工	工日	105.49	1 805.442	131.603	530.961	894.355	212.277	36.246							
211	钢钎（ϕ 22~25 mm，32 mm）	kg	5.57	91.6	91.6											
387	矩形标志牌	个	353.99	3.2	3.2											
388	圆形标志牌	个	132.74	4.8	4.8											
389	路拦	片	530.97	1.6	1.6											
390	锥形交通标	个	57.52	150	150											
806	彩条尼龙绳	m	1.06	408	408											
851	石油沥青	t	3 002.81	0.01			0.01									
862	汽油（92 号）	kg	6.82	26.16	26.16											
863	柴油（0 号，-10 号，-20 号）	kg	5.58	2.558			2.558									
864	煤	t	468.33	0.019			0.019								1	
897	砂（路面用堆方）	m^3	93.19	0.07			0.068								2.5	0.002
949	矿粉（粒径<0.007 4 cm，重量比>70%）	t	170.14	0.012			0.012								1	
996	其他材料费	元	1	3.4			3.4									

续表

代号	规格名称	单位	单价（元）	总数量	分项统计											场外运输损耗	
					临时工程	路基工程	路面工程	桥梁涵洞工程	交通工程及沿线设施						辅助生产	%	数量
997	设备摊销费	元	1	0.68			0.68										
2001001	HPB300 钢筋	t	3 310.3	6.451			2.569	3.192	0.691								
2001002	HRB400 钢筋	t	3 247.89	24.182			12.17	10.065	1.947								
2001019	钢丝绳（股丝 6-7×19，绳径 7.1~9 mm；股丝 6×37，绳径 14.1~15.5 mm）	t	5 771.1	0.158				0.091	0.067								
2001021	8~12 号铁丝（镀锌铁丝）	kg	3.81	33.536	21			12.536									
2001022	20~22 号铁丝（镀锌铁丝）	kg	4.07	108.915			41.036	54.752	13.127								
2003004	型钢（工字钢，角钢）	t	3 542.12	0.274	0.126		0.1	0.026	0.022								
2003005	钢板（A3，δ=5~40 mm）	t	3 662.48	0.455	0.25				0.205								
2003008	钢管（无缝钢管）	t	4 522.87	0.342				0.342									
2003012	镀锌钢板（δ=1 mm，δ=1.5 mm，δ=3 mm）	t	5 726.52	0.004					0.004								
2003015	钢管立柱	t	6 234.72	9.107					9.107								
2003017	波形钢板（镀锌，包括端头板、撑架）	t	6 100.99	8.471					8.471								
2003025	钢模板（各类定型大块钢模板）	t	5 958.33	3.062				3.062									
2003026	组合钢模板	t	5 708.69	0.18	0.11			0.032	0.038								

续表

代号	规格名称	单位	单价（元）	总数量	分项统计										场外运输损耗	
					临时工程	路基工程	路面工程	桥梁涵洞工程	交通工程及沿线设施					辅助生产	%	数量
2009002	钢钎（ϕ 22~25 mm，32 mm）	kg	5.57	25.438				25.438								
2009011	电焊条（结 422（502、506、507）3.2/4.0/5.0）	kg	3.96	49.029			3.864	5.54	39.625							
2009013	螺栓（混合规格）	kg	9.54	674.034				225.33	448.705							
2009028	铁件	kg	4.04	452.008	134.44			299.748	17.82							
2009029	镀锌铁件	kg	6.03	1 890.158					1 890.158							
2009030	铁钉（混合规格）	kg	4.04	34.73				34.73								

编制：　　　　　　　　复核：

附表 5　人工、主要材料、施工机械台班数量汇总表(2)

建设项目名称:× × × 连接路建设项目
编制范围:× × × 连接路建设项目

第 2 页共 4 页　　02 表

代号	规格名称	单位	单价（元）	总数量	分项统计										场外运输损耗	
					临时工程	路基工程	路面工程	桥梁涵洞工程	交通工程及沿线设施					辅助生产	%	数量
3001001	石油沥青	t	3 002.81	17.759			17.297	0.462								
3003002	汽油(92 号)	kg	6.82	988.323	130.302			510.855	347.166							
3003003	柴油(0 号,-10 号,-20 号)	kg	5.58	58 569.403	4 836.101	24 593.662	21 763.669	6 404.574	971.397							
3005001	煤	t	468.33	3.401			3.367								1	0.034
3005002	电	kW·h	0.71	25 722.09	201.082		22 833.62	1 518.552	1 168.836							
3005004	水	m^3	0.39	3 114.926	393.84		1 709.191	944.503	67.392							
4003001	原木(混合规格)	m^3	985.64	0.021				0.021								
4003002	锯材(中板 δ=19~35 mm,中方混合规格)	m^3	1 447.23	5.888	0.01		1.361	4.512	0.005							
5009005	桥面防水涂料(聚合物渗透水性桥面防水涂料)	kg	10.93	89.856				89.856								
5009007	底油	kg	10.93	73.149					73.149							
5009008	热熔涂料	kg	3.35	3 188.637					3 188.637							
5009012	油毛毡(400 g,0.915 m×21.95 m)	m^2	2.39	42.174				42.174								
5503005	中(粗)砂(混凝土、砂浆用堆方)	m^3	93.19	2 754.194	167.801		2 105.77	387.473	25.975						2.5	67.175
5503007	砂砾(堆方)	m^3	96.5	11 489.953	696.15		10 304.548	368.06	7.433						1	113.762
5503009	天然级配(堆方)	m^3	96.5	27.488	27.216		0.068								1	0.272
5503015	路面用石屑	m^3	116.03	40.09			39.693								1	0.397

续表

代号	规格名称	单位	单价（元）	总数量	分项统计										场外运输损耗	
					临时工程	路基工程	路面工程	桥梁涵洞工程	交通工程及沿线设施					辅助生产	%	数量
5505005	片石（码方）	m^3	86.25	375.443	151.94			223.503								
5505012	碎石（2 cm）（最大粒径 2 cm 堆方）	m^3	124.27	75.169				74.425							1	0.744
5505013	碎石（4 cm）（最大粒径 4 cm 堆方）	m^3	124.27	4 470.257	58		3 845.318	475.246	47.432						1	44.26
5505025	块石（码方）	m^3	102.53	138.73	138.73											
5505031	花岗岩	m^3	1 671.01	0.606					0.606							
5507003	青（红）砖（240 mm × 115 mm × 53 mm）	千块	482.25	75.726	73.52										3	2.206
5509001	32.5 级水泥	t	354.99	938.214	52.559		850.131	26.235							1	9.289
5509002	42.5 级水泥	t	400.59	1 903.181			1 625.105	239.187	20.046						1	18.843
5511002	钢筋混凝土电杆(7m)	根	264.1	15	15											
5511012	ϕ 1 000 mm 以内混凝土排水管	m	455.88	21.21	21.21											
6007002	铝合金标志（包括板面、立柱、横梁、法兰盘、垫板及其他金属附件）	t	19 234.15	0.153					0.153							
6007003	反光玻璃珠（JT/T 280—1995 1、2 号 A 类）	kg	2.86	251.556					251.556							
6007004	反光膜	m^2	144.54	32.675					32.675							
7001009	120/20 聚乙烯绝缘电力电缆（规格 120/20）	m	14.02	1 575	1 575											
7801001	其他材料费	元	1	24 489.962	984.977	11.655	17 978.509	3 934.44	1 580.381							

续表

代号	规格名称	单位	单价（元）	总数量	分项统计										场外运输损耗	
					临时工程	路基工程	路面工程	桥梁涵洞工程	交通工程及沿线设施					辅助生产	%	数量
7901001	设备摊销费	元	1	9 403.714	9 244.75		158.964									
5501005	山皮石	m^3	93.06	16 680.303		2 689.238	9 784.35	4 206.715								
1069	21 kW 以内轮胎式拖拉机（A:机械-TLJ:拖拉机）	台班	228.92	0.088			0.088									
1070	41 kW 以内轮胎式拖拉机（A:机械-TLJ:拖拉机）	台班	335.78	0.041			0.041									
1369	1.5 t 双排座客货汽车	台班	310.32	1.308	1.308											
1998	小型机具使用费（A:机械）	元	1	3.536			3.536									

编制：　　　　　　　　　　复核：

附表 6　人工、主要材料、施工机械台班数量汇总表(3)

建设项目名称:××× 连接路建设项目

编制范围:××× 连接路建设项目

第 3 页共 4 页　　02 表

代号	规格名称	单位	单价（元）	总数量	分项统计										场外运输损耗	
					临时工程	路基工程	路面工程	桥梁涵洞工程	交通工程及沿线设施					辅助生产	%	数量
8001002	功率 75 kW 以内履带式推土机(TY100)	台班	780.38	39.577		1.544	31.129	6.905								
8001003	功率 90 kW 以内履带式推土机(T120A)	台班	923.63	2.435		2.435										
8001006	功率 135 kW 以内履带式推土机(T180 带松土器)	台班	1 416.61	14.704		14.704										
8001007	功率 165 kW 以内履带式推土机(T220 带松土器)	台班	1 669.53	0.683		0.683										
8001025	斗容量 0.6 m^3 履带式单斗挖掘机(WY60 液压)	台班	761.21	20.832	1.34	19.492										
8001027	斗容量 1.0 m^3 履带式单斗挖掘机(WY100 液压)	台班	1 054.1	8.174		8.174										
8001030	斗容量 2.0 m^3 履带式单斗挖掘机(WY200A 液压)	台班	1 328.66	40.963	5.433	29.952	2.895	1.152	1.531							
8001037	斗容量 2.0 m^3 履带式单斗挖掘机(W200A 机械)	台班	1 468.96	8.968				8.968								

续表

代号	规格名称	单位	单价（元）	总数量	分项统计										场外运输损耗	
					临时工程	路基工程	路面工程	桥梁涵洞工程	交通工程及沿线设施					辅助生产	%	数量
8001045	斗容量 1.0 m^3 轮胎式装载机（ZL20）	台班	496.38	1.555				1.555								
8001047	斗容量 2.0 m^3 轮胎式装载机（ZL40）	台班	818.17	35.678		0.395	34.582	0.702								
8001058	功率 120 kW 以内平地机（F155）	台班	1 040.95	45.145	2.796	33.55	8.441	0.358								
8001078	机械自身质量 6~8 t 光轮压路机（2Y-6/8）	台班	324.52	2.83	2.83											
8001080	机械自身质量 10~12 t 光轮压路机（3Y-10/12）	台班	449.45	68.996	4.41	63.904		0.681								
8001081	机械自身质量 12~15 t 光轮压路机（3Y-12/15）	台班	511.9	18.241	0.502	3.147	11.899	2.693								
8001083	机械自身质量 18~21 t 光轮压路机（3Y-18/21）	台班	642.03	13.383	0.721		12.662									
8001085	机械自身质量 0.6 t 手扶式振动碾（YZS06B）	台班	157.87	40.16			40.16									
8001090	机械自身质量 20 t 以内振动压路机（YZ18A,YZJ19A）	台班	1 268.49	16.185		0.4	15.754	0.032								
8001093	机械自身质量 25 t 以内冲击式压路机	台班	2 675.73	0.583		0.583										

续表

代号	规格名称	单位	单价（元）	总数量	分项统计										场外运输损耗	
					临时工程	路基工程	路面工程	桥梁涵洞工程	交通工程及沿线设施					辅助生产	%	数量
8001095	蛙式夯土机（200~620 N·m）（HW-280）	台班	27.45	44.928					44.928							
8003009	生产能力 100 t/h 以内稳定土厂拌设备（WBC-100）	台班	762.28	31.186			31.123	0.063								
8003015	最大摊铺宽度 7.5 m 稳定土摊铺机（WTU75）	台班	1 484.45	11.936			11.911	0.024								
8003038	容量 4 000 L 以内沥青洒布车（LS-3500）	台班	539.17	0.003				0.003								
8003040	容量 8 000 L 以内沥青洒布车（LS-7500）	台班	746.38	0.73			0.73									
8003058	最大摊铺宽度 6.0 m 以内沥青混合料摊铺机（带自动找平，S1500，S1502）	台班	1 794.47	3.684			3.684									
8003063	机械自身质量 10 t 以内双钢轮振动压路机（YZC-10）	台班	992.71	10.428			10.428									
8003066	机械自身质量 9~16 t 轮胎式压路机（YL16）	台班	587.66	1.868			1.868									
8003067	机械自身质量 16~20 t 轮胎式压路机（YL20）	台班	685.86	14.586			14.566	0.019								

续表

代号	规格名称	单位	单价（元）	总数量	分项统计										场外运输损耗	
					临时工程	路基工程	路面工程	桥梁涵洞工程	交通工程及沿线设施					辅助生产	%	数量
8003068	机械自身质量 20~25 t 轮胎式压路机（YL27）	台班	859.2	2.118			2.118									
8003070	热熔标线设备（含热熔釜标线车 BJ-130）	台班	726.35	3.195					3.195							
8003077	2.5~4.5 m 轨道式水泥混凝土摊铺机（HTG4500 含模轨 400 m）	台班	1 249.38	8.603			8.603									
8003079	混凝土电动真空吸水机组（含吸垫 5 m×5 m）	台班	138.83	3.599			3.599									
8003083	混凝土电动刻纹机（RQF180）	台班	258.7	151.497			151.497									
8003085	电动混凝土切缝机（含锯片摊销费用）（SLF）	台班	206.83	56.425			56.101	0.324								
8003101	机动破路机（LPR300）	台班	193.44	40.49		26.156		14.334								

编制：　　　　　　　　复核：

附表 7　人工、主要材料、施工机械台班数量汇总表(4)

建设项目名称：× × × 连接路建设项目

编制范围：× × × 连接路建设项目

第 4 页共 4 页　　02 表

代号	规格名称	单位	单价（元）	总数量	分项统计										场外运输损耗	
					临时工程	路基工程	路面工程	桥梁涵洞工程	交通工程及沿线设施					辅助生产	%	数量
8005002	出料容量 250 L 以内强制式混凝土搅拌机（JD250）	台班	169.48	3.71	3.71											
8005010	出料容量 400 L 以内灰浆搅拌机（UJ325）	台班	133.99	2.915				2.915								
8005031	容量 6 m^3 以内混凝土搅拌运输车（MR45）	台班	1 215.27	64.199			56.764	6.751	0.683							
8005057	生产能力 25 m^3/h 以内混凝土搅拌站（HZQ25 含水泥输送器水泥仓各 2 套）	台班	869.99	37.191			32.502	4.689								
8007001	装载质量 2 t 以内载货汽车	台班	312.67	3.028					3.028							
8007003	装载质量 4 t 以内载货汽车（CA10B）	台班	420.66	7.227	3.8				3.427							
8007005	装载质量 6 t 以内载货汽车（CA141K，CA1091K）	台班	421.29	4.988				3.941	1.047							
8007016	装载质量 12 t 以内自卸汽车（T138，SX360）	台班	731.38	394.542	43.317	214.327	73.652	51.04	12.205							
8007023	装载质量 15 t 以内平板拖车组（JN462）	台班	710.74	4.22	4.22											
8007043	容量 10 000 L 以内洒水汽车（YGJ5170GSSJN）	台班	1 010.67	49.008	0.59		48.405	0.012								

续表

代号	规格名称	单位	单价（元）	总数量	分项统计										场外运输损耗	
					临时工程	路基工程	路面工程	桥梁涵洞工程	交通工程及沿线设施					辅助生产	%	数量
8007046	装载质量 1.0 t 以内机动翻斗车（F10A）	台班	195.67	0.194				0.194								
8009025	提升质量 5 t 以内汽车式起重机（QY5）	台班	601.6	20.768				19.842	0.926							
8009026	提升质量 8 t 以内汽车式起重机（QY8）	台班	663.19	2.379	0.313			2.066								
8009027	提升质量 12 t 以内汽车式起重机（QY12）	台班	797.4	1.51	1.51											
8009029	提升质量 20 t 以内汽车式起重机（QY20）	台班	1 146.97	11.74	11.74											
8009030	提升质量 25 t 以内汽车式起重机（QY25）	台班	1 291.47	16.606				16.606								
8009032	提升质量 40 t 以内汽车式起重机（QY40）	台班	2 150.49	8.51	8.51											
8015028	容量 32 kV·A 以内交流电弧焊机（BX1-330）	台班	171.45	6.081			0.58	0.949	4.553							
8017047	排气量 3 m^3/min 以内机动空气压缩机（CV-3/8-1）	台班	252.86	10.069				10.069								
8099001	小型机具使用费	元	1	5 889.608	200.23	3 958.65	550.66	736.454	443.614							

编制：　　　　　　　　　　　　　　　　复核：

附表 8　建筑安装工程费计算表(1)

建设项目名称：× × × 连接路建设项目

编制范围：× × × 连接路建设项目

第 1 页共 3 页　　03 表

序号	分项编号	工程名称	单位	工程量	定额直接费（元）	定额设备	直接费(元)				设备购置费（元）	措施费（元）	企业管理费（元）	规费（元）	利润	税金	金额合计(元)	
							人工费	材料费	施工机械使用费	合计					费率 7.42%	税率 9.0%	合计	单价
1	101	临时工程	公路公里	5.855	368 940.13		76 650.92	250 298.19	86 056.98	413 006.1		4 781.64	16 040.48	29 377.64	28 920.36	44 291.36	566 417.58	96 740.83
2	10101	临时道路	km	0.21	104 307.13		2 217.28	85 098.07	46 026.55	133 341.9		809.66	2 806.99	3 070.84	8 007.95	13 323.36	161 360.7	768 384.28
3	1010101	临时便道(修建、拆除与维护)	km	0.21	104 307.13		2 217.28	85 098.07	46 026.55	133 341.9		809.66	2 806.99	3 070.84	8 007.95	13 323.36	161 360.7	768 384.28
4	10102	临时便桥、便涵	m/座	210	10 605.92		573.76	9 805.7	212.34	10 591.8		132.56	523.93	207.29	835.67	1 106.21	13 397.46	63.8
5	1010202	临时涵洞	m/座	210	10 605.92		573.76	9 805.7	212.34	10 591.8		132.56	523.93	207.29	835.67	1 106.21	13 397.46	63.8
6	10106	临时安全设施	套	4	11 448.3		206.76	12 190.16	405.9	12 802.82		182.09	726.17	111.7	916.86	1 326.57	16 066.2	4 016.55
7	10107	拌和站	座	2	202 609.12		71 279.59	105 633.92	39 412.2	216 325.71		3 161.91	10 008.89	25 218.8	16 010.87	24 365.36	295 091.54	147 545.77
8	10108	机井	口	1													30 000	30 000
9	10109	电力线	m	500	39 969.66		2 373.53	37 570.34		39 943.86		495.42	1 974.5	769.02	3 149.02	4 169.86	50 501.68	101
10	102	路基工程	km	5.855	697 340.67		125 095.41	329 350.38	322 091.89	776 537.68		6 946.67	21 802.22	58 678.49	53 875.85	82 605.68	1 000 446.59	170 870.47
11	LJ01	场地清理	km	5.855	80 482.36		34 848.97	11.66	40 447.59	75 308.22		1 324.06	3 453.98	13 709.72	6 326.32	9 011.01	109 133.31	18 639.34
12	LJ0101	清理与掘除	km	1.52	56 809.7		29 442.66	11.66	24 338.46	53 792.78		1 030.42	2 730.18	10 542.57	4 494.32	6 533.12	79 123.39	52 054.86
13	LJ010101	清除表土	m^3	1 189.2	8 322.22		1 580.64	11.66	5 820.79	7 413.09		136.24	334.9	763	652.47	836.97	10 136.66	8.52
14	LJ010102	伐树、挖根	棵	2 201	48 487.48		27 862.02		18 517.67	46 379.69		894.18	2 395.28	9 779.57	3 841.85	5 696.15	68 986.73	31.34
15	LJ0102	挖除旧路面	m^3	1 118.964	23 672.66		5 406.31		16 109.13	21 515.44		293.64	723.8	3 167.15	18 32.01	2 477.88	30 009.93	26.82
16	LJ010201	挖除水泥混凝土路面	m^3	259.86	15 021.8		5 154.46		8 785.93	13 940.39		219.04	486.64	2 736.86	1 166.98	1 669.49	20 219.41	77.81

续表

序号	分项编号	工程名称	单位	工程量	定额直接费（元）	定额设备	直接费(元)				设备购置费（元）	措施费（元）	企业管理费（元）	规费（元）	利润	税金	金额合计(元)	
							人工费	材料费	施工机械使用费	合计					费率 7.42%	税率 9.0%	合计	单价
17	LJ010203	挖除碎(砾)石路面	m^3	702.24	8 650.86		251.86		7 323.2	7 575.05		74.59	237.16	430.3	665.03	808.39	9 790.52	13.94
18	LJ02	路基挖方	m^3	13 729	54 139.45		4 160.15		43 858.16	48 018.31		564.51	1 786.3	3 456.73	4 191.58	5 221.57	63 238.98	4.61
19	LJ0201	挖土方	m^3	13 729	54 139.45		4 160.15		43 858.16	48 018.31		564.51	1 786.3	3 456.73	4 191.58	5 221.57	63 238.98	4.61
20	LJ03	路基填方	m^3	21 873	257 856.14		7 854.33	79 078.24	149 286.63	236 219.2		1 816.38	5 751.07	11 039.29	19 694.43	24 706.83	299 227.2	13.68
21	LJ0301	利用土方填筑	m^3	13 730	46 768.22		3 041.59		38 288.25	41 329.85		576.35	1 817.41	3 679.11	3 647.82	4 594.55	55 645.09	4.05
22	LJ0302	借土方填筑	m^3	8 144	211 087.92		4 812.74	79 078.24	110 998.38	194 889.36		1 240.03	3 933.66	7 360.18	16 046.61	20 112.28	243 582.11	29.91
23	LJ05	特殊路基处理	km	2.229	176 600.87		8 871.53	250 260.49	37 020.96	296 152.98		1 572.42	5 943.87	4 955.24	13 661.49	29 005.74	351 291.74	157 600.6
24	LJ0501	软土地区路基处理	km	1.439	167 196.94		3 577.63	250 260.49	33 447.65	287 285.77		1 449.89	5 566.99	3 006.51	12 926.67	27 921.23	33 8 157.05	234 994.47
25	LJ050102	垫层	m^3	2 174	167 196.94		3 577.63	250 260.49	33 447.65	287 285.77		1 449.89	5 566.99	3 006.51	12 926.67	2 7 921.23	338 157.05	155.55
26	LJ05010201	换填山皮石	m^3	2 174	167 196.94		3 577.63	250 260.49	33 447.65	287 285.77		1 449.89	5 566.99	3 006.51	12 926.67	2 7 921.23	338 157.05	155.55
27	LJ0503	新旧路基衔接处理	km	0.79	9 403.94		5 293.9		3 573.31	8 867.21		122.53	376.88	1 948.72	734.83	1 084.52	13 134.69	16 626.19
28	LJ06	排水工程	km	5.937	128 261.85		69 360.43		51 478.54	120 838.97		1 669.31	4 867.01	25 517.51	10 002.02	14 660.54	177 555.36	29 906.58
29	LJ0601	边沟	m^3/m	4 274.64	128 261.85		69 360.43		51 478.54	120 838.97		1 669.31	4 867.01	25 517.51	10 002.02	14 660.54	177 555.36	41.54
30	LJ060104	土质边沟	m^3/m	4 274.64	128 261.85		69 360.43		51 478.54	120 838.97		1 669.31	4 867.01	25 517.51	10 002.02	14 660.54	177 555.36	41.54
31	103	路面工程	km	5.855	4 041 284.65		259 663.76	4 486 262.58	440 368.11	5 186 294.46		32 162.61	111 858.99	114 703.42	310 549.72	518 001.23	6 273 570.43	1 071 489.4
32	LM01	沥青混凝土路面	m^2	18 104	1 588 295.3		43 860.83	1 804 406.69	103 481.65	1 951 749.17		7 644.27	27 815.64	20 381.22	120 482.64	191 526.56	2 319 599.5	128.13
33	LM0101	路面垫层	m^2	7 943	102 038.39		418.95	188 489.77	6 363.75	195 272.47		898.8	3 501.96	472.38	7 897.79	18 723.91	226 767.3	28.55

续表

序号	分项编号	工程名称	单位	工程量	定额直接费（元）	定额设备	直接费(元)				设备购置费（元）	措施费（元）	企业管理费（元）	规费（元）	利润	税金	金额合计(元)	
							人工费	材料费	施工机械使用费	合计					费率 7.42%	税率 9.0%	合计	单价
34	LM010102	山皮石垫层	m^2	7 943	102 038.39		418.95	188 489.77	6 363.75	195 272.47		898.8	3 501.96	472.38	7 897.79	18 723.91	226 767.3	28.55
35	LM01010201	厚 20 cm	m^2	7 943	102 038.39		418.95	188 489.77	6 363.75	195 272.47		898.8	3 501.96	472.38	7 897.79	18 723.91	226 767.3	28.55
36	LM0103	路面基层	m^2	22 717	569 642.82		39 718.53	752 397.28	72 855.9	864 971.71		5 540.8	19 439.25	17 391.82	44 121.02	85 631.81	1 037 096.41	45.65

编制：　　　　　　　　　　复核：

附表 9　建筑安装工程费计算表(2)

建设项目名称：××× 连接路建设项目

编制范围：××× 连接路建设项目

第 2 页共 3 页　　03 表

序号	分项编号	工程名称	单位	工程量	定额直接费(元)	定额设备	直接费(元)				设备购置费(元)	措施费(元)	企业管理费(元)	规费(元)	利润(元)	税金(元)	金额合计(元)	
							人工费	材料费	施工机械使用费	合计					费率 7.42%	税率 9.0%	合计	单价
1	2	3	4	5	6	7	8	9	10	11	12	13	14	15	16	17	18	19
37	LM020302	5∶95 水泥稳定砂砾基层	m^2	15 566	383 607.36		12 643.84	529 945.31	57 137.81	599 726.96		3 631.92	12 994.41	7 595.21	29 697.34	58 828.13	712 473.98	45.77
38	LM02030201	厚 20 cm	m^2	15 566	383 607.36		12 643.84	529 945.31	57 137.81	599 726.96		3 631.92	12 994.41	7 595.21	29 697.34	58 828.13	712 473.98	45.77
39	LM010305	山皮石帮宽	m^2	5 694	73 147		300.33	135 120.33	4 561.9	139 982.56		644.31	2 510.41	338.63	5 661.59	13 422.37	162 559.86	28.55
40	LM01030501	厚 20 cm	m^2	5 694	73 147		300.33	135 120.33	4 561.9	139 982.56		644.31	2 510.41	338.63	5 661.59	13 422.37	162 559.86	28.55
41	LM010306	水泥混凝土基层	m^2	1 457	112 888.46		26 774.35	87 331.65	11 156.19	125 262.19		1 264.57	3 934.43	9 457.98	8 762.09	13 381.31	162 062.57	111.23
42	LM01030601	厚 20 cm	m^2	1 457	112 888.46		26 774.35	87 331.65	11 156.19	125 262.19		1 264.57	3 934.43	9 457.98	8 762.09	13 381.31	162 062.57	111.23
43	LM0105	沥青混凝土面层	m^2	18 104	835 716.24		2 740.55	808 377.55	22 551.09	833 669.18		525.69	2 094.06	2 106.92	62 204.53	81 054.04	981 654.42	54.22
44	LM010501	AC-16 中粒式沥青混凝土面层	m^2	18 104	835 716.24		2 740.55	808 377.55	22 551.09	833 669.18		525.69	2 094.06	2 106.92	62 204.53	81 054.04	981 654.42	54.22
45	LM01050101	厚 5 cm	m^2	18 104	835 716.24		2 740.55	808 377.55	22 551.09	833 669.18		525.69	2 094.06	2 106.92	62 204.53	81 054.04	981 654.42	54.22
46	LM0106	粘层	m^2	5 350	10 423.71			6 921.96	86.28	7 008.24		86.07	357.74	3.66	806.37	743.59	9 005.67	1.68
47	LM0107	透层	m^2	15 566	66 264.8		328.41	44 707.49	1 599.79	46 635.69		559.67	2 274.21	191.53	5 127.12	4 930.94	59 719.16	3.84
48	LM0108	钢筋	t	0.939 9	4 209.34		654.39	3 512.64	24.84	4 191.87		33.24	148.42	214.91	325.81	442.28	5 356.54	5 699.12
49	LM02	水泥混凝土路面	m^2	20 983	2 361 540.54		173 639.5	2 663 236.49	309 776.91	3 146 652.9		23 506.35	81 711.87	78 297.21	183 033.5	316 188.17	3 829 390.01	182.5
50	LM0201	路面垫层	m^2	24 733	317 728.26		1 304.54	586 921.51	19 815.5	608 041.56		2 798.69	10 904.43	1 470.9	24 592.21	58 302.7	706 110.49	28.55
51	LM020102	山皮石垫层	m^2	24 733	317 728.26		1 304.54	586 921.51	19 815.5	608 041.56		2 798.69	10 904.43	1 470.9	24 592.21	58 302.7	706 110.49	28.55
52	LM02010201	厚 20 cm	m^2	24 733	317 728.26		1 304.54	586 921.51	19 815.5	608 041.56		2 798.69	10 904.43	1 470.9	24 592.21	58 302.7	706 110.49	28.55

续表

序号	分项编号	工程名称	单位	工程量	定额直接费（元）	定额设备	直接费（元）				设备购置费（元）	措施费（元）	企业管理费（元）	规费（元）	利润（元）	税金（元）	金额合计（元）	
							人工费	材料费	施工机械使用费	合计					费率 7.42%	税率 9.0%	合计	单价
53	LM0203	路面基层	m^2	22 858	563 310.87		18 566.94	778 201.84	83 904.41	880 673.19		5 333.33	19 081.73	11 153.24	43 609.26	86 386.57	1 046 237.32	45.77
54	LM020302	5∶95 水泥稳定砂砾基层	m^2	22 858	563 310.87		18 566.94	778 201.84	83 904.41	880 673.19		5 333.33	19 081.73	11 153.24	43 609.26	86 386.57	1 046 237.32	45.77
55	LM02030201	厚 20 cm	m^2	22 858	563 310.87		18 566.94	778 201.84	83 904.41	880 673.19		5 333.33	19 081.73	11 153.24	43 609.26	86 386.57	1 046 237.32	45.77
56	LM0205	水泥混凝土面层	m^2	20 983	1 480 501.41		153 768.02	1 298 113.14	206 056.99	1 657 938.15		15 374.34	51 725.71	65 673.08	114 832.03	171 498.9	2 077 042.2	98.99
57	LM020501	水泥混凝土	m^2	20 983	1 427 913.48		146 312.13	1 253 409.77	205 841.43	1 605 563.34		14 970.51	49 871.46	63 240.45	110 762.46	165 996.74	2 010 404.94	95.81
58	LM02050101	厚 20 cm	m^2	20 983	1 427 913.48		146 312.13	1 253 409.77	205 841.43	1 605 563.34		14 970.51	49 871.46	63 240.45	110 762.46	165 996.74	2 010 404.94	95.81
59	LM020502	钢筋	t	12.662 3	52 587.92		7 455.89	44 703.37	215.56	52 374.82		403.83	1 854.25	2 432.63	4 069.57	5 502.16	66 637.26	5 262.64
60	LM04	路槽、路肩及中央分隔带	m^2	3 125	91 331.19		42 063	18 569.4	27 072.09	87 704.49		1 010.4	2 327.44	15 988.03	7 024.44	10 264.93	124 319.75	39.78
61	LM0402	路肩	km	5.855	91 331.19		42 063	18 569.4	27 072.09	87 704.49		1 010.4	2 327.44	15 988.03	7 024.44	10 264.93	124 319.75	21 233.09
62	LM040201	培路肩	m^3	1 912.4	91 331.19		42 063	18 569.4	27 072.09	87 704.49		1 010.4	2 327.44	15 988.03	7 024.44	10 264.93	124 319.75	65.01
63	LM06	旧路面处理	km/m^2	0.068	117.62		100.43	50	37.47	187.9		1.58	4.04	36.95	9.14	21.57	261.18	3 840.85
64	LM0601	水泥混凝土路面病害处理	m^2		117.62		100.43	50	37.47	187.9		1.58	4.04	36.95	9.14	21.57	261.18	
65	LM060102	灌缝	m	68	117.62		100.43	50	37.47	187.9		1.58	4.04	36.95	9.14	21.57	261.18	3.84
66	104	桥梁涵洞工程	km	0.200 7	845 169.52		225 350.55	739 281.71	116 389.3	1 081 021.56		13 925.52	41 348.13	80 268.97	66 812.88	115 503.93	1 398 881	6 970 009.95
67	10401	涵洞工程	m/道	200.7	845 169.52		225 350.55	739 281.71	116 389.3	1 081 021.56		13 925.52	41 348.13	80 268.97	66 812.88	115 503.93	1 398 881	6 970.01

附表 10　建筑安装工程费计算表(3)

建设项目名称：××× 连接路建设项目

编制范围：××× 连接路建设项目

第 3 页共 3 页　　03 表

序号	分项编号	工程名称	单位	工程量	定额直接费（元）	定额设备	直接费(元)				设备购置费（元）	措施费（元）	企业管理费（元）	规费（元）	利润（元）	税金（元）	金额合计(元)	
							人工费	材料费	施工机械使用费	合计					费率 7.42%	税率 9.0%	合计	单价
1	2	3	4	5	6	7	8	9	10	11	12	13	14	15	16	17	18	19
68	HD01	管涵(1-1 m)	m/道	184.7	609 786.18		165 618.38	557 974.97	83 759.06	807 352.41		9 455.35	28 202.87	59 065.81	48 040.37	85 690.51	1 037 807.32	5 618.88
69	HD02	盖板涵	m/道	16	235 383.34		59 732.17	181 306.74	32 630.24	273 669.16		4 470.17	13 145.27	21 203.16	18 772.51	29 813.42	361 073.68	22 567.11
70	107	交通工程及沿线设施	公路公里	5.855	251 043.08		62 563.7	184 758.62	19 955.36	267 277.68		3 014.29	11 075.83	21 509.53	19 672.88	29 029.52	351 579.74	60 047.78
71	10701	交通安全设施	公路公里	5.855	251 043.08		62 563.7	184 758.62	19 955.36	267 277.68		3 014.29	11 075.83	21 509.53	19 672.88	29 029.52	351 579.74	60 047.78
72	JA01	护栏	m	638	166 064.95		48 224.92	118 621.81	13 964.99	180 811.72		1 900.76	7 000.12	16 393.77	12 982.47	19 718	238 806.83	374.31
73	JA0105	钢护栏	m	638	166 064.95		48 224.92	118 621.81	13 964.99	180 811.72		1 900.76	7 000.12	16 393.77	12 982.47	19 718	238 806.83	374.31
74	JA010501	波形钢板护栏（B 级）	m	638	166 064.95		48 224.92	118 621.81	13 964.99	180 811.72		1 900.76	7 000.12	16 393.77	12 982.47	19 718	238 806.83	374.31
75	JA03	标志牌	块	27	62 251.01		11 866.07	51 416.05	2 439.46	65 721.57		799.43	2 952.99	3 996.25	4 897.45	7 053.09	85 420.78	3 163.73
76	JA0301	铝合金标志牌	块	25	62 251.01		11 866.07	51 416.05	2 439.46	65 721.57		799.43	2 952.99	3 996.25	4 897.45	7 053.09	85 420.78	3 416.83
77	JA030101	单柱式铝合金标志牌	块	25	55 812.3		10 990.29	45 989.09	2 268.15	59 247.53		727.93	2 683.4	3 702.2	4 394.39	6 367.99	77 123.44	3 084.94
78	JA030107	凸面镜	块	2	6 438.71		875.78	5 426.97	171.3	6 474.04		71.49	269.59	294.05	503.06	685.1	8 297.34	4 148.67
79	JA04	标线	m^2	679.88	22 211.33		2 223.34	13 521.23	3 550.8	19 295.37		306.3	1 097.24	1 038.72	1 752.22	2 114.09	25 603.93	37.66
80	JA0401	路面标线	m^2	679.88	22 211.33		2 223.34	13 521.23	3 550.8	19 295.37		306.3	1 097.24	1 038.72	1 752.22	2 114.09	25 603.93	37.66
81	JA040101	热熔标线	m^2/m	679.88	22 211.33		2 223.34	13 521.23	3 550.8	19 295.37		306.3	1 097.24	1 038.72	1 752.22	2 114.09	25 603.93	37.66

续表

序号	分项编号	工程名称	单位	工程量	定额直接费（元）	定额设备	直接费（元）				设备购置费（元）	措施费（元）	企业管理费（元）	规费（元）	利润（元）	税金（元）	金额合计（元）	
							人工费	材料费	施工机械使用费	合计					费率 7.42%	税率 9.0%	合计	单价
82	JA05	里程牌、百米桩、界碑	块	6	282.15		209.5	1 017.12	0.11	1 226.74		4.75	13.94	67.88	22.32	120.21	1 455.83	242.64
83	JA0503	花岗岩里程碑	块	6	282.15		209.5	1 017.12	0.11	1 226.74		4.75	13.94	67.88	22.32	120.21	1 455.83	242.64
84	JA06	轮廓标	个	54	233.64		39.88	182.41		222.28		3.06	11.54	12.92	18.42	24.14	292.37	5.41
85	JA0603	栏式轮廓标	个	54	233.64		39.88	182.41		222.28		3.06	11.54	12.92	18.42	24.14	292.37	5.41
86	110	专项费用	元		10 000			10 000		154 013.43							154 013.43	
87	11001	施工场地建设费	处	1	10 000			10 000		10 000							10 000	10 000
88	1100102	场地租赁	处	1	10 000			10 000		10 000							10 000	10 000
89	11002	安全生产费	元							144 013.43							144 013.43	
合计				5.855	6 213 778.05		749 324.35	5 999 951.49	984 861.64	7 878 150.91		60 830.73	202 125.65	304 538.06	479 831.69	789 431.72	9 744 908.77	1 664 373.83

编制：　　　　　　　　　　复核：

附表 11　综合费计算表(1)

建设项目名称：× × × 连接路建设项目

编制范围：× × × 连接路建设项目

第 1 页共 2 页　　04-1 表

序号	工程名称	措施费(元)											企业管理费(元)						规费(元)					
		冬季施工增加费	雨季施工增加费	夜间施工增加费	高原地区施工增加费	风沙地区施工增加费	沿海地区施工增加费	行车干扰施工增加费	施工辅助费	工地转移费	综合费用 Ⅰ	综合费用 Ⅱ	基本费用	主副食运费补贴	职工探亲路费	职工取暖补贴	财务费用	综合费用	养老保险费	失业保险费	医疗保险费	工伤保险费	住房公积金	综合费用
1	临时便道(修建、拆除与维护)		211.52						453.71	144.44	355.95	453.71	1 859.61	87.49	140.12	429.05	290.73	2 806.99	1 516.46	66.35	635.02	94.78	758.23	3 070.84
2	临时涵洞		2.11						127.38	3.07	5.18	127.38	380.43	12.09	29.06	52.92	49.42	523.93	102.36	4.48	42.87	6.4	51.18	207.29
3	临时安全设施		1.03	3.31					175.96	1.79	6.13	175.96	541.05	14.42	39.84	68.46	62.39	726.17	55.16	2.41	23.1	3.45	27.58	111.7
4	拌和站		296.8						2 433.34	431.78	728.58	2 433.34	7 267.59	230.97	555.15	1 011.02	944.16	10 008.89	12 453.73	544.85	5 215	778.36	6 226.86	25 218.8
5	机井																							
6	电力线		6.27						480.04	9.11	15.38	480.04	1 433.71	45.57	109.52	199.45	186.26	1 974.5	379.76	16.62	159.03	23.74	189.88	769.02
7	清除表土		27.82						74.04	34.38	62.2	74.04	239.42	7.72	16.97	37.55	33.24	334.9	376.79	16.48	157.78	23.55	188.4	763
8	伐树、挖根		127.04						582.34	184.81	311.85	582.34	1 739.25	55.28	132.86	241.95	225.95	2 395.28	4 829.42	211.29	2 022.32	301.84	2 414.71	9 779.57
9	挖除水泥混凝土路面		55.68						101.13	62.24	117.92	101.13	333.65	11.68	23.23	62.26	55.82	486.64	1 351.53	59.13	565.96	84.47	675.77	2 736.86
10	挖除碎(砾)石路面		33.72						19.94	20.94	54.65	19.94	143.62	10.28	12.5	47.79	22.96	237.16	212.49	9.3	88.98	13.28	106.25	430.3
11	挖土方		209.76						201.47	153.28	363.04	201.47	1 185.68	65.17	90.77	299.49	145.18	1 786.3	1 707.03	74.68	714.82	106.69	853.51	3 456.73
12	利用土方填筑		180.06						243.66	152.63	332.69	243.66	1 284.72	57.06	89.8	259.1	126.74	1 817.41	1 816.85	79.49	760.8	113.55	908.42	3 679.11
13	借土方填筑		513.2						384.16	342.67	855.87	384.16	2 490.46	157.74	203.82	729.68	351.96	3 933.66	3 634.66	159.02	1 522.01	227.17	1 817.33	7 360.18
14	换填山皮石		161.8						1 170.03	118.06	279.86	1 170.03	3 853.75	130.35	264.04	694.77	624.08	5 566.99	1 484.7	64.96	621.72	92.79	742.35	3 006.51
15	新旧路基衔接处理		34.87						56.38	31.28	66.15	56.38	267.45	11.39	18.95	51.5	27.6	376.88	962.33	42.1	402.98	60.15	481.17	1 948.72
16	土质边沟		438.88						831.16	399.26	838.15	831.16	3 336.92	151.06	259.27	684.04	435.72	4 867.01	12 601.24	551.3	5 276.77	787.58	6 300.62	25 517.51
17	山皮石垫层厚 20 cm		28.01						834.67	36.12	64.13	834.67	2 476.47	67.35	162.24	383.66	412.24	3 501.96	233.27	10.21	97.68	14.58	116.64	472.38

续表

序号	工程名称	措施费(元)											企业管理费(元)						规费(元)					
		冬季施工增加费	雨季施工增加费	夜间施工增加费	高原地区施工增加费	风沙地区施工增加费	沿海地区施工增加费	行车干扰施工增加费	施工辅助费	工地转移费	综合费用		基本费用	主副食运费补贴	职工探亲路费	职工取暖补贴	财务费用	综合费用	养老保险费	失业保险费	医疗保险费	工伤保险费	住房公积金	综合费用
											Ⅰ	Ⅱ												
18	水泥稳定砂砾基层厚20 cm		287.15						3 023.45	321.32	608.47	3 023.45	9 128.64	262.14	605.28	1 472.7	1 525.64	12 994.41	3 750.72	164.1	1 570.61	234.42	1 875.36	7 595.21
19	山皮石帮宽厚20 cm		20.08						598.34	25.89	45.97	598.34	1 775.28	48.28	116.3	275.03	295.51	2 510.41	167.22	7.32	70.03	10.45	83.61	338.63
20	水泥混凝土基层厚20 cm		140.72	33.53					918	172.32	346.57	918	2 774.22	79.25	185.21	441.22	454.53	3 934.43	4 670.61	204.34	1 955.82	291.91	2 335.31	9 457.98
21	中粒式沥青混凝土面层厚5 cm		100.06						296.58	129.05	229.11	296.58	1 314.3	73.94	106	364.27	235.5	2 094.0	1 040.4	45.52	435.69	65.03	520.23	2 106.9

编制：　　　　　　　　　　复核：

附表 12　综合费计算表(2)

建设项目名称：××× 连接路建设项目

编制范围：××× 连接路建设项目

第 2 页共 2 页　　04-1 表

序号	工程名称	措施费(元)											企业管理费(元)						规费(元)					
		冬季施工增加费	雨季施工增加费	夜间施工增加费	高原地区施工增加费	风沙地区施工增加费	沿海地区施工增加费	行车干扰施工增加费	施工辅助费	工地转移费	综合费用		基本费用	主副食运费补贴	职工探亲路费	职工取暖补贴	财务费用	综合费用	养老保险费	失业保险费	医疗保险费	工伤保险费	住房公积金	综合费用
											Ⅰ	Ⅱ												
22	粘层		0.35						85.27	0.45	0.8	85.27	252.98	6.88	16.57	39.19	42.11	357.74	1.81	0.08	0.76	0.11	0.9	3.66
23	透层		7.7						542.05	9.93	17.63	542.05	1 608.25	43.74	105.36	249.16	267.71	2 274.21	94.58	4.14	39.61	5.91	47.29	191.53
24	钢筋			5.99					23.74	3.51	9.5	23.74	94.37	4.38	6.9	15.28	27.49	148.42	106.13	4.64	44.44	6.63	53.07	214.91
25	山皮石垫层厚 20 cm		87.2						2 599.02	112.47	199.67	2 599.02	7 711.27	209.7	505.19	1 194.66	1 283.62	10 904.43	726.37	31.78	304.17	45.4	363.18	1 470.9
26	水泥稳定砂砾基层厚 20 cm		421.67						4 439.81	471.84	893.52	4 439.81	13 405.02	384.95	888.83	2 162.6	2 240.34	19 081.73	5 507.77	240.97	2 306.38	344.24	2 753.89	11 153.24
27	水泥混凝土基层厚 20 cm		1 317.83	482.92					11 602.11	1 567.65	3 368.4	11 602.11	35 151.12	1 010.75	2 352.64	5 610.33	5 746.61	49 871.46	31 229.85	1 366.31	13 077.5	1951.87	15 614.93	63 240.45
28	钢筋			67.59					296.6	39.64	107.24	296.6	1 179.02	54.69	86.24	190.89	343.4	1 854.25	1 201.3	52.56	503.04	75.08	600.65	2 432.63
29	培路肩		272.13						451.18	287.1	559.23	451.18	1 577.56	60.96	112.12	316.78	260.03	2 327.44	7 895.33	345.42	3 306.17	493.46	3 947.66	15 988.03
30	灌缝		0.27						0.96	0.35	0.62	0.96	2.86	0.08	0.19	0.44	0.48	4.04	18.25	0.8	7.64	1.14	9.12	36.95
31	管涵(1-1 m)		765.15	1 124.67					6 501.31	1 064.23	2 954.04	6501.31	20 289.24	624.01	1 484.96	2 966.3	2 838.36	28 202.87	29 168.3	1 276.11	12 214.23	1 823.02	14 584.15	59 065.81
32	盖板涵		274.27	678.12					3 089.04	428.74	1 381.12	3 089.04	9 642.55	274.86	708.78	1 296.24	1 222.84	13 145.27	10 470.7	458.09	4 384.61	654.42	5 235.35	21 203.16
33	波形钢板护栏(B级)		239.66						1 457.57	203.53	443.19	1 457.57	5 008.69	182.92	376.74	813.61	618.16	7 000.12	8 095.69	354.19	3 390.07	505.98	4 047.85	16 393.77
34	单柱式铝合金标志牌		39.22						639.95	48.77	87.98	639.95	1 941.98	63.25	148.43	277.64	252.11	2 683.4	1 828.25	79.99	765.58	114.27	914.12	3 702.2
35	凸面镜		3.1						64.55	3.85	6.95	64.55	195.24	6.33	14.92	27.76	25.35	269.59	145.21	6.35	60.81	9.08	72.6	294.05

续表

序号	工程名称	措施费(元)											企业管理费(元)						规费(元)					
		冬季施工增加费	雨季施工增加费	夜间施工增加费	高原地区施工增加费	风沙地区施工增加费	沿海地区施工增加费	行车干扰施工增加费	施工辅助费	工地转移费	综合费用		基本费用	主副食运费补贴	职工探亲路费	职工取暖补贴	财务费用	综合费用	养老保险费	失业保险费	医疗保险费	工伤保险费	住房公积金	综合费用
											Ⅰ	Ⅱ												
36	热熔标线		16.11						266.76	23.43	39.54	266.76	796.72	25.32	60.86	110.84	103.51	1 097.24	512.95	22.44	214.8	32.06	256.47	1 038.72
37	花岗岩里程碑		0.55						3.39	0.81	1.36	3.39	10.12	0.32	0.77	1.41	1.32	13.94	33.52	1.47	14.04	2.1	16.76	67.88
38	栏式轮廓标		0.11						2.81	0.15	0.26	2.81	8.38	0.27	0.64	1.17	1.09	11.54	6.38	0.28	2.67	0.4	3.19	12.92
39	场地租赁																							
40	合计:		6 321.86	2 396.12					45 071.86	7 040.88	15 758.87	4 5071.86	142 701.64	4 532.6	10 031.05	23 080.22	21 780.16	202 125.65	150 389.16	6 579.53	62 975.46	9 399.32	75 194.59	304 538.06

编制:　　　　　　复核:

附表 13　综合费率计算表

建设项目名称：××× 连接路建设项目

编制范围：××× 连接路建设项目

第 1 页共 1 页　　04 表

序号	工程类别	措施费(%)											企业管理费(%)						规费(%)					
		冬季施工增加费	雨季施工增加费	夜间施工增加费	高原地区施工增加费	风沙地区施工增加费	沿海地区施工增加费	行车干扰施工增加费	施工辅助费	工地转移费	综合费率		基本费用	主副食运费补贴	职工探亲路费	职工取暖补贴	财务费用	综合费率	养老保险费	失业保险费	医疗保险费	工伤保险费	住房公积金	综合费率
											Ⅰ	Ⅱ												
1	土方		0.385						0.521	0.326 35	0.711 35	0.521	2.747	0.122	0.192	0.554	0.271	3.886	16	0.7	6.7	1	8	32.4
2	石方		0.349						0.47	0.234 65	0.583 65	0.47	2.792	0.108	0.204	0.472	0.259	3.835	16	0.7	6.7	1	8	32.4
3	运输		0.391						0.154	0.219 8	0.610 8	0.154	1.374	0.118	0.132	0.552	0.264	2.44	16	0.7	6.7	1	8	32.4
4	路面		0.366						0.818	0.472 05	0.838 05	0.818	2.427	0.066	0.159	0.376	0.404	3.432	16	0.7	6.7	1	8	32.4
5	隧道								1.195	0.380 7	0.380 7	1.195	3.569	0.096	0.266	0.409	0.513	4.853	16	0.7	6.7	1	8	32.4
6	构造物Ⅰ		0.262						1.201	0.381 15	0.643 15	1.201	3.587	0.114	0.274	0.499	0.466	4.94	16	0.7	6.7	1	8	32.4
6-1	构造物Ⅰ(绿化)		0.262						1.201	0.381 15	0.643 15	1.201	3.587	0.114	0.274	0.499	0.466	4.94	16	0.7	6.7	1	8	32.4
7	构造物Ⅱ		0.282	0.903					1.537	0.487 55	1.672 55	1.537	4.726	0.126	0.348	0.598	0.545	6.343	16	0.7	6.7	1	8	32.4
8	构造物Ⅲ(一般)		0.565	1.702					2.729	0.912 25	3.179 25	2.729	5.976	0.225	0.551	1.067	1.094	8.913	16	0.7	6.7	1	8	32.4
8-1	构造物Ⅲ(室内)			1.702					2.729	0.912 25	2.614 25	2.729	5.976	0.225	0.551	1.067	1.094	8.913	16	0.7	6.7	1	8	32.4
8-2	构造物Ⅲ(桥梁)		0.565	1.702					2.729	0.912 25	3.179 25	2.729	5.976	0.225	0.551	1.067	1.094	8.913	16	0.7	6.7	1	8	32.4
8-3	构造物Ⅲ(设备安装)								2.729	0.912 25	0.912 25	2.729	5.976	0.225	0.551	1.067	1.094	8.913	16	0.7	6.7	1	8	32.4
9	技术复杂大桥		0.363	0.928					1.677	0.567 25	1.858 25	1.677	4.143	0.101	0.208	0.501	0.637	5.59	16	0.7	6.7	1	8	32.4
10	钢材及钢结构(一般)			0.874					0.564	0.512 6	1.386 6	0.564	2.242	0.104	0.164	0.363	0.653	3.526	16	0.7	6.7	1	8	32.4
10-1	钢材及钢结构(桥梁)			0.874					0.564	0.512 6	1.386 6	0.564	2.242	0.104	0.164	0.363	0.653	3.526	16	0.7	6.7	1	8	32.4
10-2	钢材及钢结构(金属标志牌等)								0.564	0.512 6	0.512 6	0.564	2.242	0.104	0.164	0.363	0.653	3.526	16	0.7	6.7	1	8	32.4

编制：　　　　复核：

附表 14　专项费用计算表

建设项目名称：××× 连接路建设项目
编制范围：××× 连接路建设项目　　第 1 页共 1 页　　06 表

序号	工程或费用名称	说明及计算式	金额（元）	备注
11001	施工场地建设费		10 000	10 000
1100102	场地租赁		10 000	10 000
11002	安全生产费	{A}*1.5%	144 013.43	144 013.43

编制：　　复核：

附表 15　土地使用及拆迁补偿费计算表

建设项目名称：××× 连接路建设项目

编制范围：××× 连接路建设项目　　　　第 1 页共 1 页　　　　07 表

序号	费用名称	单位	数量	单价（元）	金额（元）	说明及计算式	备注
201	土地使用费	公顷	6.1207	454 665.38	2 782 270.39		
20101	永久征用土地	公顷	5.932	467 019.82	2 770 361.57		
20102	临时用地	公顷	0.1887	66 289.45	12 508.82		
202	拆迁补偿费	公路公里	5.855	8 198.12	47 999.99		
203	其他补偿费	公路公里	5.855	122 679.76	718 289.99		

编制：　　　　　　　　　　　　复核：

附表 16　工程建设其他费计算表

建设项目名称：× × × 连接路建设项目
编制范围：× × × 连接路建设项目

第 1 页共 1 页　　08 表

序号	费用名称及项目	说明及计算式	金额（元）	备注
301	建设项目管理费		633 869.4	
30101	建设单位（业主）管理费	{部颁 2018 建设单位（业主）管理费}	366 233.37	242 900+（8 234 549.34−5 000 000）× 0.038 13 × 1.0
30103	工程监理费	{部颁 2018 工程监理费}	227 629.18	150 000+（8 234 549.34−5 000 000）× 0.024 × 1.0
30104	设计文件审查费	{部颁 2018 设计文件审查费}	6 340.6	0+（8 234 549.34−0）× 0.000 77 × 1.0
30105	竣（交）工验收试验检测费	5.855（公路公里）× 5 750	33 666.25	
303	建设项目前期工作费		948 296.54	
30301	勘察费	411 021	411 021	411 021
30302	设计费	401 551	401 551	401 551
30303	可研编制费	84 000	84 000	84 000
30304	清单及清单预算编制费	6 000+22 000+（建安工程费−5 000 000）× 0.5%	51 724.54	6 000+22 000+（9 744 908.77−5 000 000）× 0.5%
304	专项评价（估）费		253 615.86	
30401	环境影响评价费	5.8/3 000 × 建安工程费	18 840.16	5.8/3 000 × 9 744 908.77
30402	水土保持评估费	71/5 000 × 建安工程费	138 377.7	71/5 000 × 9 744 908.77
30403	使用林地可行性研究报告编制费	50 000+20 000 × 2.109 ×（0.9+1.2−2+1）	96 398	50 000+20 000 × 2.109 ×（0.9+1.2−2+1）
308	工程保险费	（建安工程费-设备费）× 0.4%	38 979.64	（9 744 908.77−0）× 0.4%

编制：　　　　复核：

附表 17　人工、材料、施工机械台班单价汇总表(1)

建设项目名称：× × × 连接路建设项目

编制范围：× × × 连接路建设项目

第 1 页共 3 页　　09 表

序号	名称	单位	代号	预算单价（元）	备注	序号	名称	单位	代号	预算单价（元）	备注
1	人工	工日	1001001	105.49		26	钢模板（各类定型大块钢模板）	t	2003025	5 958.33	
2	机械工	工日	1051001	105.49		27	组合钢模板	t	2003026	5 708.69	
3	钢钎 ϕ 22~25 mm，32 mm	kg	211	5.57		28	钢钎（ϕ 22~25 mm，32 mm)	kg	2009002	5.57	
4	矩形标志牌	个	387	353.99		29	电焊条结[422（502、506、507）3.2/4.0/5.0]	kg	2009011	3.96	
5	圆形标志牌	个	388	132.74		30	螺栓（混合规格）	kg	2009013	9.54	
6	路拦	片	389	530.97		31	铁件	kg	2009028	4.04	
7	锥形交通标	个	390	57.52		32	镀锌铁件	kg	2009029	6.03	
8	彩条尼龙绳	m	806	1.06		33	铁钉（混合规格）	kg	2009030	4.04	
9	石油沥青	t	851	3 002.81		34	石油沥青	t	3001001	3 002.81	
10	汽油（92 号）	kg	862	6.82		35	汽油 92 号	kg	3003002	6.82	
11	柴油（0 号，-10 号，-20 号）	kg	863	5.58		36	柴油（0 号，-10 号，-20 号）	kg	3003003	5.58	
12	煤	t	864	468.33		37	煤	t	3005001	468.33	
13	砂（路面用堆方）	m^3	897	93.19		38	电	kW·h	3005002	0.71	
14	矿粉（粒径<0.007 4 cm，重量比>70%）	t	949	170.14		39	水	m^3	3005004	0.39	
15	其他材料费	元	996	1		40	原木（混合规格）	m^3	4003001	985.64	
16	设备摊销费	元	997	1		41	锯材（中板 δ=19~35 mm，中方混合规格）	m^3	4003002	1 447.23	
17	HPB300 钢筋	t	2001001	3 310.3		42	桥面防水涂料（聚合物渗透水性桥面防水涂料）	kg	5009005	10.93	

续表

序号	名称	单位	代号	预算单价（元）	备注	序号	名称	单位	代号	预算单价（元）	备注
18	HRB400 钢筋	t	2001002	3 247.89		43	底油	kg	5009007	10.93	
19	钢丝绳（股丝 6-7×19，绳径 7.1~9 mm；股丝 6×37，绳径 14.1~15.5 mm）	t	2001019	5 771.1		44	热熔涂料	kg	5009008	3.35	
20	8~12 号铁丝（镀锌铁丝）	kg	2001021	3.81		45	油毛毡（400 g，0.915 m×21.95 m）	m^2	5009012	2.39	
21	20~22 号铁丝（镀锌铁丝）	kg	2001022	4.07		46	中（粗）砂（混凝土、砂浆用堆方）	m^3	5503005	93.19	
22	型钢（工字钢，角钢）	t	2003004	3 542.12		47	砂砾（堆方）	m^3	5503007	96.5	
23	钢板（A3，δ=5~40 mm）	t	2003005	3 662.48		48	天然级配（堆方）	m^3	5503009	96.5	
24	钢管（无缝钢管）	t	2003008	4 522.87		49	路面用石屑	m^3	5503015	116.03	
25	镀锌钢板（δ=1 mm，δ=1.5 mm，δ=3 mm）	t	2003012	5 726.52		50	片石（码方）	m^3	5505005	86.25	

编制：　　　　复核：

附表 18　人工、材料、施工机械台班单价汇总表(2)

建设项目名称:××× 连接路建设项目

编制范围:××× 连接路建设项目　　第 2 页共 3 页　　09 表

序号	名称	单位	代号	预算单价(元)	备注	序号	名称	单位	代号	预算单价(元)	备注
55	碎石(2 cm)(最大粒径 2 cm 堆方)	m^3	5505012	124.27		82	斗容量 2.0 m^3 履带式单斗挖掘机(W200A 机械)	台班	8001037	1 468.96	
56	碎石(4 cm)(最大粒径 4 cm 堆方)	m^3	5505013	124.27		83	斗容量 1.0 m^3 轮胎式装载机(ZL20)	台班	8001045	496.38	
57	块石(码方)	m^3	5505025	102.53		84	斗容量 2.0 m^3 轮胎式装载机(ZL40)	台班	8001047	818.17	
58	花岗岩	m^3	5505031	1 671.01		85	功率 120 kW 以内平地机(F155)	台班	8001058	1 040.95	
59	青(红)砖(240 mm × 115 mm × 53 mm)	千块	5507003	482.25		86	机械自身质量 6~8 t 光轮压路机(2Y-6/8)	台班	8001078	324.52	
60	32.5 级水泥	t	5509001	354.99		87	机械自身质量 10~12 t 光轮压路机(3Y-10/12)	台班	8001080	449.45	
61	42.5 级水泥	t	5509002	400.59		88	机械自身质量 12~15 t 光轮压路机(3Y-12/15)	台班	8001081	511.9	
62	钢筋混凝土电杆(7 m)	根	5511002	264.1		89	机械自身质量 18~21 t 光轮压路机(3Y-18/21)	台班	8001083	642.03	
63	ϕ 1 000 mm 以内混凝土排水管	m	5511012	455.88		90	机械自身质量 0.6 t 手扶式振动碾(YZS06B)	台班	8001085	157.87	
64	铝合金标志(包括板面、立柱、横梁、法兰盘、垫板及其他金属附件)	t	6007002	19 234.15		91	机械自身质量 20 t 以内振动压路机(YZ18A, YZJ19A)	台班	8001090	1 268.49	
65	反光玻璃珠(JT/T 280—2004 1,2 号,A 类)	kg	6007003	2.86		92	机械自身质量 25 t 以内冲击式压路机	台班	8001093	2 675.73	

续表

序号	名称	单位	代号	预算单价（元）	备注	序号	名称	单位	代号	预算单价（元）	备注
66	反光膜	m^2	6007004	144.54		93	蛙式夯土机（200~620 N·m）HW-280	台班	8001095	27.45	
67	聚乙烯绝缘电力电缆（规格120/20）	m	7001009	14.02		94	生产能力 100 t/h 以内稳定土厂拌设备（WBC-100）	台班	8003009	762.28	
68	其他材料费	元	7801001	1		95	最大摊铺宽度 7.5 m 稳定土摊铺机（WTU75）	台班	8003015	1 484.45	
69	设备摊销费	元	7901001	1		96	容量 4 000 L 以内沥青洒布车（LS-3500）	台班	8003038	539.17	
70	山皮石	m^3	sps	93.06		97	容量 8 000 L 以内沥青洒布车（LS-7500）	台班	8003040	746.38	
71	21 kW 以内轮胎式拖拉机（A:机械-TLJ:拖拉机）	台班	1069	228.92		98	最大摊铺宽度 6.0 m 以内沥青混合料摊铺机（带自动找平，S1500,S1502）	台班	8003058	1 794.47	
72	41 kW 以内轮胎式拖拉机（A:机械-TLJ:拖拉机）	台班	1070	335.78		99	机械自身质量 10 t 以内双钢轮振动压路机（YZC-10）	台班	8003063	992.71	
73	1.5 t 双排座客货汽车	台班	1369	310.32		100	机械自身质量 9~16 t 轮胎式压路机（YL16）	台班	8003066	587.66	
74	小型机具使用费（A:机械）	元	1998	1		101	机械自身质量 16~20 t 轮胎式压路机（YL20）	台班	8003067	685.86	
75	功率 75 kW 以内履带式推土机（TY100）	台班	8001002	780.38		102	机械自身质量 20~25 t 轮胎式压路机（YL27）	台班	8003068	859.2	
76	功率 90 kW 以内履带式推土机（T120A）	台班	8001003	923.63		103	热熔标线设备（含热熔釜标线车 BJ-130）	台班	8003070	726.35	

续表

序号	名称	单位	代号	预算单价（元）	备注	序号	名称	单位	代号	预算单价（元）	备注
77	功率 135 kW 以内履带式推土机（T180，带松土器）	台班	8001006	1 416.61		104	2.5~4.5 m 轨道式水泥混凝土摊铺机（HTG4500 含模轨 400 m）	台班	8003077	1 249.38	
78	功率 165 kW 以内履带式推土机（T220，带松土器）	台班	8001007	1 669.53		105	混凝土电动真空吸水机组（含吸垫 5 m × 5 m）	台班	8003079	138.83	
79	斗容量 0.6 m³ 履带式单斗挖掘机（WY60，液压）	台班	8001025	761.21		106	混凝土电动刻纹机（RQF180）	台班	8003083	258.7	
80	斗容量 1.0 m³ 履带式单斗挖掘机（WY100，液压）	台班	8001027	1 054.1		107	电动混凝土切缝机（含锯片摊销费用，SLF）	台班	8003085	206.83	
81	斗容量 2.0 m³ 履带式单斗挖掘机（WY200A，液压）	台班	8001030	1 328.66		108	机动破路机（LPR300）	台班	8003101	193.44	

编制：　　　　复核：

附表 19　人工、材料、施工机械台班单价汇总表(3)

建设项目名称：××× 连接路建设项目

编制范围：××× 连接路建设项目　　　　第 3 页共 3 页　　09 表

序号	名称	单位	代号	预算单价(元)	备注
109	出料容量 250 L 以内强制式混凝土搅拌机(JD250)	台班	8005002	169.48	
110	出料容量 400 L 以内灰浆搅拌机(UJ325)	台班	8005010	133.99	
111	容量 6 m^3 以内混凝土搅拌运输车(MR45)	台班	8005031	1 215.27	
112	生产能力 25 m^3/h 以内混凝土搅拌站(HZQ25,含水泥输送器水泥仓各 2 套)	台班	8005057	869.99	
113	装载质量 2 t 以内载货汽车	台班	8007001	312.67	
114	装载质量 4 t 以内载货汽车(CA10B)	台班	8007003	420.66	
115	装载质量 6 t 以内载货汽车(CA141K,CA1091K)	台班	8007005	421.29	
116	装载质量 12 t 以内自卸汽车(T138,SX360)	台班	8007016	731.38	
117	装载质量 15 t 以内平板拖车组(JN462)	台班	8007023	710.74	
118	容量 10 000 L 以内洒水汽车(YGJ5170GSSJN)	台班	8007043	1 010.67	
119	装载质量 1.0 t 以内机动翻斗车(F10A)	台班	8007046	195.67	
120	提升质量 5 t 以内汽车式起重机(QY5)	台班	8009025	601.6	
121	提升质量 8 t 以内汽车式起重机(QY8)	台班	8009026	663.19	
122	提升质量 12 t 以内汽车式起重机(QY12)	台班	8009027	797.4	
123	提升质量 20 t 以内汽车式起重机(QY20)	台班	8009029	1 146.97	
124	提升质量 25 t 以内汽车式起重机(QY25)	台班	8009030	1 291.47	
125	提升质量 40 t 以内汽车式起重机(QY40)	台班	8009032	2 150.49	
126	容量 32 kV·A 以内交流电弧焊机(BX1-330)	台班	8015028	171.45	
127	排气量 3 m^3/min 以内机动空气压缩机(CV-3/8-1)	台班	8017047	252.86	
128	小型机具使用费	元	8099001	1	
129	定额基价	元	1999	1	

编制：　　　　　　　　　　复核：

附表 20　分项工程预算表(1)

编制范围：××× 连接路建设项目

分项编号：1010101　工程名称：临时便道(修建、拆除与维护)　单位：km　数量：0.21　单价(元)：768 384.28　第 1 页共 24 页　21-2 表

代号	工程项目			挖掘机挖装土石方			自卸汽车运土石方			土底钱			填方路基			路面垫层		
	工程细目			斗容量 2.0 m³ 以内挖掘机挖装硬土			装载质量 12 t 以内自卸汽车运土 5 km			土底钱			三、四级公路填方路基，自身质量 10~12 t 光轮压路机碾压土方			路面垫层机械铺砂砾(压实厚度 50 cm)		
	定额单位			1 000 m³ 天然密实方			1 000 m³ 天然密实方			m³			1 000 m³ 压实方			1 000 m²		
	工程数量			1.575			1.575			1 575			1.575			1.092		
	定额表号			1~1~9~9			1~1~11~7 改			1			1~1~18~10			2~1~1~12 改		
	工、料、机名称	单位	单价(元)	定额	数量	金额(元)	定额	数量	金额(元)	定额	数量	金额(元)	定额	数量	金额(元)	定额	数量	金额(元)
1001001	人工	工日	105.49	3.4	5.36	564.9							2.1	3.31	348.91	1.25	1.37	143.99
5503007	砂砾(堆方)	m³	96.5													637.5	696.15	67 178.48
8001030	斗容量 2.0 m³ 履带式单斗挖掘机(WY200A，液压)	台班	1 328.66	1.47	2.32	3 076.18												
8001058	功率 120 kW 以内平地机(F155)	台班	1 040.95										1.47	2.32	2 410.06	0.44	0.48	500.16
8001080	机械自身质量 10~12 t 光轮压路机(3Y-10/12)	台班	449.45										2.8	4.41	1 982.07			
8001081	机械自身质量 12~15 t 光轮压路机(3Y-12/15)	台班	511.9													0.46	0.5	257.14
8001083	机械自身质量 18~21 t 光轮压路机(3Y-18/21)	台班	642.03													0.66	0.72	462.72
8007016	装载质量 12 t 以内自卸汽车(T138，SX360)	台班	731.38				11.72	18.46	13 500.54									
8007043	容量 10 000 L 以内洒水汽车(YGJ5170GSSJN)	台班	1 010.67													0.54	0.59	595.97

续表

代号	工程项目			挖掘机挖装土石方			自卸汽车运土石方			土底钱			填方路基			路面垫层		
	工程细目			斗容量 2.0 m³ 以内挖掘机挖装硬土			装载质量 12 t 以内自卸汽车运土 5 km			土底钱			三、四级公路填方路基，自身质量 10~12 t 光轮压路机碾压土方			路面垫层机械铺砂砾（压实厚度 50 cm）		
	定额单位			1 000 m³ 天然密实方			1 000 m³ 天然密实方			m^3			1 000 m³ 压实方			1 000 m^2		
	工程数量			1.575			1.575			1 575			1.575			1.092		
	定额表号			1~1~9~9			1~1~11~7 改			1			1~1~18~10			2~1~1~12 改		
	工、料、机名称	单位	单价（元）	定额	数量	金额（元）	定额	数量	金额（元）	定额	数量	金额（元）	定额	数量	金额（元）	定额	数量	金额（元）
9999001	定额基价	元	1	2 568	4 045	4 045	9 862	15 533	15 533	10	1 575	15 293	3 406	5 365	5 365	31 727	34 646	34 646
	直接费	元				3 641.08			13 500.54			15 293.25			4 741.04			69 138.46
	措施费 I	元		4 044.85	0.711 35%	28.77	15 532.51	0.610 8%	94.87				5 364.89	0.711 35%	38.16	2 205.32	0.838 05%	18.48
	措施费 Ⅱ	元		4 044.85	0.521%	21.07	15 532.51	0.154%	23.92	15 293.25			5 364.89	0.521%	27.95	34 645.91	0.818%	283.4
	企业管理费	元		4 044.85	3.886%	157.18	15 532.51	2.44%	378.99	15 293.25			5 364.89	3.886%	208.48	34 645.91	3.432%	1 189.05
	规费	元		1 053.37	32.4%	341.29	1 947.24	32.4%	630.91				1 302.59	32.4%	422.04			141.46
	利润	元		4 251.89	7.42%	315.49	16 030.3	7.42%	1 189.45	15 293.25	7.42%	1 134.76	5 639.49	7.42%	418.45			
	税金	元		4 504.89	9%	405.44	15 818.68	9%	1 423.68	16 428.01	9%	1 478.52	5 856.12	9%	527.05	7 3452.2	9%	6 610.7
	金额合计	元				4 910.33			17 242.36			17 906.53			6 383.18			8 0062.9

编制： 复核：

附表 21　分项工程预算表(2)

编制范围:××× 连接路建设项目

分项编号:1010101　工程名称:临时便道(修建、拆除与维护)　单位:km　数量:0.21　单价(元):768 384.28　第 2 页共 24 页　21-2 表

代号	工程项目			汽车便道			挖掘机挖装土石方			自卸汽车运土石方						合计	
	工程细目			汽车便道养护路基宽 4.5 m			斗容量 2.0 m³ 以内挖掘机挖装硬土			装载质量 12 t 以内自卸汽车运土 5 km							
	定额单位			1 km·月			1 000 m³ 天然密实方			1 000 m³ 天然密实方							
	工程数量			2.52			2.121			2.121							
	定额表号			7~1~1~8			1~1~9~9			1~1~11~7 改							
	工、料、机名称	单位	单价(元)	定额	数量	金额(元)	定额	数量	金额(元)	定额	数量	金额(元)	定额	数量	金额(元)	数量	金额(元)
1001001	人工	工日	105.49	1.5	3.78	398.75	3.4	7.21	760.73							21.02	2 217.28
5503007	砂砾(堆方)	m³	96.5													696.15	67 178.48
5503009	天然级配(堆方)	m³	96.5	10.8	27.22	2 626.34										27.22	2 626.34
8001030	斗容量 2.0 m³ 履带式单斗挖掘机(WY200A,液压)	台班	1 328.66				1.47	3.12	4 142.59							5.43	7 218.77
8001058	功率 120 kW 以内平地机(F155)	台班	1 040.95													2.8	2 910.22
8001078	机械自身质量 6~8 t 光轮压路机(2Y-6/8)	台班	324.52	1.12	2.83	918.38										2.83	918.38
8001080	机械自身质量 10~12 t 光轮压路机(3Y-10/12)	台班	449.45													4.41	1 982.07
8001081	机械自身质量 12~15 t 光轮压路机(3Y-12/15)	台班	511.9													0.5	257.14
8001083	机械自身质量 18~21 t 光轮压路机(3Y-18/21)	台班	642.03													0.72	462.72

续表

代号	工程项目			汽车便道			挖掘机挖装土石方			自卸汽车运土石方						合计	
	工程细目			汽车便道养护路基宽 4.5 m			斗容量 2.0 m³ 以内挖掘机挖装硬土			装载质量 12 t 以内自卸汽车运土 5 km							
	定额单位			1 km·月			1 000 m³ 天然密实方			1 000 m³ 天然密实方							
	工程数量			2.52			2.121			2.121							
	定额表号			7~1~1~8			1~1~9~9			1~1~11~7 改							
	工、料、机名称	单位	单价（元）	定额	数量	金额（元）	定额	数量	金额（元）	定额	数量	金额（元）	定额	数量	金额（元）	数量	金额（元）
8007016	装载质量 12 t 以内自卸汽车（T138，SX360）	台班	731.38							11.72	24.86	18 180.73				43.32	31 681.28
8007043	容量 10 000 L 以内洒水汽车（YGJ5170GSSJN）	台班	1 010.67													0.59	595.97
9999001	定额基价	元	1	1 215	3 062	3 062	2 568	5 447	5 447	9 862	20 917	20 917				104 307	104 307
	直接费	元				3 943.48			4 903.32			18 180.73					133 341.9
	措施费 I	元		1 423.41	0.643 15%	9.15	5 447.07	0.711 35%	38.75	20 917.11	0.610 8%	127.76					355.95
	措施费 II	元		3 061.54	1.201%	36.77	5 447.07	0.521%	28.38	20 917.11	0.154%	32.21					453.71
	企业管理费	元		3 061.54	4.94%	151.24	5 447.07	3.886%	211.67	20 917.11	2.44%	510.38					2 806.99
	规费	元		697.28	32.4%	225.92	1 418.54	32.4%	459.61	2 622.28	32.4%	849.62					3 070.84
	利润	元		3 258.71	7.42%	241.8	5 725.86	7.42%	424.86	21 587.47	7.42%	1601.79					8 007.95
	税金	元		4 608.36	9%	414.75	6 066.59	9%	545.99	21 302.49	9%	1 917.22					13 323.36
	金额合计	元				5 023.11			6 612.58			23 219.72					161 360.7

编制：　　　　复核：

附表 22 分项工程预算表(3)

编制范围：× × × 连接路建设项目

分项编号：10107　　工程名称：拌和站　　单位：座　　数量：2.0　　单价(元)：147 545.77　　第 3 页共 24 页　　21-2 表

代号	工程项目			基层稳定土厂拌设备安装、拆除			混凝土搅拌站(楼)安装、拆除									合计	
	工程细目			生产能力 100 t/h 以内稳定土厂拌设备安装、拆除			生产能力 25 m^3/h 以内混凝土搅拌站(楼)安拆										
	定额单位			1 座			1 座										
	工程数量			1			1										
	定额表号			2~1~10~2			4~11~11~8										
	工、料、机名称	单位	单价(元)	定额	数量	金额(元)	定额	数量	金额(元)	定额	数量	金额(元)	定额	数量	金额(元)	数量	金额(元)
1001001	人工	工日	105.49	333.3	333.3	35 159.82	342.4	342.4	36 119.78							675.7	71 279.59
2003004	型钢(工字钢，角钢)	t	3 542.12	0.02	0.02	56.67	0.04	0.04	123.97							0.05	180.65
2003026	组合钢模板	t	5 708.69	0.04	0.04	199.8	0.08	0.08	428.15							0.11	627.96
2009028	铁件	kg	4.04	48	48	193.92	28.94	28.94	116.92							76.94	310.84
3005004	水	m^3	0.39	176	176	68.64	217	217	84.63							393	153.27
4003002	锯材中板(δ=19~35 mm，中方混合规格)	m^3	1 447.23				0.01	0.01	14.47							0.01	14.47
5503005	中(粗)砂(混凝土、砂浆用堆方)	m^3	93.19	116.23	116.23	10 831.47	51.17	51.17	4 768.53							167.4	15 600.01
5505005	片石(码方)	m^3	86.25	151.94	151.94	13 104.83										151.94	13 104.83
5505013	碎石(4 cm)(最大粒径 4 cm 堆方)	m^3	124.27	32.14	32.14	3 994.04	25.86	25.86	3 213.62							58	7 207.66

续表

代号	工程项目			基层稳定土厂拌设备安装、拆除			混凝土搅拌站(楼)安装、拆除									合计	
	工程细目			生产能力 100 t/h 以内稳定土厂拌设备安装、拆除			生产能力 25 m³/h 以内混凝土搅拌站(楼)安拆										
	定额单位			1 座			1 座										
	工程数量			1			1										
	定额表号			2~1~10~2			4~11~11~8										
	工、料、机名称	单位	单价（元）	定额	数量	金额（元）	定额	数量	金额（元）	定额	数量	金额（元）	定额	数量	金额（元）	数量	金额（元）
5505025	块石（码方）	m^3	102.53	138.73	138.73	14 223.99										138.73	14 223.99
5507003	青（红）砖（240 mm × 115 mm × 53 mm）	千块	482.25				73.52	73.52	35 455.02							73.52	35 455.02
5509001	32.5 级水泥	t	354.99	33.17	33.17	11 773.95	19.28	19.28	6842.79							52.44	18 616.74
7801001	其他材料费	元	1	56.6	56.6	56.6	81.9	81.9	81.9							138.5	138.5
8001025	斗容量 0.6 m³ 履带式单斗挖掘机（WY60，液压）	台班	761.21	1.34	1.34	1 020.02										1.34	1 020.02
8005002	出料容量 250 L 以内强制式混凝土搅拌机（JD250）	台班	169.48	1.13	1.13	191.51	2.58	2.58	437.26							3.71	628.77
8007003	装载质量 4 t 以内载货汽车（CA10B）	台班	420.66				3.8	3.8	1 598.51							3.8	1 598.51
8007023	装载质量 15 t 以内平板拖车组（JN462）	台班	710.74	4.22	4.22	2 999.32										4.22	2 999.32
8009027	提升质量 12 t 以内汽车式起重机（QY12）	台班	797.4	0.71	0.71	566.15	0.8	0.8	637.92							1.51	1 204.07
8009029	提升质量 20 t 以内汽车式起重机（QY20）	台班	1 146.97	8.69	8.69	9 967.17	3.05	3.05	3 498.26							11.74	13 465.43

续表

代号	工程项目			基层稳定土厂拌设备安装、拆除			混凝土搅拌站(楼)安装、拆除									合计	
	工程细目			生产能力 100 t/h 以内稳定土厂拌设备安装、拆除			生产能力 25 m³/h 以内混凝土搅拌站(楼)安拆										
	定额单位			1 座			1 座										
	工程数量			1			1										
	定额表号			2~1~10~2			4~11~11~8										
	工、料、机名称	单位	单价（元）	定额	数量	金额（元）	定额	数量	金额（元）	定额	数量	金额（元）	定额	数量	金额（元）	数量	金额（元）
8009032	提升质量 40 t 以内汽车式起重机（QY40）	台班	2 150.49	8.51	8.51	18 300.67										8.51	18 300.67
8099001	小型机具使用费	元	1	172.3	172.3	172.3	23.1	23.1	23.1							195.4	195.4
9999001	定额基价	元	1	116 890	116 890	116 890	85 720	85 720	85 720							202 609	202 609
	直接费	元				122 880.88			93 444.83								216 325.71
	措施费 Ⅰ	元		70 259.07	0.643 15%	451.87	43 023.82	0.643 15%	276.71								728.58
	措施费 Ⅱ	元		116 889.54	1.201%	1 403.84	85 719.58	1.201%	1 029.49								2 433.34
	企业管理费	元		116 889.54	4.94%	5 774.34	85 719.58	4.94%	4 234.55								10 008.89
	规费	元		40 230.72	32.4%	13 034.75	37 605.07	32.4%	12 184.04								25 218.8
	利润	元		124 519.6	7.42%	9 239.35	91 260.32	7.42%	6 771.52								16 010.87
	税金	元		152 785.04	9%	13 750.65	117 941.13	9%	10 614.7								24 365.36
	金额合计	元				166 535.7			128 555.84								295 091.54

编制：　　　　复核：

附表 23 分项工程预算表(4)

编制范围:××× 连接路建设项目

分项编号:10109　　工程名称:电力线　　单位:m　　数量:500.0　　单价(元):101　　第 4 页共 24 页　　21-2 表

代号	工程项目			架设输电线路												合计	
	工程细目			架设输电线路													
	定额单位			100 m													
	工程数量			5													
	定额表号			7~1~5~1 改													
	工、料、机名称	单位	单价(元)	定额	数量	金额(元)	定额	数量	金额(元)	定额	数量	金额(元)	定额	数量	金额(元)	数量	金额(元)
1001001	人工	工日	105.49	4.5	22.5	2 373.53										22.5	2 373.53
2001021	8~12 号铁丝(镀锌铁丝)	kg	3.81	4.2	21	80.01										21	80.01
2003004	型钢(工字钢,角钢)	t	3 542.12	0.02	0.08	265.66										0.08	265.66
2003005	钢板(A3,δ=5~40 mm)	t	3 662.48	0.05	0.25	915.62										0.25	915.62
2009028	铁件	kg	4.04	11.5	57.5	232.3										57.5	232.3
5511002	钢筋混凝土电杆(7 m)	根	264.1	3	15	3 961.5										15	3 961.5
7001009	聚乙烯绝缘电力电缆(规格 120/20)	m	14.02	315	1 575	22 081.5										1 575	22 081.5
7801001	其他材料费	元	1	157.8	789	789										789	789
7901001	设备摊销费	元	1	1 848.95	9 244.75	9 244.75										9 244.75	9 244.75
9999001	定额基价	元	1	7 994	39 970	39 970										39 970	39 970
	直接费	元				39 943.86											39 943.86
	措施费 I	元		2 391.3	0.643 15%	15.38											15.38
	措施费 II	元		39 969.66	1.201%	480.04											480.04

续表

代号	工程项目			架设输电线路												合计	
	工程细目			架设输电线路													
	定额单位			100 m													
	工程数量			5													
	定额表号			7~1~5~1 改													
	工、料、机名称	单位	单价（元）	定额	数量	金额（元）	定额	数量	金额（元）	定额	数量	金额（元）	定额	数量	金额（元）	数量	金额（元）
	企业管理费	元		39 969.66	4.94%	1 974.5											1 974.5
	规费	元		2 373.52	32.4%	769.02											769.02
	利润	元		42 439.57	7.42%	3 149.02											3 149.02
	税金	元		46 331.82	9%	4 169.86											4 169.86
	金额合计	元				50 501.68											50 501.68

编制：　　　　　　　　　　　　　　　　复核：

附表 24　分项工程预算表(5)

编制范围:××× 连接路建设项目

分项编号:LJ010101　　工程名称:清除表土　　单位:m^3　　数量:1 189.2　　单价(元):8.52　　第 5 页共 24 页　　21-2 表

代号	工程项目			伐树、挖根、除草、清除表土			填前夯(压)实及填前挖松			冲击压实						合计	
	工程细目			135 kW 以内推土机清除表土			填前 12~15 t 光轮压路机压实			冲击压实(冲压 20 遍)							
	定额单位			100 m^3			1 000 m^2			1 000 m^2							
	工程数量			11.892			4.281			1.665							
	定额表号			1~1~1~12			1~1~5~4			1~2~18~1							
	工、料、机名称	单位	单价(元)	定额	数量	金额(元)	定额	数量	金额(元)	定额	数量	金额(元)	定额	数量	金额(元)	数量	金额(元)
1001001	人工	工日	105.49	0.4	4.76	501.79	2	8.56	903.21	1	1.67	175.64				14.98	1 580.64
7801001	其他材料费	元	1							7	11.66	11.66				11.66	11.66
8001006	功率 135 kW 以内履带式推土机(T180,带松土器)	台班	1 416.61	0.12	1.43	2 021.56										1.43	2 021.56
8001081	机械自身质量 12~15 t 光轮压路机(3Y-12/15)	台班	511.9				0.27	1.16	591.69							1.16	591.69
8001090	机械自身质量 20 t 以内振动压路机(YZ18A,YZJ19A)	台班	1 268.49							0.24	0.4	506.89				0.4	506.89
8001093	机械自身质量 25 t 以内冲击式压路机	台班	2 675.73							0.35	0.58	1 559.28				0.58	1 559.28
8099001	小型机具使用费	元	1							1	1.67	1.67				1.67	1.67
9999001	定额基价	元	1	235	2 790	2 790	371	1 589	1 589	2 369	3 944	3 944				8 322	8 322
	直接费	元				2 523.35			1 494.9			3 394.84					7 413.09

续表

代号	工程项目				伐树、挖根、除草、清除表土			填前夯(压)实及填前挖松			冲击压实						合计	
	工程细目				135 kW 以内推土机清除表土			填前 12~15 t 光轮压路机压实			冲击压实(冲压 20 遍)							
	定额单位				100 m³			1 000 m²			1 000 m²							
	工程数量				11.892			4.281			1.665							
	定额表号				1~1~1~12			1~1~5~4			1~2~18~1							
	工、料、机名称		单位	单价（元）	定额	数量	金额（元）	定额	数量	金额（元）	定额	数量	金额（元）	定额	数量	金额（元）	数量	金额（元）
	措施费	Ⅰ	元		2 789.66	0.643 15%	17.94	1 588.57	0.711 35%	11.3	3 932.34	0.838 05%	32.95					62.2
		Ⅱ	元		2 789.66	1.201%	33.5	1 588.57	0.521%	8.28	3 943.99	0.818%	32.26					74.04
	企业管理费		元		2 789.66	4.94%	137.81	1 588.57	3.886%	61.73	3 943.99	3.432%	135.36					334.9
	规费		元		802.87	32.4%	260.13	1 025.14	32.4%	332.15	526.92	32.4%	170.72					763
	利润		元		2 978.91	7.42%	221.04	1 669.88	7.42%	123.91	4 144.57	7.42%	307.53					652.47
	税金		元		3 193.78	9%	287.44	2 032.26	9%	182.9	4 073.66	9%	366.63					836.97
	金额合计		元				3 481.22			2 215.16			4 440.29					10 136.66

编制：　　　　复核：

附表 25　分项工程预算表(6)

编制范围:×××连接路建设项目

分项编号:LJ0201　　工程名称:挖土方　　单位:m^3　　数量:13 729.0　　单价(元):4.61　　第 6 页共 24 页　　21-2 表

代号	工程项目			推土机推土石方			挖掘机挖装土石方			自卸汽车运土石方						合计	
	工程细目			功率 135 kW 以内推土机推普通土第一个 20 m			斗容量 $2.0m^3$ 以内挖掘机挖装普通土			装载质量 12 t 以内自卸汽车运土 1.5 km							
	定额单位			1 000 m^3 天然密实方			1 000 m^3 天然密实方			1 000 m^3 天然密实方							
	工程数量			10.009			3.721			3.721							
	定额表号			1~1~12~14,定额*1.05			1~1~9~8,定额*1.05			1~1~11~7,定额*1.05,改							
	工、料、机名称	单位	单价(元)	定额	数量	金额(元)	定额	数量	金额(元)	定额	数量	金额(元)	定额	数量	金额(元)	数量	金额(元)
1001001	人工	工日	105.49	2.73	27.32	2 882.47	3.26	12.11	1 277.68							39.44	4 160.15
8001006	功率 135 kW 以内履带式推土机(T180,带松土器)	台班	1 416.61	1.27	12.72	18 021.32										12.72	18 021.32
8001030	斗容量 2.0 m^3 履带式单斗挖掘机(WY200A,液压)	台班	1 328.66				1.37	5.08	6 748.48							5.08	6 748.48
8007016	装载质量 12 t 以内自卸汽车(T138,SX360)	台班	731.38							7.01	26.1	19 088.36				26.1	19 088.36
9999001	定额基价	元	1	2 324	23 266	23 266	2 395	8 912	8 912	5 902	21 961	21 961				54 139	54 139
	直接费	元				20 903.79			8 026.16			19 088.36					48 018.31
	措施费 I	元		23 265.86	0.711 35%	165.5	8 912.24	0.711 35%	63.4	21 961.34	0.610 8%	134.14					363.04
	措施费 II	元		23 265.86	0.521%	121.22	8 912.24	0.521%	46.43	21 961.34	0.154%	33.82					201.47
	企业管理费	元		23 265.86	3.886%	904.11	8 912.24	3.886%	346.33	21 961.34	2.44%	535.86					1 786.3
	规费	元		5 566.44	32.4%	1 803.53	2 349.28	32.4%	761.17	2 753.19	32.4%	892.04					3 456.73
	利润	元		24 456.68	7.42%	1 814.69	9 368.41	7.42%	695.14	22 665.16	7.42%	1 681.76					4 191.58

续表

代号	工程项目			推土机推土石方			挖掘机挖装土石方			自卸汽车运土石方						合计	
	工程细目			功率 135 kW 以内推土机推普通土第一个 20 m			斗容量 2.0m³ 以内挖掘机挖装普通土			装载质量 12 t 以内自卸汽车运土 1.5 km							
	定额单位			1 000 m³ 天然密实方			1 000 m³ 天然密实方			1 000 m³ 天然密实方							
	工程数量			10.009			3.721			3.721							
	定额表号			1~1~12~14,定额*1.05			1~1~9~8,定额*1.05			1~1~11~7,定额*1.05,改							
	工、料、机名称	单位	单价（元）	定额	数量	金额（元）	定额	数量	金额（元）	定额	数量	金额（元）	定额	数量	金额（元）	数量	金额（元）
	税金	元		25 712.82	9%	2 314.15	9 938.62	9%	894.48	22 365.97	9%	2 012.94					5 221.57
	金额合计	元				28 026.98			10 833.1			24 378.9					63 238.98

编制：　　　　　　复核：

附表 26　分项工程预算表(7)

编制范围:××× 连接路建设项目
分项编号:LJ0301　　工程名称:利用土方填筑　　单位:m³　　数量:13 730.0　　单价(元):4.05　　第 7 页共 24 页　　21-2 表

代号	工程项目			填方路基												合计	
	工程细目			三、四级公路填方路基,自身质量10~12 t 光轮压路机碾压土方													
	定额单位			1 000 m³ 压实方													
	工程数量			13.73													
	定额表号			1~1~18~10													
	工、料、机名称	单位	单价(元)	定额	数量	金额(元)	定额	数量	金额(元)	定额	数量	金额(元)	定额	数量	金额(元)	数量	金额(元)
1001001	人工	工日	105.49	2.1	28.83	3 041.59										28.83	3 041.59
8001058	功率 120 kW 以内平地机(F155)	台班	1 040.95	1.47	20.18	21 009.6										20.18	21 009.6
8001080	机械自身质量 10~12 t 光轮压路机(3Y-10/12)	台班	449.45	2.8	38.44	17 278.66										38.44	17 278.66
9999001	定额基价	元	1	3 406	46 768	46 768										46 768	46 768
	直接费	元				41 329.85											41 329.85
	措施费 Ⅰ	元		46 768.22	0.711 35%	332.69											332.69
	措施费 Ⅱ	元		46 768.22	0.521%	243.66											243.66
	企业管理费	元		46 768.22	3.886%	1 817.41											1 817.41

续表

代号	工程项目			填方路基												合计	
	工程细目			三、四级公路填方路基，自身质量10~12 t 光轮压路机碾压土方													
	定额单位			1 000 m³ 压实方													
	工程数量			13.73													
	定额表号			1~1~18~10													
	工、料、机名称	单位	单价（元）	定额	数量	金额（元）	定额	数量	金额（元）	定额	数量	金额（元）	定额	数量	金额（元）	数量	金额（元）
	规费	元		11 355.28	32.4%	3 679.11											3 679.11
	利润	元		49 161.98	7.42%	3 647.82											3 647.82
	税金	元		51 050.53	9%	4 594.55											4 594.55
	金额合计	元				55 645.09											55 645.09

编制： 复核：

附表 27　分项工程预算表(8)

编制范围:×××连接路建设项目
分项编号:LJ0302　　工程名称:借土方填筑　　单位:m³　　数量:8 144.0　　单价(元):29.91　　第 8 页共 24 页　　21-2 表

代号	工程项目			挖掘机挖装土石方			自卸汽车运土石方			填方路基			土底钱			合计	
	工程细目			斗容量 2.0 m³ 以内挖掘机挖装硬土			装载质量 12 t 以内自卸汽车运土 5 km			三、四级公路填方路基,自身质量 10~12 t 光轮压路机碾压土方			土底钱				
	定额单位			1 000 m³ 天然密实方			1 000 m³ 天然密实方			1 000 m³ 压实方			m³				
	工程数量			8.144			8.144			8.144			8 144				
	定额表号			1~1~9~9,定额 ×1.03			1~1~11~7,定额 ×1.03,改			1~1~18~10			666				
	工、料、机名称	单位	单价(元)	定额	数量	金额(元)	定额	数量	金额(元)	定额	数量	金额(元)	定额	数量	金额(元)	数量	金额(元)
1001001	人工	工日	105.49	3.5	28.52	3 008.61				2.1	17.1	1 804.13				45.62	4 812.74
8001030	斗容量 2.0 m³ 履带式单斗挖掘机(WY200A,液压)	台班	1 328.66	1.51	12.33	16 382.4										12.33	16 382.4
8001058	功率 120 kW 以内平地机(F155)	台班	1 040.95							1.47	11.97	12 461.92				11.97	12 461.92
8001080	机械自身质量 10~12 t 光轮压路机(3Y-10/12)	台班	449.45							2.8	22.8	10 248.9				22.8	10 248.9
8007016	装载质量 12 t 以内自卸汽车(T138,SX360)	台班	731.38				12.07	98.31	71 905.16							98.31	71 905.16
9999001	定额基价	元	1	2 645	21 541	21 541	10 158	82 728	82 728	3 406	27 741	27 741	10	8 144	79 078	21 1088	211 088
	直接费	元				19 391			71 905.16			24 514.95			79 078.24		
	措施费 I	元		21 541.33	0.711 35%	153.23	82 727.61	0.610 8%	505.3	27 740.74	0.711 35%	197.33					855.87
	措施费 II	元		21 541.33	0.521%	112.23	82 727.61	0.154%	127.4	27 740.74	0.521%	144.53	79 078.24				384.16
	企业管理费	元		21 541.33	3.886%	837.1	82 727.61	2.44%	2 018.55	27 740.74	3.886%	1 078.01	79 078.24				3 933.66

续表

代号	工程项目			挖掘机挖装土石方			自卸汽车运土石方			填方路基			土底钱			合计	
	工程细目			斗容量 $2.0\ m^3$ 以内挖掘机挖装硬土			装载质量 12 t 以内自卸汽车运土 5 km			三、四级公路填方路基，自身质量 10~12 t 光轮压路机碾压土方			土底钱				
	定额单位			$1\ 000\ m^3$ 天然密实方			$1\ 000\ m^3$ 天然密实方			$1\ 000\ m^3$ 压实方			m^3				
	工程数量			8.144			8.144			8.144			8 144				
	定额表号			1~1~9~9，定额 ×1.03			1~1~11~7，定额 ×1.03，改			1~1~18~10			666				
	工、料、机名称	单位	单价（元）	定额	数量	金额（元）	定额	数量	金额（元）	定额	数量	金额（元）	定额	数量	金额（元）	数量	金额（元）
	规费	元		5 609.99	32.4%	1 817.64	10 371.18	32.4%	3 360.26	6 735.43	32.4%	2 182.28					7 360.18
	利润	元		22 643.88	7.42%	1 680.18	85 378.87	7.42%	6 335.11	29 160.61	7.42%	2 163.72	79 078.23	7.42%	5 867.61		16 046.61
	税金	元		23 991.38	9%	2 159.22	84 251.79	9%	7 582.66	30 280.81	9%	2 725.27	84 945.84	9%	7 645.13		20 112.28
	金额合计	元				2 6150.6			91 834.45			33 006.09			92 590.97		243 582.11

编制：　　　　　　　　　　　　　　　　复核：

附表 28　分项工程预算表(9)

编制范围：××× 连接路建设项目

分项编号：LM01010201　工程名称：山皮石垫层厚 20 cm　单位：m²　数量：7 943.0　单价(元)：28.55　第 9 页共 24 页　21-2 表

代号	工程项目			路面垫层												合计	
	工程细目			路面垫层机械铺砂砾（压实厚度 20 cm）													
	定额单位			1 000 m²													
	工程数量			7.943													
	定额表号			2~1~1~12 改													
	工、料、机名称	单位	单价（元）	定额	数量	金额（元）	定额	数量	金额（元）	定额	数量	金额（元）	定额	数量	金额（元）	数量	金额（元）
1001001	人工	工日	105.49	0.5	3.97	418.95										3.97	418.95
5501005	山皮石	m³	93.06	255	2 025.47	188 489.77										2 025.47	188 489.77
8001058	功率 120 kW 以内平地机(F155)	台班	1 040.95	0.22	1.75	1 819.02										1.75	1 819.02
8001081	机械自身质量 12~15 t 光轮压路机（3Y-12/15）	台班	511.9	0.23	1.83	935.18										1.83	935.18
8001083	机械自身质量 18~21 t 光轮压路机（3Y-18/21）	台班	642.03	0.33	2.62	1 682.88										2.62	1 682.88
8007043	容量 10 000 L 以内洒水汽车(YG-J5170GSSJN	台班	1 010.67	0.24	1.91	1 926.66										1.91	1 926.66
9999001	定额基价	元	1	12 846	102 038	102 038										102 038	102 038
	直接费	元				195 272.47											195 272.47

续表

代号	工、料、机名称	单位	单价（元）	定额	数量	金额（元）	定额	数量	金额（元）	定额	数量	金额（元）	定额	数量	金额（元）	合计 数量	合计 金额（元）
	工程项目			路面垫层												合计	
	工程细目			路面垫层机械铺砂砾（压实厚度 20 cm）													
	定额单位			1 000 m^2													
	工程数量			7.943													
	定额表号			2~1~1~12 改													
	措施费 I	元		7 651.72	0.838 05%	64.13											64.13
	措施费 Ⅱ	元		102 038.3	0.818%	834.67											834.67
	企业管理费	元		102 038.39	3.432%	3 501.96											3 501.96
	规费	元		1 457.96	32.4%	472.38											472.38
	利润	元		106 439.15	7.42%	7 897.79											7 897.79
	税金	元		208 043.4	9%	18 723.91											18 723.91
	金额合计	元				226 767.3											226 767.3

编制：　　　　复核：

附表 29 分项工程预算表(10)

编制范围:××× 连接路建设项目

分项编号:LM02030201　工程名称:水泥稳定砂砾基层厚 20 cm　单位:m^2　数量:15 566.0　单价(元):45.77　第 10 页共 24 页　21-2 表

代号	工程项目			水泥稳定类			厂拌基层稳定土混合料运输			机械铺筑厂拌基层稳定土混合料						合计	
	工程细目			生产能力 100 t/h 以内厂拌水泥砂砾稳定土基层（水泥剂量 5%,压实厚度 20 cm）			装载质量 12 t 以内自卸汽车运厂拌基层稳定土混合料 2 km			宽度 7.5 m 以内摊铺机铺筑基层							
	定额单位			1 000 m^2			1 000 m^2			1 000 m^2							
	工程数量			15.566			3.113 2			15.566							
	定额表号			2~1~7~3 改			2~1~8~5 改			2~1~9~7							
	工、料、机名称	单位	单价（元）	定额	数量	金额（元）	定额	数量	金额（元）	定额	数量	金额（元）	定额	数量	金额（元）	数量	金额（元）
1001001	人工	工日	105.49	4.9	76.27	8 046.08				2.8	43.58	4 597.76				119.86	12 643.84
3005004	水	m^3	0.39	27	420.28	163.91										420.28	163.91
5503007	砂砾（堆方）	m^3	96.5	268.18	4 174.49	402 838.27										4 174.49	402 838.27
5509001	32.5 级水泥	t	354.99	22.13	344.4	122 257.76										344.4	122 257.76
7801001	其他材料费	元	1							301	4 685.37	4 685.37				4 685.37	4 685.37
8001047	斗容量 2.0 m^3 轮胎式装载机（ZL40）	台班	818.17	0.9	14.01	11 462.07										14.01	11 462.07
8001081	机械自身质量 12~15 t 光轮压路机（3Y-12/15）	台班	511.9							0.08	1.25	637.46				1.25	637.46
8001090	机械自身质量 20 t 以内振动压路机（YZ18A，YZJ19A）	台班	1 268.49							0.41	6.38	8 095.58				6.38	8 095.58

续表

代号	工程项目			水泥稳定类			厂拌基层稳定土混合料运输			机械铺筑厂拌基层稳定土混合料						合计	
	工程细目			生产能力 100 t/h 以内厂拌水泥砂砾稳定土基层（水泥剂量 5%，压实厚度 20 cm）			装载质量 12 t 以内自卸汽车运厂拌基层稳定土混合料 2 km			宽度 7.5 m 以内摊铺机铺筑基层							
	定额单位			1 000 m²			1 000 m²			1 000 m²							
	工程数量			15.566			3.113 2			15.566							
	定额表号			2~1~7~3 改			2~1~8~5 改			2~1~9~7							
	工、料、机名称	单位	单价（元）	定额	数量	金额（元）	定额	数量	金额（元）	定额	数量	金额（元）	定额	数量	金额（元）	数量	金额（元）
8003009	生产能力 100 t/h 以内稳定土厂拌设备（WBC-100）	台班	762.28	0.81	12.61	9 611.18										12.61	9 611.18
8003015	最大摊铺宽度 7.5 m 稳定土摊铺机（WTU75）	台班	1 484.45							0.31	4.83	7 163.15				4.83	7 163.15
8003067	机械自身质量 16~20 t 轮胎式压路机（YL20）	台班	685.86							0.25	3.89	2 669.02				3.89	2 669.02
8007016	装载质量 12 t 以内自卸汽车（T138，SX360）	台班	731.38				6.58	20.48	14 982.21							20.48	14 982.21
8007043	容量 10 000 L 以内洒水汽车（YGJ5170GSSJN）	台班	1 010.67							0.16	2.49	2 517.13				2.49	2 517.13
9999001	定额基价	元	1	21 429	333 567	333 567	5 537	17 237	17 237	2 107	32 804	32 804				383 607	383 607
	直接费	元			554 379.27			14 982.21			30 365.48						599 726.96
	措施费 Ⅰ	元		31 924.4	0.838 05%	267.54	17 237.19	0.610 8%	105.28	28 118.26	0.838 05%	235.65					608.47
	措施费 Ⅱ	元		333 566.54	0.818%	2 728.57	17 237.19	0.154%	26.55	32 803.63	0.818%	268.33					3 023.45
	企业管理费	元		333 566.54	3.432%	11 448	17 237.19	2.44%	420.59	32 803.63	3.432%	1 125.82					12 994.41

续表

代号	工程项目			水泥稳定类			厂拌基层稳定土混合料运输			机械铺筑厂拌基层稳定土混合料						合计	
	工程细目			生产能力 100 t/h 以内厂拌水泥砂砾稳定土基层（水泥剂量 5%，压实厚度 20 cm）			装载质量 12 t 以内自卸汽车运厂拌基层稳定土混合料 2 km			宽度 7.5 m 以内摊铺机铺筑基层							
	定额单位			1 000 m^2			1 000 m^2			1 000 m^2							
	工程数量			15.566			3.113 2			15.566							
	定额表号			2~1~7~3 改			2~1~8~5 改			2~1~9~7							
	工、料、机名称	单位	单价（元）	定额	数量	金额（元）	定额	数量	金额（元）	定额	数量	金额（元）	定额	数量	金额（元）	数量	金额（元）
	规费	元		13 514.13	32.4%	4 378.58	2 160.95	32.4%	700.15	7 766.93	32.4%	2 516.49					7 595.21
	利润	元		348 010.66	7.42%	25 822.39	17 789.61	7.42%	1 319.99	34 433.44	7.42%	2 554.96					29 697.34
	税金	元		599 024.36	9%	53 912.19	17 554.77	9%	1 579.93	37 066.72	9%	3 336.01					58 828.13
	金额合计	元				652 936.55			19 134.7			40 402.73					712 473.98

编制：　　　　　　　　　　　　　　　　　　　　复核：

附表 30　分项工程预算表（11）

编制范围：× × × 连接路建设项目

分项编号：LM01030501　　工程名称：山皮石帮宽厚 20 cm　　单位：m²　　数量：5 694.0　　单价（元）：28.55　　第 11 页共 24 页　　21-2 表

代号	工程项目			路面垫层												合计	
	工程细目			路面垫层机械铺砂砾（压实厚度 20 cm）													
	定额单位			1 000 m²													
	工程数量			5.694													
	定额表号			2~1~1~12 改													
	工、料、机名称	单位	单价（元）	定额	数量	金额（元）	定额	数量	金额（元）	定额	数量	金额（元）	定额	数量	金额（元）	数量	金额（元）
1001001	人工	工日	105.49	0.5	2.85	300.33										2.85	300.33
5501005	山皮石	m³	93.06	255	1 451.97	135 120.33										1 451.97	135 120.33
8001058	功率 120 kW 以内平地机（F155）	台班	1 040.95	0.22	1.25	1 303.98										1.25	1 303.98
8001081	机械自身质量 12~15 t 光轮压路机（3Y-12/15）	台班	511.9	0.23	1.31	670.39										1.31	670.39
8001083	机械自身质量 18~21 t 光轮压路机（3Y-18/21）	台班	642.03	0.33	1.88	1 206.39										1.88	1206.39
8007043	容量 10 000 L 以内洒水汽车（YG-J5170GSSJN）	台班	1 010.67	0.24	1.37	1 381.14										1.37	1 381.14
9999001	定额基价	元	1	12 846	73 147	73 147										73 147	73 147
	直接费	元				139 982.56											139 982.56

续表

代号	工程项目			路面垫层												合计	
	工程细目			路面垫层机械铺砂砾（压实厚度 20 cm）													
	定额单位			1 000 m²													
	工程数量			5.694													
	定额表号			2~1~1~12 改													
	工、料、机名称	单位	单价（元）	定额	数量	金额（元）	定额	数量	金额（元）	定额	数量	金额（元）	定额	数量	金额（元）	数量	金额（元）
	措施费 Ⅰ	元		5 485.2	0.838 05%	45.97											45.97
	措施费 Ⅱ	元		73 147	0.818%	598.34											598.34
	企业管理费	元		73 147	3.432%	2 510.4											2 510.41
	规费	元		1 045.15	32.4%	338.63											338.63
	利润	元		76 301.71	7.42%	5 661.59											5 661.59
	税金	元		149 137.49	9%	13 422.37											13 422.37
	金额合计	元				162 559.86											162 559.86

编制：　　　　　　复核：

附表 31　分项工程预算表(12)

编制范围:××× 连接路建设项目

分项编号:LM01030601　工程名称:水泥混凝土基层厚 20 cm　单位:m^2　数量:1 457.0　单价(元):111.23　第 12 页共 24 页　21-2 表

代号	工程项目			普通混凝土			混凝土搅拌站(楼)拌和			混凝土运输						合计	
	工程细目			人工铺筑混凝土路面厚度 20 cm			生产能力 25 m^3/h 以内混凝土拌和站(楼)拌和			运输能力 6 m^3 以内搅拌运输车运混凝土 2 km							
	定额单位			1 000 m^2 路面			100 m^3			100 m^3							
	工程数量			1.457			2.972 3			2.972 3							
	定额表号			2~2~17~1 改			4~11~11~13			4~11~11~24 改							
	工、料、机名称	单位	单价(元)	定额	数量	金额(元)	定额	数量	金额(元)	定额	数量	金额(元)	定额	数量	金额(元)	数量	金额(元)
1001001	人工	工日	105.49	174.2	253.81	26 774.35										253.81	26 774.35
2001001	HPB300 钢筋	t	3 310.3		0.01	19.29										0.01	19.29
2003004	型钢(工字钢,角钢)	t	3 542.12	0.05	0.08	278.69										0.08	278.69
3001001	石油沥青	t	3 002.81	0.1	0.14	433.13										0.14	433.13
3005001	煤	t	468.33	0.02	0.03	13.65										0.03	13.65
3005004	水	m^3	0.39	29	42.25	16.48										42.25	16.48
4003002	锯材中板(δ=19~35 mm,中方混合规格)	m^3	1 447.23	0.07	0.1	147.6										0.1	147.6
5503005	中(粗)砂(混凝土、砂浆用堆方)	m^3	93.19	93.84	136.72	12 741.39										136.72	12 741.39
5505013	碎石(4 cm)(最大粒径 4 cm 堆方)	m^3	124.27	171.36	249.67	31 026.68										249.67	31 026.68
5509002	42.5 级水泥	t	400.59	72.42	105.52	42 268.63										105.52	42 268.63
7801001	其他材料费	元	1	265	386.11	386.11										386.11	386.11

续表

代号	工程项目			普通混凝土			混凝土搅拌站(楼)拌和			混凝土运输						合计	
	工程细目			人工铺筑混凝土路面厚度 20 cm			生产能力 25 m^3/h 以内混凝土拌和站(楼)拌和			运输能力 6 m^3 以内搅拌运输车运混凝土 2 km							
	定额单位			1 000 m^2 路面			100 m^3			100 m^3							
	工程数量			1.457			2.972 3			2.972 3							
	定额表号			2~2~17~1 改			4~11~11~13			4~11~11~24 改							
	工、料、机名称	单位	单价(元)	定额	数量	金额(元)	定额	数量	金额(元)	定额	数量	金额(元)	定额	数量	金额(元)	数量	金额(元)
8001002	功率 75 kW 以内履带式推土机(TY100)	台班	780.38				0.68	2.02	1 577.27							2.02	1 577.27
8003079	混凝土电动真空吸水机组含吸垫(5 m×5 m)	台班	138.83	2.47	3.6	499.62										3.6	499.62
8003085	电动混凝土切缝机(含锯片摊销费用)(SLF)	台班	206.83	2.49	3.62	749.16										3.62	749.16
8005031	容量 6 m^3 以内混凝土搅拌运输车(MR45)	台班	1 215.27							1.24	3.69	4 479.03				3.69	4 479.03
8005057	生产能力 25 m^3/h 以内混凝土搅拌站(HZQ25,含水泥输送器水泥仓各 2 套)	台班	869.99				0.71	2.11	1 835.96							2.11	1 835.96
8007043	容量 10 000 L 以内洒水汽车(YGJ5170GSSJN)	台班	1 010.67	1.12	1.63	1 649.25										1.63	1 649.25
8099001	小型机具使用费	元	1	251.1	365.85	365.85										365.85	365.85
9999001	定额基价	元	1	71 610	104 336	104 336	1 249	3 713	3 713	1 628	4 839	4 839				112 888	112 888
	直接费	元				117 369.89			3 413.25			4 479.06					125 262.19
	措施费 Ⅰ	元		30 416.15	0.838 05%	254.9	3 713.46	1.672 55%	62.11	4 839.04	0.610 8%	29.56					346.57
	措施费 Ⅱ	元		104 335.9	0.818%	853.47	3 713.46	1.537%	57.08	4 839.04	0.154%	7.45					918

续表

代号	工程项目			普通混凝土			混凝土搅拌站(楼)拌和			混凝土运输						合计	
	工程细目			人工铺筑混凝土路面厚度 20 cm			生产能力 25 m³/h 以内混凝土拌和站(楼)拌和			运输能力 6 m³ 以内搅拌运输车运混凝土 2 km							
	定额单位			1 000 m² 路面			100 m³			100 m³							
	工程数量			1.457			2.972 3			2.972 3							
	定额表号			2~2~17~1 改			4~11~11~13			4~11~11~24 改							
	工、料、机名称	单位	单价（元）	定额	数量	金额（元）	定额	数量	金额（元）	定额	数量	金额（元）	定额	数量	金额（元）	数量	金额（元）
	企业管理费	元		104 335.9	3.432%	3 580.81	3 713.49	6.343%	235.55	4 839.08	2.44%	118.07					3 934.43
	规费	元		27 708.23	32.4%	8 977.47	1 094.28	32.4%	354.55	388.8	32.4%	125.97					9 457.98
	利润	元		109 025.08	7.42%	8 089.66	4 068.22	7.42%	301.86	4 994.16	7.42%	370.57					8 762.09
	税金	元		139 126.19	9%	12 521.36	4 424.39	9%	398.2	5 130.68	9%	461.76					1 3381.31
	金额合计	元				151 647.55			4 822.58			5 592.44					162 062.57

编制： 复核：

附表 32　分项工程预算表(13)

编制范围：×××连接路建设项目

分项编号：LM01050101　工程名称：中粒式沥青混凝土面层厚 5 cm　单位：m^2　数量：18 104.0　单价(元)：54.22　第 13 页共 24 页　21-2 表

代号	工程项目			外购中粒式沥青混凝土			社会运输(46 km)			沥青混合料路面铺筑						合计	
	工程细目			外购中粒式沥青混凝土			社会运输(46 km)			生产能力 120 t/h 以内设备拌和，机械摊铺沥青混凝土混合料(中粒式)							
	定额单位			m^3			m^3			1 000 m^3 路面实体							
	工程数量			905.2			905.2			0.905 2							
	定额表号			1						2~2~14~39							
	工、料、机名称	单位	单价(元)	定额	数量	金额(元)	定额	数量	金额(元)	定额	数量	金额(元)	定额	数量	金额(元)	数量	金额(元)
1001001	人工	工日	105.49							28.7	25.98	2 740.55				25.98	2 740.55
8003058	最大摊铺宽度 6.0 m 以内沥青混合料摊铺机(带自动找平，S1500,S1502)	台班	1 794.47							4.07	3.68	6 611.12				3.68	6 611.12
8003063	机械自身质量 10 t 以内双钢轮振动压路机(YZC-10)	台班	992.71							11.52	10.43	10 351.88				10.43	10 351.88
8003067	机械自身质量 16~20 t 轮胎式压路机(YL20)	台班	685.86							5.48	4.96	3 402.21				4.96	3 402.21
8003068	机械自身质量 20~25 t 轮胎式压路机(YL27)	台班	859.2							2.34	2.12	1 819.93				2.12	1 819.93
8007043	容量 10 000 L 以内洒水汽车(YGJ5170GSSJN)	台班	1 010.67							0.4	0.36	365.94				0.36	365.94
9999001	定额基价	元	1	841	905	761 009	52	905	47 369	30 202	27 339	27 339				835 716	835 716

续表

代号			工程项目	外购中粒式沥青混凝土		社会运输（46 km）			沥青混合料路面铺筑						合计	
			工程细目	外购中粒式沥青混凝土		社会运输（46 km）			生产能力 120 t/h 以内设备拌和，机械摊铺沥青混凝土混合料（中粒式）							
			定额单位	m³		m³			1 000 m³ 路面实体							
			工程数量	905.2		905.2			0.905 2							
			定额表号	1					2~2~14~39							
工、料、机名称	单位	单价（元）	定额	数量	金额（元）	定额	数量	金额（元）	定额	数量	金额（元）	定额	数量	金额（元）	数量	金额（元）
直接费	元				761 008.79			47 368.75			25 291.64					
措施费 Ⅰ	元						0.610 8%		27 338.7	0.838 05%	229.11					229.11
措施费 Ⅱ	元		761 008.79			47 368.75	0.154%	72.95	27 338.7	0.818%	223.63					296.58
企业管理费	元		761 008.79			47 368.75	2.44%	1 155.8	27 338.7	3.432%	938.26					2 094.06
规费	元						32.4%		6 502.84	32.4%	2 106.92					2 106.92
利润	元		761 008.79	7.42%	56 466.85	48 597.51	7.42%	3 605.94	28 729.7	7.42%	2 131.74					62 204.53
税金	元		817 475.64	9%	73 572.81	52 203.43	9%	4 698.31	30 921.31	9%	2 782.92					81 054.04
金额合计	元				891 048.45			56 901.74			33 704.22					981 654.42

编制： 复核：

附表 33　分项工程预算表(14)

编制范围：×××连接路建设项目

分项编号：LM0106　　工程名称：粘层　　单位：m²　　数量：5 350.0　　单价（元）：1.68　　第 14 页共 24 页　　21-2 表

代号	工程项目			透层、黏层、封层												合计	
	工程细目			石油沥青层黏层													
	定额单位			1 000 m²													
	工程数量			5.35													
	定额表号			2~2~16~5													
	工、料、机名称	单位	单价（元）	定额	数量	金额（元）	定额	数量	金额（元）	定额	数量	金额（元）	定额	数量	金额（元）	数量	金额（元）
3001001	石油沥青	t	3 002.81	0.41	2.2	6 618.79										2.2	6 618.79
3005001	煤	t	468.33	0.08	0.43	200.45										0.43	200.45
7801001	其他材料费	元	1	14.8	79.18	79.18										79.18	79.18
7901001	设备摊销费	元	1	4.4	23.54	23.54										23.54	23.54
8003040	容量 8 000 L 以内沥青洒布车（LS-7500）	台班	746.38	0.02	0.11	79.86										0.11	79.86
8099001	小型机具使用费	元	1	1.2	6.42	6.42										6.42	6.42
9999001	定额基价	元	1	1 948	10 424	10 424										10 424	10 424
	直接费	元				7 008.24											7 008.24
	措施费 Ⅰ	元		95.65	0.838 05%	0.8											0.8
	措施费 Ⅱ	元		10 423.71	0.818%	85.27											85.27
	企业管理费	元		10 423.71	3.432%	357.74											357.74
	规费	元		11.29	32.4%	3.66											3.66
	利润	元		10 867.52	7.42%	806.37											806.37

续表

代号	工程项目			透层、黏层、封层												合计	
	工程细目			石油沥青层黏层													
	定额单位			1 000 m²													
	工程数量			5.35													
	定额表号			2~2~16~5													
	工、料、机名称	单位	单价（元）	定额	数量	金额（元）	定额	数量	金额（元）	定额	数量	金额（元）	定额	数量	金额（元）	数量	金额（元）
	税金	元		8 262.08	9%	743.59											743.59
	金额合计	元				9 005.67											9 005.67

编制：　　　　　　　　　　复核：

附表 34　分项工程预算表(15)

编制范围：× × × 连接路建设项目

分项编号：LM0107　　工程名称：透层　　单位：m^2　　数量：15 566.0　　单价(元)：3.84　　第 15 页共 24 页　　21-2 表

代号	工程项目			透层、黏层、封层												合计	
	工程细目			石油沥青半刚性基层透层													
	定额单位			1 000 m^2													
	工程数量			15.566													
	定额表号			2~2~16~3													
	工、料、机名称	单位	单价(元)	定额	数量	金额(元)	定额	数量	金额(元)	定额	数量	金额(元)	定额	数量	金额(元)	数量	金额(元)
1001001	人工	工日	105.49	0.2	3.11	328.41										3.11	328.41
3001001	石油沥青	t	3 002.81	0.82	12.83	38 515.19										12.83	38 515.19
3005001	煤	t	468.33	0.16	2.49	1 166.4										2.49	1 166.4
5503015	路面用石屑	m^3	116.03	2.55	39.69	4 605.61										39.69	4 605.61
7801001	其他材料费	元	1	18.3	284.86	284.86										284.86	284.86
7901001	设备摊销费	元	1	8.7	135.42	135.42										135.42	135.42
8003040	容量 8 000 L 以内沥青洒布车(LS-7500)	台班	746.38	0.04	0.62	464.73										0.62	464.73
8003066	机械自身质量 9~16 t 轮胎式压路机(YL16)	台班	587.66	0.12	1.87	1 097.7										1.87	1 097.7
8099001	小型机具使用费	元	1	2.4	37.36	37.36										37.36	37.36
9999001	定额基价	元	1	4 257	66 265	66 265										66 265	66 265
	直接费	元				46 635.69											46 635.69

续表

代号	工程项目			透层、黏层、封层													合计	
	工程细目			石油沥青半刚性基层透层														
	定额单位			1 000 m²														
	工程数量			15.566														
	定额表号			2~2~16~3														
	工、料、机名称		单位	单价（元）	定额	数量	金额（元）	定额	数量	金额（元）	定额	数量	金额（元）	定额	数量	金额（元）	数量	金额（元）
	措施费	Ⅰ	元		2 103.34	0.838 05%	17.63											17.63
		Ⅱ	元		66 264.8	0.818%	542.05											542.05
	企业管理费		元		66 264.8	3.432%	2 274.21											2 274.21
	规费		元		591.14	32.4%	191.53											191.53
	利润		元		69 098.68	7.42%	5 127.12											5 127.12
	税金		元		54 788.22	9%	4 930.94											4 930.94
	金额合计		元				59 719.16											59 719.16

编制：　　　　复核：

附表 35　分项工程预算表（16）

编制范围：×××连接路建设项目
分项编号：LM0108　　工程名称：钢筋　　单位：t　　数量：0.939 888　　单价（元）：5 699.05　　第 16 页共 24 页　　21-2 表

代号	工程项目			拉杆、传力杆及钢筋												合计	
	工程细目			轨道式摊铺机铺筑路面													
	定额单位			1 t													
	工程数量			0.939 9													
	定额表号			2~2~17~13 改													
	工、料、机名称	单位	单价（元）	定额	数量	金额（元）	定额	数量	金额（元）	定额	数量	金额（元）	定额	数量	金额（元）	数量	金额（元）
1001001	人工	工日	105.49	6.6	6.2	654.38										6.2	654.38
2001002	HRB400 钢筋	t	3 247.89	1.14	1.07	3 473.92										1.07	3 473.92
2001022	20~22 号铁丝（镀锌铁丝）	kg	4.07	0.7	0.66	2.68										0.66	2.68
2009011	电焊条（结 422（502、506、507）3.2/4.0/5.0）	kg	3.96	0.6	0.56	2.23										0.56	2.23
3001001	石油沥青	t	3 002.81	0.01	0.01	19.76										0.01	19.76
7801001	其他材料费	元	1	14.9	14	14										14	14
8015028	容量 32 kV·A 以内交流电弧焊机（BX1-330）	台班	171.45	0.09	0.08	14.5										0.08	14.5
8099001	小型机具使用费	元	1	11	10.34	10.34										10.34	10.34
9999001	定额基价	元	1	4 478	4 209	4 209										4 209	4 209
	直接费	元				4 191.87											4 191.87

续表

代号	工、料、机名称	单位	单价（元）	定额	数量	金额（元）	定额	数量	金额（元）	定额	数量	金额（元）	定额	数量	金额（元）	数量	金额（元）
代号	工程项目			拉杆、传力杆及钢筋												合计	
	工程细目			轨道式摊铺机铺筑路面													
	定额单位			1 t													
	工程数量			0.939 9													
	定额表号			2~2~17~13 改													
	措施费 Ⅰ	元		685.2	1.386 6%	9.5											9.5
	措施费 Ⅱ	元		4 209.33	0.564%	23.74											23.74
	企业管理费	元		4 209.34	3.526%	148.42											148.42
	规费	元		663.31	32.4%	214.91											214.91
	利润	元		4 391	7.42%	325.81											325.81
	税金	元		4 914.26	9%	442.28											442.28
	金额合计	元				5 356.54											5 356.54

编制：　　　　复核：

附表 36　分项工程预算表(17)

编制范围:××× 连接路建设项目

分项编号:LM040201　　工程名称:培路肩　　单位:m³　　数量:1 912.4　　单价(元):65.01　　第 17 页共 24 页　　21-2 表

代号	工程项目			挖路槽、培路肩、修筑泄水槽			挖掘机挖装土石方			自卸汽车运土石方			土底钱			合计	
	工程细目			培路肩			斗容量 2.0 m³ 以内挖掘机挖装硬土			装载质量 12 t 以内自卸汽车运土 5 km			土底钱				
	定额单位			100 m³			1 000 m³ 天然密实方			1 000 m³ 天然密实方			m³				
	工程数量			19.124			1.912 4			1.912 4			1 912.4				
	定额表号			2~3~2~5			1~1~9~9,定额 ×1.03			1~1~11~7,定额 ×1.03,改			666				
	工、料、机名称	单位	单价(元)	定额	数量	金额(元)	定额	数量	金额(元)	定额	数量	金额(元)	定额	数量	金额(元)	数量	金额(元)
1001001	人工	工日	105.49	20.5	392.04	41 356.51	3.5	6.7	706.49							398.74	42 063
8001030	斗容量 2.0 m³ 履带式单斗挖掘机(WY200A,液压)	台班	1 328.66				1.51	2.9	3 846.97							2.9	3 846.97
8001085	机械自身质量 0.6 t 手扶式振动碾(YZS06B)	台班	157.87	2.1	40.16	6 340.12										40.16	6 340.12
8007016	装载质量 12 t 以内自卸汽车(T138,SX360)	台班	731.38							12.07	23.09	16 885				23.09	16 885
9999001	定额基价	元	1	2 524	48 277	48 277	2 645	5 058	5 058	10 158	19 426	19 426	10	1 912	18 569	91 331	91 331
	直接费	元				47 696.63			4 553.46			16 885			18 569.4		87 704.49
	措施费 Ⅰ	元		48 277.03	0.838 05%	404.59	5 058.4	0.711 35%	35.98	19 426.36	0.610 8%	118.66					559.23
	措施费 Ⅱ	元		48 277.03	0.818%	394.91	5 058.4	0.521%	26.35	19 426.36	0.154%	29.92	18 569.4				451.18
	企业管理费	元		48 277.03	3.432%	1 656.87	5 058.4	3.886%	196.57	19 426.36	2.44%	474	18 569.4				2 327.44
	规费	元		45 593.03	32.4%	14 772.14	1 317.35	32.4%	426.82	2 435.4	32.4%	789.07					15 988.03
	利润	元		50 733.38	7.42%	3 764.42	5 317.3	7.42%	394.54	20 048.94	7.42%	1 487.63	18 569.41	7.42%	1 377.85		7 024.44

续表

代号	工程项目			挖路槽、培路肩、修筑泄水槽			挖掘机挖装土石方			自卸汽车运土石方			土底钱			合计	
	工程细目			培路肩			斗容量 2.0 m³ 以内挖掘机挖装硬土			装载质量 12 t 以内自卸汽车运土 5 km			土底钱				
	定额单位			100 m³			1 000 m³ 天然密实方			1 000 m³ 天然密实方			m³				
	工程数量			19.124			1.912 4			1.912 4			1 912.4				
	定额表号			2~3~2~5			1~1~9~9,定额 ×1.03			1~1~11~7,定额 ×1.03,改			666				
	工、料、机名称	单位	单价（元）	定额	数量	金额（元）	定额	数量	金额（元）	定额	数量	金额（元）	定额	数量	金额（元）	数量	金额（元）
	税金	元		68 689.56	9%	6 182.06	5 633.73	9%	507.04	19 784.28	9%	1 780.59	19 947.26	9%	1 795.25		10 264.93
	金额合计	元				74 871.61			6 140.77			21 564.86			21 742.51		124 319.75

编制：　　　　复核：

附表 37　分项工程预算表(18)

编制范围:××× 连接路建设项目

分项编号:HD02　　工程名称:盖板涵　　单位:m/道　　数量:16.0　　单价(元):22 567.11　　第 18 页共 24 页　　21-2 表

代号	工程项目			矩形板			安装矩形板、空心板			载货汽车运输			矩形板			矩形板		
	工程细目			预制矩形板混凝土(跨径 4 m 以内)			起重机安装矩形板			装载质量 6 t 以内载重汽车 2 km(汽车式起重机装卸)			现场加工预制矩形板钢筋			现场加工预制矩形板钢筋		
	定额单位			10 m^3 实体			10 m^3 构件			100 m^3 实体			1 t			1 t		
	工程数量			2.13			2.13			0.213			0.585 6			2.536 6		
	定额表号			4-7-9-1 改			4-7-10-1			4-8-3-8 改			4-7-9-3 改			4-7-9-3 改		
	工、料、机名称	单位	单价(元)	定额	数量	金额(元)	定额	数量	金额(元)	定额	数量	金额(元)	定额	数量	金额(元)	定额	数量	金额(元)
1001001	人工	工日	105.49	14.1	30.03	3 168.18	3.8	8.09	853.84	4.9	1.04	110.1	4.8	2.81	296.52	4.8	12.18	1 284.41
2001001	HPB300 钢筋	t	3 310.3										1.03	0.6	1 986.97			
2001002	HRB400 钢筋	t	3 247.89													1.03	2.6	8 444.56
2001022	20~22 号铁丝(镀锌铁丝)	kg	4.07										3.49	2.04	8.32	3.49	8.85	36.03
2003004	型钢(工字钢,角钢)	t	3 542.12	0.01	0.03	90.54												
2003026	组合钢模板	t	5 708.69	0.02	0.03	182.39												
2009011	电焊条(结 422(502,506、507)3.2/4.0/5.0)	kg	3.96										0.74	0.43	1.72	0.74	1.88	7.43
2009028	铁件	kg	4.04	5.4	11.5	46.47												
3005004	水	m^3	0.39	17	36.21	14.12												
4003001	原木(混合规格)	m^3	985.64	0.01	0.02	20.99												
4003002	锯材中板(δ=19~35 mm,中方混合规格)	m^3	1 447.23	0.03	0.06	92.48				0.22	0.05	67.82						
5009012	油毛毡(400 g,0.915 m×21.95 m)	m^2	2.39				19.8	42.17	100.8									

续表

代号	工程项目			矩形板			安装矩形板、空心板			载货汽车运输			矩形板			矩形板		
	工程细目			预制矩形板混凝土（跨径 4 m 以内）			起重机安装矩形板			装载质量 6 t 以内载重汽车 2 km（汽车式起重机装卸）			现场加工预制矩形板钢筋			现场加工预制矩形板钢筋		
	定额单位			10 m³ 实体			10 m³ 构件			100 m³ 实体			1 t			1 t		
	工程数量			2.13			2.13			0.213			0.585 6			2.536 6		
	定额表号			4-7-9-1 改			4-7-10-1			4-8-3-8 改			4-7-9-3 改			4-7-9-3 改		
	工、料、机名称	单位	单价（元）	定额	数量	金额（元）	定额	数量	金额（元）	定额	数量	金额（元）	定额	数量	金额（元）	定额	数量	金额（元）
5503005	中（粗）砂（混凝土、砂浆用堆方）	m³	93.19	5.08	10.82	1 007.96												
5505013	碎石（4 cm）（最大粒径 4 cm 堆方）	m³	124.27	8.38	17.86	2 218.94												
5509001	32.5 级水泥	t	354.99	0.18	0.39	138.37												
5509002	42.5 级水泥	t	400.59	4.19	8.93	3 576.85												
7801001	其他材料费	元	1	57.8	123.11	123.11				44.3	9.44	9.44						
8007005	装载质量 6 t 以内载货汽车（CA141K，CA1091K）	台班	421.29							3.44	0.73	308.69						
8009025	提升质量 5 t 以内汽车式起重机（QY5）	台班	601.6							2.12	0.45	271.66						
8009026	提升质量 8 t 以内汽车式起重机（QY8）	台班	663.19				0.97	2.07	1 370.22									
8015028	容量 32 kV·A 以内交流电弧焊机（BX1-330）	台班	171.45										0.13	0.08	13.05	0.13	0.33	56.54
8099001	小型机具使用费	元	1	6	12.78	12.78							15	8.78	8.78	15	38.05	38.05
9999001	定额基价	元	1	4 569	9 731	9 731	1 164	2 478	2 478	3 941	839	839	3 987	2 335	2 335	3 899	9 890	9 890

续表

代号	工程项目			矩形板			安装矩形板、空心板			载货汽车运输			矩形板			矩形板		
	工程细目			预制矩形板混凝土（跨径 4 m 以内）			起重机安装矩形板			装载质量 6 t 以内载重汽车 2 km（汽车式起重机装卸）			现场加工预制矩形板钢筋			现场加工预制矩形板钢筋		
	定额单位			10 m³ 实体			10 m³ 构件			100 m³ 实体			1 t			1 t		
	工程数量			2.13			2.13			0.213			0.585 6			2.536 6		
	定额表号			4~7~9~1 改			4~7~10~1			4~8~3~8 改			4~7~9~3 改			4~7~9~3 改		
	工、料、机名称	单位	单价（元）	定额	数量	金额（元）	定额	数量	金额（元）	定额	数量	金额（元）	定额	数量	金额（元）	定额	数量	金额（元）
	直接费	元				10 693.19			2 324.85			767.7			2 315.37			9 867.03
	措施费 Ⅰ	元		3 204.69	1.672 55%	53.6	2 334.1	1.672 55%	39.04	759.5	0.610 8%	4.64	321.55	1.386 6%	4.46	1 392.83	1.386 6%	19.31
	措施费 Ⅱ	元		9 731.16	1.537%	149.57	2 478.34	1.537%	38.09	839.43	0.154%	1.29	2 334.62	0.564%	13.17	9 890.48	0.564%	55.78
	企业管理费	元		9 731.16	6.343%	617.25	2 478.34	6.343%	157.2	839.43	2.44%	20.48	2 334.62	3.526%	82.32	9 890.48	3.526%	348.74
	规费	元		3 168.18	32.4%	1 026.49	1 289.74	32.4%	417.88	282.66	32.4%	91.58	304.55	32.4%	98.68			427.42
	利润	元		10 551.58	7.42%	782.93	2 712.67	7.42%	201.28	865.84	7.42%	64.25	2 434.57	7.42%	180.65	10 314.31	7.42%	
	税金	元		13 323.02	9%	1 199.07	3 178.33	9%	286.05	949.94	9%	85.5	2 694.63	9%	242.52	11 483.6	9%	1 033.52
	金额合计	元				14 522.09			3 464.39			1 035.44			2 937.15			12 517.12

编制：　　　　　　　　复核：

附表 38　分项工程预算表(19)

编制范围:××× 连接路建设项目

分项编号:HD02　　工程名称:盖板涵　　单位:m/道　　数量:16.0　　单价(元):22 567.11　　第 19 页共 24 页　　21-2 表

代号	工程项目			混凝土			钢筋			行车道铺装混凝土			行车道铺装钢筋			防水层		
	工程细目			混凝土墩、台帽非泵送			现场加工桥(涵)台帽钢筋			桥面行车道铺装防水混凝土面层非泵送			桥面行车道铺装水泥及防水混凝土钢筋(直径 8 mm 以上)			桥面防水剂(防水层)		
	定额单位			10 m³ 实体			1 t			10 m³			1 t			1 000 m²		
	工程数量			1.344			0.268 2			0.432			0.486 5			0.054		
	定额表号			4-6-3-1 改			4-6-3-5 改			4-6-13-5 改			4-6-13-8 改			4-11-4-6		
	工、料、机名称	单位	单价(元)	定额	数量	金额(元)	定额	数量	金额(元)	定额	数量	金额(元)	定额	数量	金额(元)	定额	数量	金额(元)
1001001	人工	工日	105.49	12.4	16.67	1 758.05	6.9	1.85	195.21	13.3	5.75	606.1	7.1	3.45	364.34	2.6	0.14	14.81
2001001	HPB300 钢筋	t	3 310.3				1.03	0.27	909.98									
2001002	HRB400 钢筋	t	3 247.89										1.03	0.5	1 619.43			
2001022	20~22 号铁丝(镀锌铁丝)	kg	4.07				2.86	0.77	3.12				2.55	1.24	5.05			
2003004	型钢(工字钢,角钢)	t	3 542.12									3.06						
2003025	钢模板(各类定型大块钢模板)	t	5 958.33	0.05	0.07	392.39												
2009011	电焊条(结 422(502、506、507)3.2/4.0/5.0)	kg	3.96				2.23	0.6	2.37				5.41	2.63	10.42			
2009013	螺栓(混合规格)	kg	9.54	5.91	7.94	75.78												
2009028	铁件	kg	4.04	3.48	4.68	18.9												
3005004	水	m³	0.39	12	16.13	6.29				15	6.48	2.53						
5009005	桥面防水涂料聚合物渗透水性桥面防水涂料	kg	10.93													1 664	89.86	982.13

续表

代号	工程项目			混凝土			钢筋			行车道铺装混凝土			行车道铺装钢筋			防水层		
	工程细目			混凝土墩、台帽非泵送			现场加工桥(涵)台帽钢筋			桥面行车道铺装防水混凝土面层非泵送			桥面行车道铺装水泥及防水混凝土钢筋(直径 8 mm 以上)			桥面防水剂(防水层)		
	定额单位			10 m³ 实体			1 t			10 m³			1 t			1 000 m²		
	工程数量			1.344			0.268 2			0.432			0.486 5			0.054		
	定额表号			4-6-3-1 改			4-6-3-5 改			4-6-13-5 改			4-6-13-8 改			4-11-4-6		
	工、料、机名称	单位	单价（元）	定额	数量	金额（元）	定额	数量	金额（元）	定额	数量	金额（元）	定额	数量	金额（元）	定额	数量	金额（元）
5503005	中(粗)砂(混凝土、砂浆用堆方)	m³	93.19	4.69	6.31	587.66				4.69	2.03	188.89						
5505013	碎石(4 cm)(最大粒径 4 cm 堆方)	m³	124.27	8.57	11.52	1 431.02				8.26	3.57	443.54						
5509002	42.5 级水泥	t	400.59	3.62	4.87	1 949.52				4.43	1.91	766.11						
7801001	其他材料费	元	1	86.2	115.85	115.85				228.9	98.88	98.88						
8003038	容量 4 000 L 以内沥青洒布车 LS-3500	台班	539.17													0.06		1.75
8003085	电动混凝土切缝机(含锯片摊销费用)(SLF)	台班	206.83							0.75	0.32	67.01						
8007046	装载质量 1.0 t 以内机动翻斗车(F10A)	台班	195.67							0.45	0.19	38.04						
8009030	提升质量 25 t 以内汽车式起重机(QY25)	台班	1 291.47	0.66	0.89	1 145.59												

续表

代号	工程项目			混凝土			钢筋			行车道铺装混凝土			行车道铺装钢筋			防水层		
	工程细目			混凝土墩、台帽非泵送			现场加工桥(涵)台帽钢筋			桥面行车道铺装防水混凝土面层非泵送			桥面行车道铺装水泥及防水混凝土钢筋(直径 8 mm 以上)			桥面防水剂(防水层)		
	定额单位			10 m^3 实体			1 t			10 m^3			1 t			1 000 m^2		
	工程数量			1.344			0.268 2			0.432			0.486 5			0.054		
	定额表号			4~6~3~1 改			4~6~3~5 改			4~6~13~5 改			4~6~13~8 改			4~11~4~6		
	工、料、机名称	单位	单价（元）	定额	数量	金额（元）	定额	数量	金额（元）	定额	数量	金额（元）	定额	数量	金额（元）	定额	数量	金额（元）
8015028	容量 32 kV·A 以内交流电弧焊机（BX1-330）	台班	171.45				0.32	0.09	14.71				0.94	0.46	78.4			
8099001	小型机具使用费	元	1	11.4	15.32	15.32	18.8	5.04	5.04	21.8	9.42	9.42	18	8.76	8.76			
9999001	定额基价	元	1	5 147	6 918	6 918	4 254	1 141	1 141	4 716	2 037	2 037	4 318	2 101	2 101	17 384	939	939
	直接费	元				7 496.37			1 130.48			2 223.59			2 086.61			998.68
	措施费 Ⅰ	元		2 989.53	1.672 55%	50	217.53	1.386 6%	3.02	729.54	0.838 05%	6.11	460.07	1.386 6%	6.38	16.83	1.672 55%	0.28
	措施费 Ⅱ	元		6 918.08	1.537%	106.33	1 140.98	0.564%	6.44	2 037.48	0.818%	16.67	2 100.68	0.564%	11.85	938.75	1.537%	14.43
	企业管理费	元		6 918.08	6.343%	438.81	1 140.98	3.526%	40.23	2 037.48	3.432%	69.93	2 100.72	3.526%	74.07	938.75	6.343%	59.54
	规费	元		1 945.2	32.4%	630.25	204.27	32.4%	66.18	660.79	32.4%	214.1	412.62	32.4%	133.69			4.91
	利润	元		7 513.22	7.42%	557.48	1 190.66	7.42%	88.35	2 130.19	7.42%	158.06	2 193.02	7.42%	162.72	1 013.01	7.42%	
	税金	元		9 279.23	9%	835.13	1 334.7	9%	120.12	2 688.46	9%	241.96	2 475.32	9%	222.78	1 153.01	9%	103.77
	金额合计	元				10 114.37			14 54.82			2 930.42			2 698.1			1 256.79

编制：　　　　　　　　复核：

附表 39　分项工程预算表(20)

编制范围:××× 连接路建设项目

分项编号:HD02　　工程名称:盖板涵　　单位:m/道　　数量:16.0　　单价(元):22 567.11　　第 20 页共 24 页　　21-2 表

代号	工程项目			实体式墩台			基础、承台及支撑梁			浆砌片石			浆砌片石			浆砌片石		
	工程细目			轻型墩台混凝土(跨径 4 m 以内)			轻型墩台混凝土基础(跨径 4 m 以内)			浆砌片石基础、护底、截水墙			浆砌片石基础、护底、截水墙			浆砌片石基础、护底、截水墙		
	定额单位			10 m³ 实体			10 m³ 实体			10 m³			10 m³			10 m³		
	工程数量			7.2			8.32			2.641			2.266			1.92		
	定额表号			4~6~2~2 改			4~6~1~1 改			4~5~2~1 改			4~5~2~1 改			4~5~2~1 改		
	工、料、机名称	单位	单价(元)	定额	数量	金额(元)	定额	数量	金额(元)	定额	数量	金额(元)	定额	数量	金额(元)	定额	数量	金额(元)
1001001	人工	工日	105.49	15.4	110.88	11 696.73	8.1	67.39	7 109.18	6.6	17.43	1 838.75	6.6	14.96	1 577.67	6.6	12.67	1 336.77
2001019	钢丝绳(股丝 6-7×19,绳径 7.1~9 mm;股丝 6×37,绳径 14.1~15.5 mm)	t	5 771.1		0.03	166.21												
2001021	8~12 号铁丝(镀锌铁丝)	kg	3.81	0.55	3.96	15.09												
2003008	钢管(无缝钢管)	t	4 522.87	0.02	0.11	488.47												
2003025	钢模板(各类定型大块钢模板)	t	5 958.33	0.06	0.4	2 402.4	0.04	0.33	1 982.93									
2009013	螺栓(混合规格)	kg	9.54	8.51	61.27	584.53	1.3	10.82	103.18									
2009028	铁件	kg	4.04	5.02	36.14	146.02	10.2	84.86	342.85									
2009030	铁钉(混合规格)	kg	4.04	0.46	3.31	13.38												
3005004	水	m³	0.39	12	86.4	33.7	12	99.84	38.94	4	10.56	4.12	4	9.06	3.53	4	7.68	3

续表

代号	工程项目			实体式墩台			基础、承台及支撑梁			浆砌片石			浆砌片石			浆砌片石		
	工程细目			轻型墩台混凝土(跨径4 m以内)			轻型墩台混凝土基础(跨径4 m以内)			浆砌片石基础、护底、截水墙			浆砌片石基础、护底、截水墙			浆砌片石基础、护底、截水墙		
	定额单位			$10\ m^3$实体			$10\ m^3$实体			$10\ m^3$			$10\ m^3$			$10\ m^3$		
	工程数量			7.2			8.32			2.641			2.266			1.92		
	定额表号			4-6-2-2改			4-6-1-1改			4-5-2-1改			4-5-2-1改			4-5-2-1改		
	工、料、机名称	单位	单价(元)	定额	数量	金额(元)	定额	数量	金额(元)	定额	数量	金额(元)	定额	数量	金额(元)	定额	数量	金额(元)
4003002	锯材中板(δ=19~35 mm,中方混合规格)	m^3	1 447.23	0.06	0.43	625.2												
5503005	中(粗)砂(混凝土、砂浆用堆方)	m^3	93.19	4.69	33.78	3 148.18	4.69	39.04	3 637.9	3.75	9.89	921.7	3.75	8.49	790.83	3.75	7.19	670.07
5505005	片石(码方)	m^3	86.25							11.5	30.37	2 619.54	11.5	26.06	2 247.59	11.5	22.08	1 904.4
5505013	碎石(4 cm)(最大粒径4 cm堆方)	m^3	124.27	8.57	61.69	7 666.17	8.57	71.29	8 858.68									
5509001	32.5级水泥	t	354.99							1.09	2.88	1 020.97	1.09	2.47	876	1.09	2.09	742.24
5509002	42.5级水泥	t	400.59	3.62	26.07	10 443.86	3.62	30.13	12 068.46									
7801001	其他材料费	元	1	98.9	712.08	712.08	37.4	311.17	311.17	1.2	3.17	3.17	1.2	2.72	2.72	1.2	2.3	2.3
8001045	斗容量$1.0\ m^3$轮胎式装载机(ZL20)	台班	496.38							0.08	0.21	104.88	0.08	0.18	89.98	0.08	0.15	76.24
8005010	出料容量400 L以内灰浆搅拌机(UJ325)	台班	133.99							0.15	0.4	53.08	0.15	0.34	45.54	0.15	0.29	38.59
8009030	提升质量25 t以内汽车式起重机QY25	台班	1 291.47	0.45	3.24	4 184.36	0.34	2.83	3 653.31									
8099001	小型机具使用费	元	1	11.8	84.96	84.96	10.2	84.86	84.86									

续表

代号	工程项目			实体式墩台			基础、承台及支撑梁			浆砌片石			浆砌片石			浆砌片石		
	工程细目			轻型墩台混凝土（跨径 4 m 以内）			轻型墩台混凝土基础（跨径 4 m 以内）			浆砌片石基础、护底、截水墙			浆砌片石基础、护底、截水墙			浆砌片石基础、护底、截水墙		
	定额单位			$10\ m^3$ 实体			$10\ m^3$ 实体			$10\ m^3$			$10\ m^3$			$10\ m^3$		
	工程数量			7.2			8.32			2.641			2.266			1.92		
	定额表号			4-6-2-2 改			4-6-1-1 改			4-5-2-1 改			4-5-2-1 改			4-5-2-1 改		
	工、料、机名称	单位	单价（元）	定额	数量	金额（元）	定额	数量	金额（元）	定额	数量	金额（元）	定额	数量	金额（元）	定额	数量	金额（元）
9999001	定额基价	元	1	5 440	39 166	39 166	4 154	34 565	34 565	2 169	5 729	5 729	2 169	4 915	4 915	2 169	4 165	4 165
	直接费	元				42 411.35			38 191.47			65 66.21			5 633.86			4 773.62
	措施费 I	元		16 263.31	1.672 55%	272.01	11 083.65	1.672 55%	185.38	2 030.75	1.672 55%	33.97	1 742.4	1.672 55%	29.14	1 476.35	1.672 55%	24.69
	措施费 Ⅱ	元		39 165.81	1.537%	601.98	34 565.38	1.537%	531.27	5 728.57	1.537%	88.05	4 915.16	1.537%	75.55	4 164.66	1.537%	64.01
	企业管理费	元		39 165.82	6.343%	2 484.29	34 565.38	6.343%	2 192.48	5 728.57	6.343%	363.36	4 915.16	6.343%	311.77	4 164.66	6.343%	264.16
	规费	元		12 380.31	32.4%	4 011.22	7 706	32.4%	2 496.75	1 902.83	32.4%	616.52	1 632.65	32.4%	528.98			448.21
	利润	元		42 524.1	7.42%	3 155.29	37 474.51	7.42%	2 780.61	6 213.95	7.42%	461.08	5 331.62	7.42%	395.61	4 517.52	7.42%	
	税金	元		52 936.13	9%	4 764.25	46 377.96	9%	4 174.02	8 129.18	9%	731.63	6 974.9	9%	627.74	5 909.89	9%	531.89
	金额合计	元				57 700.38			50 551.97			8 860.81			7 602.64			6 441.78

编制：　　　　　　　　　　复核：

附表 40 分项工程预算表(21)

编制范围:××× 连接路建设项目

分项编号:HD02　　工程名称:盖板涵　　单位:m/道　　数量:16.0　　单价(元):22 567.11　　第 21 页共 24 页　　21-2 表

代号	工程项目			基础垫层			防水层			实体式墩台			基础、承台及支撑梁			地基垫层		
	工程细目			基础垫层填砂砾(砂)			涂沥青(防水层)			轻型墩台混凝土(跨径 4 m 以内)			轻型墩台混凝土基础(跨径 4 m 以内)			砂砾地基垫层		
	定额单位			10 m³ 实体			10 m²			10 m³ 实体			10 m³ 实体			1 000 m³		
	工程数量			2.85			10.752			6.214			3.623			0.419 7		
	定额表号			4-11-5-1			4-11-4-5			4-6-2-2 改			4-6-1-1 改			1-2-12-2 改		
	工、料、机名称	单位	单价(元)	定额	数量	金额(元)	定额	数量	金额(元)	定额	数量	金额(元)	定额	数量	金额(元)	定额	数量	金额(元)
1001001	人工	工日	105.49	2.9	8.27	871.87	0.6	6.45	680.54	15.4	95.7	10 094.93	8.1	29.35	3 095.74	9.1	3.82	402.89
2001019	钢丝绳(股丝 6-7×19,绳径 7.1~9 mm;股丝 6×37,绳径 14.1~15.5 mm)	t	5 771.1								0.02	143.45						
2001021	8~12 号铁(丝镀锌铁丝)	kg	3.81							0.55	3.42	13.02						
2003008	钢管(无缝钢管)	t	4 522.87							0.02	0.09	421.58						
2003025	钢模板(各类定型大块钢模板)	t	5 958.33							0.06	0.35	2 073.4	0.04	0.14	863.48			
2009013	螺栓(混合规格)	kg	9.54							8.51	52.88	504.49	1.3	4.71	44.93			
2009028	铁件	kg	4.04							5.02	31.19	126.02	10.2	36.95	149.3			
2009030	铁钉(混合规格)	kg	4.04							0.46	2.86	11.55						
3001001	石油沥青	t	3 002.81				0.04	0.42	1 259.16									
3005004	水	m³	0.39							12	74.57	29.08	12	43.48	16.96			
4003002	锯材中板(δ=19~35 mm,中方混合规格)	m³	1 447.23							0.06	0.37	539.59						
5503005	中(粗)砂(混凝土、砂浆用堆方)	m³	93.19							4.69	29.16	2 717.06	4.69	17	1 584.15			
5503007	砂砾(堆方)	m³	96.5	12.75	36.34	3 506.57												

续表

代号	工程项目			基础垫层			防水层			实体式墩台			基础、承台及支撑梁			地基垫层		
	工程细目			基础垫层填砂砾(砂)			涂沥青(防水层)			轻型墩台混凝土(跨径4 m以内)			轻型墩台混凝土基础(跨径4 m以内)			砂砾地基垫层		
	定额单位			10 m³实体			10 m²			10 m³实体			10 m³实体			1 000 m³		
	工程数量			2.85			10.752			6.214			3.623			0.419 7		
	定额表号			4-11-5-1			4-11-4-5			4-6-2-2改			4-6-1-1改			1-2-12-2改		
	工、料、机名称	单位	单价(元)	定额	数量	金额(元)	定额	数量	金额(元)	定额	数量	金额(元)	定额	数量	金额(元)	定额	数量	金额(元)
5505013	碎石(4 cm)(最大粒径4 cm堆方)	m³	124.27							8.57	53.24	6 616.33	8.57	31.04	3 857.57			
5509002	42.5级水泥	t	400.59							3.62	22.5	9 013.63	3.62	13.12	5 255.29			
7801001	其他材料费	元	1				1.5	16.13	16.13	98.9	614.56	614.56	37.4	135.5	135.5			
5501005	山皮石	m³	93.06													1 237	519.17	48 313.86
8001002	功率75 kW以内履带式推土机(TY100)	台班	780.38													0.71	0.3	232.54
8001081	机械自身质量12~15 t光轮压路机(3Y-12/15)	台班	511.9													0.79	0.33	169.73
8009030	提升质量25 t以内汽车式起重机(QY25)	台班	1 291.47							0.45	2.8	3 611.34	0.34	1.23	1 590.86			
8099001	小型机具使用费	元	1							11.8	73.33	73.33	10.2	36.95	36.95			
9999001	定额基价	元	1	902	2 572	2 572	242	2 601	2 601	5 440	33 802	33 802	4 154	15 052	15 052	59 703	25 057	25 057
	直接费	元				4 378.44			1 955.83			36 603.35			16 630.73			49 119.02
	措施费 I	元		878.4	0.643 15%	5.65	685.63	1.672 55%	11.47	14 036.14	1.672 55%	234.76	4 826.45	1.672 55%	80.72	864.05	0.838 05%	7.24
	措施费 II	元		2 571.73	1.201%	30.89	2 601.28	1.537%	39.98	33 802.27	1.537%	519.54	15 051.73	1.537%	231.35	25 057.32	0.818%	204.97
	企业管理费	元		2 571.73	4.94%	127.04	2 601.28	6.343%	165	33 802.27	6.343%	2 144.08	15 051.73	6.343%	954.73	25 057.32	3.432%	859.97
	规费	元		871.88	32.4%	282.49	680.54	32.4%	220.49	10 684.89	32.4%	3 461.91	3 355.63	32.4%	1 087.22			162.24

续表

代号	工程项目			基础垫层			防水层			实体式墩台			基础、承台及支撑梁			地基垫层		
	工程细目			基础垫层填砂砾(砂)			涂沥青(防水层)			轻型墩台混凝土(跨径4 m以内)			轻型墩台混凝土基础(跨径4 m以内)			砂砾地基垫层		
	定额单位			10 m³实体			10 m²			10 m³实体			10 m³实体			1 000 m³		
	工程数量			2.85			10.752			6.214			3.623			0.419 7		
	定额表号			4~11~5~1			4~11~4~5			4~6~2~2改			4~6~1~1改			1~2~12~2改		
	工、料、机名称	单位	单价(元)	定额	数量	金额(元)	定额	数量	金额(元)	定额	数量	金额(元)	定额	数量	金额(元)	定额	数量	金额(元)
	利润	元		2 735.31	7.42%	202.96	2 817.72	7.42%	209.08	36 700.66	7.42%	2 723.19	16 318.53	7.42%	1 210.84	26 129.5	7.42%	
	税金	元		5 027.47	9%	452.47	2 601.84	9%	234.17	45 686.82	9%	4 111.81	20 195.59	9%	1 817.6	52 292.24	9%	4 706.3
	金额合计	元				5 479.94			2 836.01			49 798.64			22 013.2			56 998.55

编制：　　　　　　　　　　　　　　　复核：

附表 41　分项工程预算表(22)

编制范围:××× 连接路建设项目

分项编号:HD02　　工程名称:盖板涵　　单位:m/道　　数量:16.0　　单价(元):22 567.11　　第 22 页共 24 页　　21-2 表

代号	工程项目			旧建筑物拆除			旧建筑物拆除			装载机装土石方			自卸汽车运土石方			机械挖基坑土石方		
	工程细目			人工凿除混凝土及钢筋混凝土			人工拆除浆砌旧建筑物			斗容量 2 m^3 以内装载机装软石			装载质量 12 t 以内自卸汽车运石 5 km			斗容量 2.0 m^3 以内挖掘机挖基坑 ≤1 500 m^3 土方		
	定额单位			10 m^3			10 m^3			1 000 m^3 天然密实方			1 000 m^3 天然密实方			1 000 m^3		
	工程数量			1.55			10.632			0.121 8			0.121 8			0.583 7		
	定额表号			4~11~17~3			4~11~17~2			1~1~10~5			1~1~11~21 改			4~1~3~4		
	工、料、机名称	单位	单价(元)	定额	数量	金额(元)	定额	数量	金额(元)	定额	数量	金额(元)	定额	数量	金额(元)	定额	数量	金额(元)
1001001	人工	工日	105.49	13.3	20.62	2 174.68	3.1	32.96	3 476.87							109.2	63.74	6 723.71
2009002	钢钎(ϕ 22~25 mm, 32 mm)	kg	5.57	7.2	11.16	62.16												
7801001	其他材料费	元	1	18	27.9	27.9												
8001037	斗容量 2.0 m^3 履带式单斗挖掘机(W200A,机械)	台班	1 468.96													1.66	0.97	1 423.29
8001047	斗容量 2.0 m^3 轮胎式装载机(ZL40)	台班	818.17							2.13	0.26	212.3						
8007016	装载质量 12 t 以内自卸汽车(T138,SX360)	台班	731.38										14.98	1.82	1 334.67			
8017047	排气量 3 m^3/min 以内机动空气压缩机(CV-3/8-1)	台班	252.86	2.85	4.42	1 117.01												
8099001	小型机具使用费	元	1	13.6	21.08	21.08												
9999001	定额基价	元	1	2 339	3 625	3 625	329	3 503	3 503	2 099	256	256	12 605	1 536	1 536	14 331	8 365	8 365

续表

代号	工程项目			旧建筑物拆除			旧建筑物拆除			装载机装土石方			自卸汽车运土石方			机械挖基坑土石方		
	工程细目			人工凿除混凝土及钢筋混凝土			人工拆除浆砌旧建筑物			斗容量 2 m^3 以内装载机装软石			装载质量 12 t 以内自卸汽车运石 5 km			斗容量 2.0 m^3 以内挖掘机挖基坑≤1 500 m^3 土方		
	定额单位			10 m^3			10 m^3			1 000 m^3 天然密实方			1 000 m^3 天然密实方			1 000 m^3		
	工程数量			1.55			10.632			0.121 8			0.121 8			0.583 7		
	定额表号			4~11~17~3			4~11~17~2			1~1~10~5			1~1~11~21 改			4~1~3~4		
	工、料、机名称	单位	单价（元）	定额	数量	金额（元）	定额	数量	金额（元）	定额	数量	金额（元）	定额	数量	金额（元）	定额	数量	金额（元）
	直接费	元				3 402.83			3 476.87			212.26			1 334.45			8 147.27
	措施费 I	元		3 526.25	0.643 15%	22.68	3 502.9	0.643 15%	22.53	255.72	0.583 65%	1.49	1 535.55	0.610 8%	9.38	8 364.55	1.672 55%	139.9
	措施费 Ⅱ	元		3 624.68	1.201%	43.53	3 502.9	1.201%	42.07	255.72	0.47%	1.2	1 535.55	0.154%	2.36	8 364.55	1.537%	128.57
	企业管理费	元		3 624.68	4.94%	179.06	3 502.9	4.94%	173.04	255.68	3.835%	9.81	1 535.3	2.44%	37.46	8 364.84	6.343%	530.58
	规费	元		2 174.68	32.4%	704.6	3 476.87	32.4%	1 126.51	27.37	32.4%	8.87	192.47	32.4%	62.36			2 244.79
	利润	元		3 869.95	7.42%	287.15	3 740.55	7.42%	277.55	268.18	7.42%	19.9	1 584.5	7.42%	117.57	9163.89	7.42%	
	税金	元		4 639.84	9%	417.59	5 118.57	9%	460.67	253.52	9%	22.82	1 563.59	9%	140.72	11 871.08	9%	1 068.4
	金额合计	元				5 057.43			5 579.23			276.34			1 704.31			12 939.48

编制：　　　　　　　　　　　　　　　　复核：

附表 42 分项工程预算表(23)

编制范围:××× 连接路建设项目

分项编号:HD02　　工程名称:盖板涵　　单位:m/道　　数量:16.0　　单价(元):22 567.11　　第 23 页共 24 页　　21-2 表

代号	工程项目			自卸汽车运土石方			混凝土搅拌站(楼)拌和			混凝土运输						合计	
	工程细目			装载质量 12 t 以内自卸汽车运土 5 km			生产能力 25 m^3/h 以内混凝土拌和站(楼)拌和			运输能力 6 m^3 以内搅拌运输车运混凝土 2 km							
	定额单位			1 000 m^3 天然密实方			100 m^3			100 m^3							
	工程数量			0.389 1			2.982 7			2.765 4							
	定额表号			1~1~11~7 改			4~11~11~13			4~11~11~24 改							
	工、料、机名称	单位	单价(元)	定额	数量	金额(元)	定额	数量	金额(元)	定额	数量	金额(元)	定额	数量	金额(元)	数量	金额(元)
1001001	人工	工日	105.49													566.23	59 731.9
2001001	HPB300 钢筋	t	3 310.3													0.88	2 896.96
2001002	HRB400 钢筋	t	3 247.89													3.1	10 064
2001019	钢丝绳(股丝 6-7×19,绳径 7.1~9 mm;股丝 6×37,绳径 14.1~15.5 mm)	t	5 771.1													0.05	309.65
2001021	8~12 号铁丝(镀锌铁丝)	kg	3.81													7.38	28.11
2001022	20~22 号铁丝(镀锌铁丝)	kg	4.07													12.9	52.52
2003004	型钢(工字钢,角钢)	t	3 542.12													0.03	93.6
2003008	钢管(无缝钢管)	t	4 522.87													0.2	910.05
2003025	钢模板(各类定型大块钢模板)	t	5 958.33													1.29	7 714.61
2003026	组合钢模板	t	5 708.69													0.03	182.39
2009002	钢钎(ϕ 22~25 mm,32 mm)	kg	5.57													11.16	62.16

续表

代号	工程项目			自卸汽车运土石方			混凝土搅拌站（楼）拌和			混凝土运输						合计	
	工程细目			装载质量 12 t 以内自卸汽车运土 5 km			生产能力 25 m³/h 以内混凝土拌和站（楼）拌和			运输能力 6 m³ 以内搅拌运输车运混凝土 2 km							
	定额单位			1 000 m³ 天然密实方			100 m³			100 m³							
	工程数量			0.389 1			2.982 7			2.765 4							
	定额表号			1~1~11~7 改			4~11~11~13			4~11~11~24 改							
	工、料、机名称	单位	单价（元）	定额	数量	金额（元）	定额	数量	金额（元）	定额	数量	金额（元）	定额	数量	金额（元）	数量	金额（元）
2009011	电焊条（结 422（502、506、507）3.2/4.0/5.0）	kg	3.96													5.54	21.94
2009013	螺栓（混合规格）	kg	9.54													137.62	1 312.91
2009028	铁件	kg	4.04													205.34	829.56
2009030	铁钉（混合规格）	kg	4.04													6.17	24.93
3001001	石油沥青	t	3 002.81													0.42	1 259.16
3005004	水	m³	0.39													390.41	152.26
4003001	原木（混合规格）	m³	985.64													0.02	20.99
4003002	锯材中板（δ=19~35 mm，中方混合规格）	m³	1 447.23													0.92	1 325.08
5009005	桥面防水涂料（聚合物渗透水性桥面防水涂料）	kg	10.93													89.86	982.13
5009012	油毛毡（400 g，0.915 m × 21.95 m）	m²	2.39													42.17	100.8
5503005	中（粗）砂（混凝土、砂浆用堆方）	m³	93.19													163.69	15 254.39

续表

代号	工程项目			自卸汽车运土石方			混凝土搅拌站（楼）拌和			混凝土运输						合计	
	工程细目			装载质量 12 t 以内自卸汽车运土 5 km			生产能力 25 m^3/h 以内混凝土拌和站（楼）拌和			运输能力 6 m^3 以内搅拌运输车运混凝土 2 km							
	定额单位			1 000 m^3 天然密实方			100 m^3			100 m^3							
	工程数量			0.389 1			2.982 7			2.765 4							
	定额表号			1~1~11~7 改			4~11~11~13			4~11~11~24 改							
	工、料、机名称	单位	单价（元）	定额	数量	金额（元）	定额	数量	金额（元）	定额	数量	金额（元）	定额	数量	金额（元）	数量	金额（元）
5503007	砂砾（堆方）	m^3	96.5													36.34	3 506.57
5505005	片石（码方）	m^3	86.25													78.51	6 771.53
5505013	碎石（4 cm）（最大粒径 4 cm 堆方）	m^3	124.27													250.2	31 092.25
5509001	32.5 级水泥	t	354.99													7.82	2 777.58
5509002	42.5 级水泥	t	400.59													107.53	43 073.74
7801001	其他材料费	元	1													2 172.82	2 172.82
5501005	山皮石	m^3	93.06													519.17	48 313.86
8001002	功率 75 kW 以内履带式推土机（TY100）	台班	780.38				0.68	2.03	1 582.79							2.33	1 815.34

编制：　　　　　　　　　　　　　　复核：

附表 43　分项工程预算表(24)

编制范围:×××连接路建设项目

分项编号:HD02　工程名称:盖板涵　单位:m/道　数量:16.0　单价(元):22 567.11　第 24 页共 24 页　21-2 表

代号	工程项目			自卸汽车运土石方			混凝土搅拌站(楼)拌和			混凝土运输						合计	
	工程细目			装载质量 12 t 以内自卸汽车运土 5 km			生产能力 25 m³/h 以内混凝土拌和站(楼)拌和			运输能力 6 m³ 以内搅拌运输车运混凝土 2 km							
	定额单位			1 000 m³ 天然密实方			100 m³			100 m³							
	工程数量			0.389 1			2.982 7			2.765 4							
	定额表号			1~1~11~7 改			4~11~11~13			4~11~11~24 改							
	工、料、机名称	单位	单价(元)	定额	数量	金额(元)	定额	数量	金额(元)	定额	数量	金额(元)	定额	数量	金额(元)	数量	金额(元)
8001037	斗容量 2.0 m³ 履带式单斗挖掘机(W200A,机械)	台班	1 468.96													0.97	1 423.29
8001045	斗容量 1.0 m³ 轮胎式装载机(ZL20)	台班	496.38													0.55	271.1
8001047	斗容量 2.0 m³ 轮胎式装载机(ZL40)	台班	818.17													0.26	212.3
8001081	机械自身质量 12~15 t 光轮压路机(3Y-12/15)	台班	511.9													0.33	169.73
8003038	容量 4 000 L 以内沥青洒布车(LS-3500)	台班	539.17														1.75
8003085	电动混凝土切缝机(含锯片摊销费用)(SLF)	台班	206.83													0.32	67.01
8005010	出料容量 400 L 以内灰浆搅拌机(UJ325)	台班	133.99													1.02	137.21
8005031	容量 6 m³ 以内混凝土搅拌运输车(MR45)	台班	1 215.27							1.24	3.43	4 167.33				3.43	4 167.33

续表

代号	工程项目			自卸汽车运土石方			混凝土搅拌站(楼)拌和			混凝土运输						合计	
	工程细目			装载质量 12 t 以内自卸汽车运土 5 km			生产能力 25 m³/h 以内混凝土拌和站(楼)拌和			运输能力 6 m³ 以内搅拌运输车运混凝土 2 km							
	定额单位			1 000 m³ 天然密实方			100 m³			100 m³							
	工程数量			0.389 1			2.982 7			2.765 4							
	定额表号			1~1~11~7 改			4~11~11~13			4~11~11~24 改							
	工、料、机名称	单位	单价（元）	定额	数量	金额（元）	定额	数量	金额（元）	定额	数量	金额（元）	定额	数量	金额（元）	数量	金额（元）
8005057	生产能力 25 m³/h 以内混凝土搅拌站(HZQ25,含水泥输送器水泥仓各 2 套)	台班	869.99				0.71	2.12	1 842.39							2.12	1 842.39
8007005	装载质量 6 t 以内载货汽车（CA141K,CA1091K）	台班	421.29													0.73	308.69
8007016	装载质量 12 t 以内自卸汽车（T138,SX360）	台班	731.38	11.72	4.56	3 335.45										6.39	4 670.12
8007046	装载质量 1.0 t 以内机动翻斗车(F10A)	台班	195.67													0.19	38.04
8009025	提升质量 5 t 以内汽车式起重机(QY5)	台班	601.6													0.45	271.66
8009026	提升质量 8 t 以内汽车式起重机(QY8)	台班	663.19													2.07	1 370.22
8009030	提升质量 25 t 以内汽车式起重机(QY25)	台班	1 291.47													10.98	14 185.45
8015028	容量 32kV·A 以内交流电弧焊机(BX1-330)	台班	171.45													0.95	162.7

续表

代号	工程项目			自卸汽车运土石方			混凝土搅拌站(楼)拌和			混凝土运输						合计	
	工程细目			装载质量 12 t 以内自卸汽车运土 5 km			生产能力 25 m^3/h 以内混凝土拌和站(楼)拌和			运输能力 6 m^3 以内搅拌运输车运混凝土 2 km							
	定额单位			1 000 m^3 天然密实方			100 m^3			100 m^3							
	工程数量			0.389 1			2.982 7			2.765 4							
	定额表号			1~1~11~7 改			4~11~11~13			4~11~11~24 改							
	工、料、机名称	单位	单价（元）	定额	数量	金额（元）	定额	数量	金额（元）	定额	数量	金额（元）	定额	数量	金额（元）	数量	金额（元）
8017047	排气量 3 m^3/min 以内机动空气压缩机(CV-3/8-1)	台班	252.86													4.42	1 117.01
8099001	小型机具使用费	元	1													399.33	399.33
9999001	定额基价	元	1	9 862	3 837	3 837	1 249	3 726	3 726	1 628	4 502	4 502				235 383	235 383
	直接费	元				3 335.28			3 425.19			4 167.28					273 669.16
	措施费 Ⅰ	元		3 837.47	0.610 8%	23.44	3 726.48	1.672 55%	62.33	4 502.29	0.610 8%	27.5					1 381.12
	措施费 Ⅱ	元		3 837.47	0.154%	5.91	3 726.48	1.537%	57.28	4 502.29	0.154%	6.93					3 089.04
	企业管理费	元		3 837.27	2.44%	93.63	3 726.48	6.343%	236.37	4 502.23	2.44%	109.85					13 145.27
	规费	元		481.06	32.4%	155.86	1 098.11	32.4%	355.79	361.73	32.4%	117.2					21 203.16
	利润	元		3 960.24	7.42%	293.85	4 082.45	7.42%	302.92	4 646.52	7.42%	344.77					18 772.51
	税金	元		3 907.97	9%	351.72	4 439.87	9%	399.59	4 773.53	9%	429.62					29 813.42
	金额合计	元				4 259.68			4 839.46			5 203.16					361 073.68

编制：　　　　　　　　　　复核：

附表 44　材料预算单价计算表(1)

建设项目名称：××× 连接路建设项目

编制范围：××× 连接路建设项目　　　　第 1 页共 3 页　　　　22 表

代号	规格名称	单位	原价（元）	运杂费					原价运费合计（元）	场外运输损耗		采购及保管费		预算单价(元)
				供应地点	运输方式、比重及运距（km）	毛质量系数或单位毛质量	运杂费构成说明或计算式	单位运费（元）		费率（%）	金额（元）	费率（%）	金额（元）	
211	钢钎	kg	5.4	吉林市—工地	汽车、1.0、130.0	0.001	(0.48×130.0+2.02×1.0)×1×0.001	0.06	5.46			2.06	0.11	5.57
387	矩形标志牌	个	353.99		汽车、1.0、0.0				353.99					353.99
388	圆形标志牌	个	132.74		汽车、1.0、0.0				132.74					132.74
389	路拦	片	530.97		汽车、1.0、0.0				530.97					530.97
390	锥形交通标	个	57.52		汽车、1.0、0.0				57.52					57.52
806	彩条尼龙绳	m	1.06		汽车、1.0、0.0				1.06					1.06
851	石油沥青	t	2 500	辽宁盘锦—工地	汽车、1.0、660.0	1	0.67×660.0×1×1	442.2	2 942.2			2.06	60.61	3 002.81
862	汽油	kg	6.6	当地—工地	汽车、1.0、5.0	0.001	(0.67×5.0+1.38)×1×0.001		6.6			3.26	0.22	6.82
863	柴油	kg	5.4	当地—工地	汽车、1.0、5.0	0.001	(0.67×5.0+1.38)×1×0.001		5.4			3.26	0.18	5.58
864	煤	t	389.91	吉林市—工地	汽车、1.0、130.0	1	(0.48×130.0+2.02×1.0)×1×1	64.42	454.33	1	4.54	2.06	9.45	468.33
897	砂	m^3	55	白旗砂场—工地	汽车、1.0、46.0	1.5	(0.45×46.0+2.02×1.0)×1×1.5	34.08	89.08	2.5	2.23	2.06	1.88	93.19
949	矿粉	t	100	吉林市—工地	汽车、1.0、130.0	1.01	(0.48×130.0+2.02×1.0)×1×1.01	65.06	165.06	1	1.65	2.06	3.43	170.14

续表

代号	规格名称	单位	原价（元）	运杂费					原价运费合计（元）	场外运输损耗		采购及保管费		预算单价（元）
				供应地点	运输方式、比重及运距（km）	毛质量系数或单位毛质量	运杂费构成说明或计算式	单位运费（元）		费率（%）	金额（元）	费率（%）	金额（元）	
2001001	HPB300 钢筋	t	3 221.24	吉林市—工地	汽车、1.0、130.0	1	（0.48 × 130.0+2.02 × 1.0）× 1 × 1	64.42	3 285.66			0.75	24.64	3 310.3
2001002	HRB400 钢筋	t	3 159.29	吉林市—工地	汽车、1.0、130.0	1	（0.48 × 130.0+2.02 × 1.0）× 1 × 1	64.42	3 223.71			0.75	24.18	3 247.89
2001019	钢丝绳	t	5 663.72	吉林市—工地	汽车、1.0、130.0	1	（0.48 × 130.0+2.02 × 1.0）× 1 × 1	64.42	5 728.14			0.75	42.96	5 771.1
2001021	8~12 号铁丝	kg	3.72	吉林市—工地	汽车、1.0、130.0	0.001	（0.48 × 130.0+2.02 × 1.0）× 1 × 0.001	0.06	3.78			0.75	0.03	3.81
2001022	20~22 号铁丝	kg	3.98	吉林市—工地	汽车、1.0、130.0	0.001	（0.48 × 130.0+2.02 × 1.0）× 1 × 0.001	0.06	4.04			0.75	0.03	4.07
2003004	型钢	t	3 451.33	吉林市—工地	汽车、1.0、130.0	1	（0.48 × 130.0+2.02 × 1.0）× 1 × 1	64.42	3 515.75			0.75	26.37	3 542.12
2003005	钢板	t	3 570.8	吉林市—工地	汽车、1.0、130.0	1	（0.48 × 130.0+2.02 × 1.0）× 1 × 1	64.42	3 635.22			0.75	27.26	3 662.48
2003008	钢管	t	4 424.78	吉林市—工地	汽车、1.0、130.0	1	（0.48 × 130.0+2.02 × 1.0）× 1 × 1	64.42	4 489.2			0.75	33.67	4 522.87
2003012	镀锌钢板	t	5 619.47	吉林市—工地	汽车、1.0、130.0	1	（0.48 × 130.0+2.02 × 1.0）× 1 × 1	64.42	5 683.89			0.75	42.63	5 726.52
2003015	钢管立柱	t	6 123.89	吉林市—工地	汽车、1.0、130.0	1	（0.48 × 130.0+2.02 × 1.0）× 1 × 1	64.42	6 188.31			0.75	46.41	6 234.72
2003017	波形钢板	t	5 991.15	吉林市—工地	汽车、1.0、130.0	1	（0.48 × 130.0+2.02 × 1.0）× 1 × 1	64.42	6 055.57			0.75	45.42	6 100.99

续表

代号	规格名称	单位	原价（元）	运杂费					原价运费合计（元）	场外运输损耗		采购及保管费		预算单价（元）
				供应地点	运输方式、比重及运距（km）	毛质量系数或单位毛质量	运杂费构成说明或计算式	单位运费（元）		费率（%）	金额（元）	费率（%）	金额（元）	
2003025	钢模板	t	5 849.56	吉林市—工地	汽车、1.0、130.0	1	（0.48×130.0+2.02×1.0）×1×1	64.42	5 913.98			0.75	44.35	5 958.33
2003026	组合钢模板	t	5 601.77	吉林市—工地	汽车、1.0、130.0	1	（0.48×130.0+2.02×1.0）×1×1	64.42	5 666.19			0.75	42.5	5 708.69
2009002	钢钎	kg	5.4	吉林市—工地	汽车、1.0、130.0	0.001	（0.48×130.0+2.02×1.0）×1×0.001	0.06	5.46			2.06	0.11	5.57
2009011	电焊条	kg	3.81	吉林市—工地	汽车、1.0、130.0	0.001 1	（0.48×130.0+2.02×1.0）×1×0.001 1	0.07	3.88			2.06	0.08	3.96
2009013	螺栓	kg	9.29	吉林市—工地	汽车、1.0、130.0	0.001	（0.48×130.0+2.02×1.0）×1×0.001	0.06	9.35			2.06	0.19	9.54
2009028	铁件	kg	3.89	吉林市—工地	汽车、1.0、130.0	0.001 1	（0.48×130.0+2.02×1.0）×1×0.001 1	0.07	3.96			2.06	0.08	4.04

编制：　　　　　　复核：

附表 45 材料预算单价计算表(2)

建设项目名称：××× 连接路建设项目

编制范围：××× 连接路建设项目

第 2 页共 3 页　　22 表

代号	规格名称	单位	原价（元）	运杂费					原价运费合计（元）	场外运输损耗		采购及保管费		预算单价（元）
				供应地点	运输方式、比重及运距（km）	毛质量系数或单位毛质量	运杂费构成说明或计算式	单位运费（元）		费率（%）	金额（元）	费率（%）	金额（元）	
2009029	镀锌铁件	kg	5.84	吉林市—工地	汽车、1.0、130.0	0.001 1	（0.48 × 130.0+2.02 × 1.0）× 1 × 0.001 1	0.07	5.91			2.06	0.12	6.03
2009030	铁钉	kg	3.89	吉林市—工地	汽车、1.0、130.0	0.001 1	（0.48 × 130.0+2.02 × 1.0）× 1 × 0.001 1	0.07	3.96			2.06	0.08	4.04
3001001	石油沥青	t	2 500	辽宁盘锦—工地	汽车、1.0、660.0	1	0.67 × 660.0 × 1 × 1	442.2	2 942.2			2.06	60.61	3 002.81
3003002	汽油	kg	6.6	当地—工地	汽车、1.0、5.0	0.001	（0.67 × 5.0+1.38）× 1 × 0.001		6.6			3.26	0.22	6.82
3003003	柴油	kg	5.4	当地—工地	汽车、1.0、5.0	0.001	（0.67 × 5.0+1.38）× 1 × 0.001		5.4			3.26	0.18	5.58
3005001	煤	t	389.91	吉林市—工地	汽车、1.0、130.0	1	（0.48 × 130.0+2.02 × 1.0）× 1 × 1	64.42	454.33	1	4.54	2.06	9.45	468.33
3005002	电	kW·h	0.71		汽车、1.0、0.0				0.71					0.71
3005004	水	m^3	0.39		汽车、1.0、0.0				0.39					0.39
4003001	原木	m^3	917.43	吉林市—工地	汽车、1.0、130.0	0.75	（0.48 × 130.0+2.02 × 1.0）× 1 × 0.75	48.32	965.75			2.06	19.89	985.64
4003002	锯材	m^3	1 376.15	吉林市—工地	汽车、1.0、130.0	0.65	（0.48 × 130.0+2.02 × 1.0）× 1 × 0.65	41.87	1 418.02			2.06	29.21	1 447.23
5009005	桥面防水涂料	kg	10.62	吉林市—工地	汽车、1.0、130.0	0.001	（0.67 × 130.0+2.02 × 1.0）× 1 × 0.001	0.09	10.71			2.06	0.22	10.93

续表

代号	规格名称	单位	原价（元）	运杂费					原价运费合计（元）	场外运输损耗		采购及保管费		预算单价（元）
				供应地点	运输方式、比重及运距（km）	毛质量系数或单位毛质量	运杂费构成说明或计算式	单位运费（元）		费率（%）	金额（元）	费率（%）	金额（元）	
5009007	底油	kg	10.62	吉林市—工地	汽车、1.0、132.0	0.001	（0.67×132.0+2.02×1.0）×1×0.001	0.09	10.71			2.06	0.22	10.93
5009008	热熔涂料	kg	3.19	吉林市—工地	汽车、1.0、130.0	0.001	（0.67×130.0+2.02×1.0）×1×0.001	0.09	3.28			2.06	0.07	3.35
5009012	油毛毡	m^2	2.21	吉林市—工地	汽车、1.0、130.0	0.001 97	（0.48×130.0+2.02×1.0）×1×0.001 97	0.13	2.34			2.06	0.05	2.39
5503005	中（粗）砂	m^3	55	白旗砂场—工地	汽车、1.0、46.0	1.5	（0.45×46.0+2.02×1.0）×1×1.5	34.08	89.08	2.5	2.23	2.06	1.88	93.19
5503007	砂砾	m^3	55	白旗砂场—工地	汽车、1.0、46.0	1.7	（0.45×46.0+2.02×1.0）×1×1.7	38.62	93.62	1	0.94	2.06	1.95	96.5
5503009	天然级配	m^3	55	白旗砂场—工地	汽车、1.0、46.0	1.7	（0.45×46.0+2.02×1.0）×1×1.7	38.62	93.62	1	0.94	2.06	1.95	96.5
5503015	路面用石屑	m^3	67	吉舒石场—工地	汽车、1.0、63.0	1.5	（0.45×63.0+2.02×1.0）×1×1.5	45.56	112.56	1	1.13	2.06	2.34	116.03
5505005	片石	m^3	35.92	吉舒石场—工地	汽车、1.0、63.0	1.6	（0.45×63.0+2.02×1.0）×1×1.6	48.59	84.51			2.06	1.74	86.25
5505012	碎石（2 cm）	m^3	75	吉舒石场—工地	汽车、1.0、63.0	1.5	（0.45×63.0+2.02×1.0）×1×1.5	45.56	120.56	1	1.21	2.06	2.51	124.27
5505013	碎石（4 cm）	m^3	75	吉舒石场—工地	汽车、1.0、63.0	1.5	（0.45×63.0+2.02×1.0）×1×1.5	45.56	120.56	1	1.21	2.06	2.51	124.27
5505025	块石	m^3	40.78	吉舒石场—工地	汽车、1.0、63.0	1.85	（0.48×63.0+2.02×1.0）×1×1.85	59.68	100.46			2.06	2.07	102.53

续表

代号	规格名称	单位	原价（元）	运杂费					原价运费合计（元）	场外运输损耗		采购及保管费		预算单价（元）
				供应地点	运输方式、比重及运距（km）	毛质量系数或单位毛质量	运杂费构成说明或计算式	单位运费（元）		费率（%）	金额（元）	费率（%）	金额（元）	
5505031	花岗岩	m^3	1 553.4	吉舒石场—工地	汽车、1.0、63.0	2.6	（0.48×63.0+2.02×1.0）×1×2.6	83.88	1 637.28			2.06	33.73	1 671.01
5507003	青（红）砖	千块	291.26	吉林市—工地	汽车、1.0、130.0	2.6	（0.48×130.0+2.02×1.0）×1×2.6	167.49	458.75	3	13.76	2.06	9.73	482.25

编制： 复核：

附表 46　材料预算单价计算表(3)

建设项目名称:×××连接路建设项目
编制范围:×××连接路建设项目

第3页共3页　　22表

代号	规格名称	单位	原价(元)	运杂费					原价运费合计(元)	场外运输损耗		采购及保管费		预算单价(元)
				供应地点	运输方式、比重及运距(km)	毛质量系数或单位毛质量	运杂费构成说明或计算式	单位运费(元)		费率(%)	金额(元)	费率(%)	金额(元)	
5509001	32.5级水泥	t	283.19	冀东水泥厂—工地	汽车、1.0、122.0	1.01	(0.48×122.0+2.02×1.0)×1×1.01	61.19	344.38	1	3.44	2.06	7.17	354.99
5509002	42.5级水泥	t	327.43	冀东水泥厂—工地	汽车、1.0、122.0	1.01	(0.48×122.0+2.02×1.0)×1×1.01	61.19	388.62	1	3.89	2.06	8.09	400.59
5511002	钢筋混凝土电杆(7 m)	根	264.1	到场价	汽车、1.0、0.0				264.1					264.1
5511012	ϕ 1 000 mm以内混凝土排水管	m	455.88	到场价	汽车、1.0、0.0				455.88					455.88
6007002	铝合金标志	t	19 026.55	吉林市—工地	汽车、1.0、130.0	1	(0.48×130.0+2.02×1.0)×1×1	64.42	19 090.97			0.75	143.18	19 234.15
6007003	反光玻璃珠	kg	2.74	吉林市—工地	汽车、1.0、130.0	0.001	(0.48×130.0+2.02×1.0)×1×0.001	0.06	2.8			2.06	0.06	2.86
6007004	反光膜	m^2	141.59	吉林市—工地	汽车、1.0、130.0	0.000 4	(0.48×130.0+2.02×1.0)×1×0.000 4	0.03	141.62			2.06	2.92	144.54
7001009	120/20聚乙烯绝缘电力电缆	m	14.02	到场价	汽车、1.0、0.0				14.02					14.02
5501005	山皮石	m^3	35	吉舒石场—工地	汽车、1.0、63.0	1.85	(0.45×63.0+2.02×1.0)×1×1.85	56.18	91.18			2.06	1.88	93.06

编制:　　　　　　复核:

附表 47　施工机械台班单价计算表(1)

建设项目名称：× × × 连接路建设项目

编制范围：× × × 连接路建设项目

第 1 页共 3 页　　24 表

序号	代号	机械名称	台班单价(元)	不变费用(元)		可变费用(元)																车船税	合计
				调整系数:		机械工		重油		汽油		柴油		煤		电		水		木柴			
				1.0		105.49 元/工日		元/kg		6.82 元/kg		5.58 元/kg		元/t		0.71 元/(kW·h)		元/m³		元/kg			
				定额	调整值	定额	费用	定额	费用	定额	费用	定额	费用	定额	费用	定额	费用	定额	费用	定额	费用		
1	1069	21 kW 以内轮胎式拖拉机	228.92	36.83	36.83	1	105.49					15.4	85.932									0.67	192.092
2	1070	41 kW 以内轮胎式拖拉机	335.78	65.31	65.31	1	105.49					29.33	163.661									1.32	270.471
3	1369	1.5 t 双排座客货汽车	310.32	68.43	68.43	1	105.49			20	136.4												241.89
4	8001002	功率 75 kW 以内履带式推土机	780.38	262.67	262.67	2	210.98					54.97	306.733										517.713
5	8001003	功率 90 kW 以内履带式推土机	923.63	347.89	347.89	2	210.98					65.37	364.765										575.745
6	8001006	功率 135 kW 以内履带式推土机	1 416.61	658.46	658.46	2	210.98					98.06	547.175										758.155
7	8001007	功率 165 kW 以内履带式推土机	1 669.53	787	787	2	210.98					120.35	671.553										882.533
8	8001025	斗容量 0.6 m³ 履带式单斗挖掘机	761.21	341.26	341.26	2	210.98					37.45	208.971										419.951
9	8001027	斗容量 1.0 m³ 履带式单斗挖掘机	1 054.10	425.12	425.12	2	210.98					74.91	417.998										628.978
10	8001030	斗容量 2.0 m³ 履带式单斗挖掘机	1 328.66	604.71	604.71	2	210.98					91.93	512.969										723.949

续表

序号	代号	机械名称	台班单价（元）	不变费用(元)		可变费用(元)																	
				调整系数:		机械工		重油		汽油		柴油		煤		电		水		木柴		车船税	合计
				1.0		105.49 元/工日		元/kg		6.82 元/kg		5.58 元/kg		元/t		0.71 元/(kW·h)		元/m³		元/kg			
				定额	调整值	定额	费用	定额	费用	定额	费用	定额	费用	定额	费用	定额	费用	定额	费用	定额	费用		
11	8001037	斗容量 2.0 m³ 履带式单斗挖掘机	1 468.96	745.01	745.01	2	210.98					91.93	512.969										723.949
12	8001045	斗容量 1.0 m³ 轮胎式装载机	496.38	114.16	114.16	1	105.49					49.03	273.587									3.14	382.217
13	8001047	斗容量 2.0 m³ 轮胎式装载机	818.17	188.38	188.38	1	105.49					92.86	518.159									6.14	629.789
14	8001058	功率 120 kW 以内平地机	1 040.95	365.13	365.13	2	210.98					82.13	458.285									6.55	675.815
15	8001078	机械自身质量 6~8 t 光轮压路机	324.52	111.89	111.89	1	105.49					19.2	107.136										212.626
16	8001080	机械自身质量 10~12 t 光轮压路机	449.45	156.47	156.47	1	105.49					33.6	187.488										292.978
17	8001081	机械自身质量 12~15 t 光轮压路机	511.90	183.21	183.21	1	105.49					40	223.2										328.69
18	8001083	机械自身质量 18~21 t 光轮压路机	642.03	206.2	206.2	1	105.49					59.2	330.336										435.826
19	8001085	机械自身质量 0.6 t 手扶式振动碾	157.87	34.52	34.52	1	105.49					3.2	17.856										123.346

续表

序号	代号	机械名称	台班单价（元）	不变费用（元）		可变费用（元）																	
				调整系数：		机械工		重油		汽油		柴油		煤		电		水		木柴		车船税	合计
				1.0		105.49 元/工日		元/kg		6.82 元/kg		5.58 元/kg		元/t		0.71 元/（kW·h）		元/m^3		元/kg			
				定额	调整值	定额	费用	定额	费用	定额	费用	定额	费用	定额	费用	定额	费用	定额	费用	定额	费用		
20	8001090	机械自身质量 20 t 以内振动压路机	1 268.49	468.26	468.26	2	210.98					105.6	589.248										800.228
21	8001093	机械自身质量 25 t 以内冲击式压路机	2 675.73	848.73	848.73	2	210.98					289.61	1 616.024										1 827.004
22	8001095	蛙式夯土机（200~620 N·m）	27.45	15.14	15.14											17.34	12.311						12.311
23	8003009	生产能力 100 t/h 以内稳定土厂拌设备	762.28	296.92	296.92	3	316.47									209.7	148.887						465.357
24	8003015	最大摊铺宽度 7.5 m 稳定土摊铺机	1 484.45	966.18	966.18	2	210.98					55.07	307.291										518.271
25	8003038	容量 4 000 L 以内沥青洒布车	539.17	197.33	197.33	1	105.49			34.28	233.79											2.56	341.84

编制：　　　　复核：

附表 48　施工机械台班单价计算表(2)

建设项目名称：××× 连接路建设项目

编制范围：××× 连接路建设项目

第 2 页共 3 页　　24 表

序号	代号	机械名称	台班单价(元)	不变费用(元)		可变费用(元)																	
				调整系数:		机械工		重油		汽油		柴油		煤		电		水		木柴		车船税	合计
				1.0		105.49 元/工日		元/kg		6.82 元/kg		5.58 元/kg		元/t		0.71 元/(kW·h)		元/m^3		元/kg			
				定额	调整值	定额	费用	定额	费用	定额	费用	定额	费用	定额	费用	定额	费用	定额	费用	定额	费用		
26	8003040	容量 8 000 L 以内沥青洒布车	746.38	360.29	360.29	1	105.49					49.37	275.485									5.12	386.095
27	8003058	最大摊铺宽度 6.0 m 以内沥青混合料摊铺机（带自动找平）	1 794.47	1 323.29	1 323.29	2	210.98					46.63	260.195										471.175
28	8003063	机械自身质量 10 t 以内双钢轮振动压路机	992.71	478.18	478.18	2	210.98					54.4	303.552										514.532
29	8003066	机械自身质量 9~16 t 轮胎式压路机	587.66	294.68	294.68	1	105.49					33.6	187.488										292.978
30	8003067	机械自身质量 16~20 t 轮胎式压路机	685.86	343.78	343.78	1	105.49					42.4	236.592										342.082
31	8003068	机械自身质量 20~25 t 轮胎式压路机	859.20	472.48	472.48	1	105.49					50.4	281.232										386.722
32	8003070	热熔标线设备(含热熔釜标线车 BJ-130)	726.35	204.62	204.62	2	210.98			45.33	309.151											1.6	521.731
33	8003077	2.5~4.5 m 轨道式水泥混凝土摊铺机	1 249.38	665.07	665.07	3	316.47					48	267.84										584.31
34	8003079	混凝土电动真空吸水机组	138.83	21.57	21.57	1	105.49									16.58	11.772						117.262
35	8003083	混凝土电动刻纹机	258.70	126.31	126.31	1	105.49									37.89	26.902						132.392

续表

序号	代号	机械名称	台班单价（元）	不变费用(元)		可变费用(元)																	
				调整系数:		机械工		重油		汽油		柴油		煤		电		水		木柴		车船税	合计
				1.0		105.49 元/工日		元/kg		6.82 元/kg		5.58 元/kg		元/t		0.71 元/(kW·h)		元/m³		元/kg			
				定额	调整值	定额	费用	定额	费用	定额	费用	定额	费用	定额	费用	定额	费用	定额	费用	定额	费用		
36	8003085	电动混凝土切缝机（含锯片摊销费用）	206.83	87.89	87.89	1	105.49									18.95	13.455						118.945
37	8003101	机动破路机	193.44	34.38	34.38	1	105.49					9.6	53.568										159.058
38	8005002	出料容量 250 L 以内强制式混凝土搅拌机	169.48	25.51	25.51	1	105.49									54.2	38.482						143.972
39	8005010	出料容量 400 L 以内灰浆搅拌机	133.99	13.23	13.23	1	105.49									21.51	15.272						120.762
40	8005031	容量 6 m³ 以内混凝土搅拌运输车	1 215.27	795.09	795.09	1	105.49					55.32	308.686									6	420.176
41	8005057	生产能力 25 m³/h 以内混凝土搅拌站	869.99	348.3	348.3	3	316.47									289.04	205.218						521.688
42	8007001	装载质量 2 t 以内载货汽车	312.67	68.87	68.87	1	105.49			20.14	137.355											0.96	243.805
43	8007003	装载质量 4 t 以内载货汽车	420.66	79.56	79.56	1	105.49			34.29	233.858											1.75	341.098
44	8007005	装载质量 6 t 以内载货汽车	421.29	94.22	94.22	1	105.49					39.24	218.959									2.62	327.069
45	8007016	装载质量 12 t 以内自卸汽车	731.38	276.88	276.88	1	105.49					61.6	343.728									5.28	454.498
46	8007023	装载质量 15 t 以内平板拖车组	710.74	269.49	269.49	2	210.98					40.46	225.767									4.5	441.247

续表

序号	代号	机械名称	台班单价（元）	不变费用(元)		可变费用(元)																	
				调整系数:		机械工		重油		汽油		柴油		煤		电		水		木柴		车船税	合计
				1.0		105.49 元/工日		元/kg		6.82 元/kg		5.58 元/kg		元/t		0.71 元/(kW·h)		元/m³		元/kg			
				定额	调整值	定额	费用	定额	费用	定额	费用	定额	费用	定额	费用	定额	费用	定额	费用	定额	费用		
47	8007043	容量 10 000 L 以内洒水汽车	1 010.67	605.76	605.76	1	105.49					52.8	294.624									4.8	404.914
48	8007046	装载质量 1.0 t 以内机动翻斗车	195.67	39.48	39.48	1	105.49					9	50.22									0.48	156.19
49	8009025	提升质量 5 t 以内汽车式起重机	601.60	211.28	211.28	2	210.98			25.74	175.547											3.79	390.317

编制：　　　　　　　　复核：

附表 49 施工机械台班单价计算表(3)

建设项目名称:× × × 连接路建设项目

编制范围:× × × 连接路建设项目

第 3 页共 3 页 24 表

序号	代号	机械名称	台班单价（元）	不变费用(元)		可变费用(元)																	
				调整系数:		机械工		重油		汽油		柴油		煤		电		水		木柴		车船税	合计
				1.0		105.49 元/工日		元/kg		6.82 元/kg		5.58 元/kg		元/t		0.71 元/(kW·h)		元/m³		元/kg			
				定额	调整值	定额	费用	定额	费用	定额	费用	定额	费用	定额	费用	定额	费用	定额	费用	定额	费用		
50	8009026	提升质量 8 t 以内汽车式起重机	663.19	288.76	288.76	2	210.98					28.5	159.03									4.42	374.43
51	8009027	提升质量 12 t 以内汽车式起重机	797.40	408.05	408.05	2	210.98					30.59	170.692									7.68	389.352
52	8009029	提升质量 20 t 以内汽车式起重机	1 146.97	709.36	709.36	2	210.98					38.55	215.109									11.52	437.609
53	8009030	提升质量 25 t 以内汽车式起重机	1 291.47	841.18	841.18	2	210.98					40.65	226.827									12.48	450.287
54	8009032	提升质量 40 t 以内汽车式起重机	2 150.49	1 650.99	1 650.99	2	210.98					48.61	271.244									17.28	499.504
55	8015028	容量 32 kV·A 以内交流电弧焊机	171.45	5.17	5.17	1	105.49									85.62	60.79						166.28
56	8017047	排气量 3 m³/min 以内机动空气压缩机	252.86	118.94	118.94							24	133.92										

编制: 复核: